U0943785

股指期权研究成果汇编

中国金融期货交易所股权类期货期权小组 ◎编著

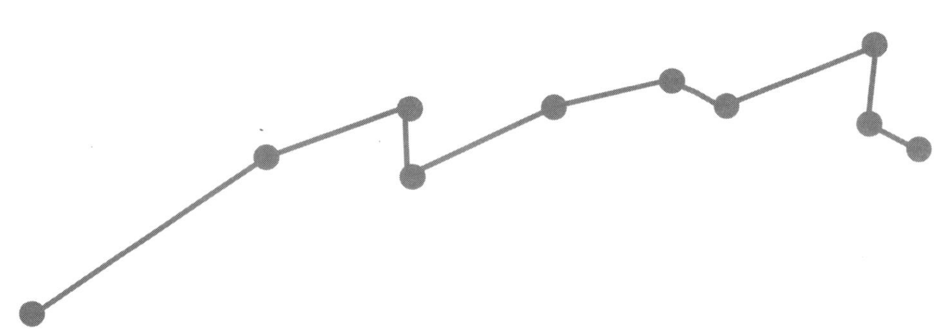

人民东方出版传媒
東方出版社

图书在版编目（CIP）数据

股指期权研究成果汇编 /中国金融期货交易所股权类期货期权小组 编著. —北京：东方出版社，2014.4
ISBN 978-7-5060-7422-3

Ⅰ.①股… Ⅱ.①中… Ⅲ.①股票-指数-期货交易-研究 Ⅳ.①F830.91

中国版本图书馆CIP数据核字（2014）第075116号

股指期权研究成果汇编
(GUZHIQIQUAN YANJIUCHENGGUO HUIBIAN)

编　　著：中国金融期货交易所股权类期货期权小组
责任编辑：邹绍荣　马艳芳
出　　版：东方出版社
发　　行：人民东方出版传媒有限公司
地　　址：北京市东城区朝阳门内大街166号
邮政编码：100706
印　　刷：北京市大兴县新魏印刷厂
版　　次：2014年7月第1版
印　　次：2014年7月第1次印刷
印　　数：1—2000册
开　　本：710毫米×1000毫米　1/16
印　　张：21
字　　数：230千字
书　　号：ISBN 978-7-5060-7422-3
定　　价：59.00元
发行电话：（010）64258117　64258115　64258112

CONTENTS

目　录

总　序

20 世纪 70 年代初开始，欧美国家金融市场发生了深刻变化。1971 年，布雷顿森林体系正式解体，浮动汇率制逐渐取代固定汇率制，汇率波动幅度明显加大。同期，各国也在不断推进利率市场化进程。随着欧美国家利率、汇率市场化程度的提升，利率、汇率风险逐渐成为市场风险的主要来源，经济主体对利率、汇率风险管理的需求大幅增加。金融期货期权就是在这样的背景下产生的。1972 年，芝加哥商业交易所推出了全球第一个外汇期货交易品种；1973 年，芝加哥期权交易所推出了全球第一个场内标准化股票期权；1975 年，伴随美国利率市场化进程，芝加哥期货交易所推出了全球第一个利率期货品种——国民抵押协会债券期货；1982 年，堪萨斯交易所又推出全球第一个股指期货——价值线指数期货合约。金融期货期权市场自诞生以来，发展一直十分迅猛。近年来，金融期货期权成交量已经占到整个期货期权市场成交量的 90% 左右，成为金融市场的重要组成部分。

金融期货期权市场是金融市场发展到一定阶段的必然产物，发达的金融期货期权市场是金融市场成熟的重要标志。金融期货期权能够高效率地实现金融风险在市场参与主体之间的转移，满足经济主体金融风险管理需求。1990 年诺贝尔经济学奖获得者莫顿·米勒对其有过经典的评价：“金融衍生工具使企业和机构能有效和经济地处理困扰其多年的风险，世界也因之变得更加安全，而不是变得更加危险。”

金融期货期权诞生以来，对全球经济发展起到了积极的促进作用。在宏观层面，金融期货期权显著提升了金融市场的深度和流动性，提高了金融市场的资源配置效率，有效改善了宏观经济的整体绩效；在微观层面，金融期货期权为金融机构提供了有效的风险管理工具，使金融机构在为企业和消费者提供产品和服务的同时，能够及时对冲因经营活动而产生的利率、汇率等风险敞口，在利率、汇率市场化的环境中实现稳健经营。

中国共产党第十八次全国代表大会明确提出，要更大程度、更广范围地发挥市场在资源配置中的基础性作用，要继续深化金融体制改革，健全促进宏观经济稳定、支持实体经济发展的现代金融体系，加快发展多层次资本市场，稳步推进利率和汇率市场化改革。可以预见，我国将进入一个经济金融市场化程度更高的新时代，利率、汇率等金融风险将成为市场主体日常经营中必须面对和处理的主要风险。在这样的时代背景下，加快发展我国金融期货期权等衍生品市场具有格外重要的意义：

一是有利于进一步提升我国金融市场的资源配置效率。期货期权市场的发展有利于提升基础资产市场的流动性和深度，从而为基础资产市场中的投资者进行资产配置、资产转换、风险管理提供便利，促进金融市场资源配置功能的发挥。

二是助推我国利率和汇率市场化改革进程。随着我国利率、汇率市场化程度的不断提高，机构面临的利率、汇率风险在增加。如果缺乏有效的风险管理工具，那么包括商业银行在内的各类市场主体就无法有效地管理风险敞口。这不仅会对金融机构稳健经营构成挑战，也会牵制利率和汇率市场化改革的进程。只有在利率和汇率市场化改革过程中适时推出相应的期货期权衍生产品，才能保证利率和汇率市场化目标的实现。

三是有利于推动我国的经济创新驱动和转型发展。实体经济以创新为驱动，必然要求金融领域以创新相配合，这样才能不断满足实体经济日益多样化、个性化的需求。金融期货期权是各类金融创新的重要催化剂和基础构件，发展金融期货期权等衍生品，有利于推动整个金融行业开展有效创新，拓展和释放金融服务实体经济的空间和能量，促进我国实现创新驱动的国家发展战略。

当前，我国金融期货期权市场还处在发展的初期，远远不能满足市场参与者日益增加的风险管理需求，也远远不能适应我国实体经济发展和金融改革创新的新形势和新要求，加快发展我国金融期货期权市场已经时不我待。

2010 年 4 月 16 日，中国金融期货交易所推出了沪深 300 股指期货，标志着我国资本市场改革发展又迈出了一大步，对于完善我国资本市场体系具有重要而深远的意义。中国金融期货交易所肩负着发展我国金融期货期权等衍生品市场的重大历史使命，致力于打造“社会责任至上、市场功能完备、治理保障科学、运行安全高效”的世界一流交易所，建设全球人民币资产的风险管理中心。加强研究和交流是推动我国金融期货期权市场发展的重要手段，中国金融期货交易所组织出版的这套金融期货与期权丛书，旨在进一步推动各方关注我国金融期货期权市场的发展，明确金融期货期权市场发展路径；帮助大家认识和理解金融期货期权市场的内在功能和独特魅力，凝聚发展我国金融期货期权的共识；培育金融期货期权文化，培养我国金融期货期权市场的后备人才。这套金融期货与期权丛书涵盖了理论分析、实务探讨、翻译引进和通俗普及四大板块，可以适应不同读者的需求。相信这套丛书的出版必将对我国金融期货期权市场发展事业起到积极的推动作用。

中国金融期货交易所董事长 张慎峰

2013 年 7 月

序 言

股指期权自1983年诞生以来，发展十分迅速，已经成为国际衍生品市场的重要组成部分。股指期权的出现拓展了国际金融衍生品市场，为投资者提供了新的投资渠道和风险管理方式，有助于提高股票市场和期货市场的运行质量，促进市场功能的发挥。目前，我国境内市场还未推出期权产品，风险管理工具较为单一，尚不能充分满足市场更加多元化和精细化的风险管理需求。在这种情况下，积极稳妥地推出股指期权，对于优化我国金融期货产品体系、丰富市场交易品种、完善市场风险管理机制、促进市场功能的发挥、推进资本市场的健康稳定发展具有重要意义。

我国资本市场在短短20多年的时间里取得了巨大成就，目前已成为全球第二大资本市场，有着全球最大的投资者群体，国际影响力也大大增强；但我国资本市场风险管理体系尚不完善，证券期货经营机构的实力还无法与国际同行相比，难以满足实体经济对投融资和风险管理服务的需求。发展我国期权市场不仅有助于完善资本市场风险管理体系和改善投资者交易行为，而且还有利于推动我国金融机构的业务创新和服务能力。因此，积极稳妥地推进期权产品创新，对于推动我国资本市场长期健康发展有着特殊的意义。

实现股指期权的平稳推出，需要市场各方的积极配合，客观认识股指期权的功能和作用，深入研究境外市场股指期权合约与制度设计。中国金融期货交易所股权小组对上市股指期权的意义、做市商制度、期权保证金制度、期权执行方式以及期权与权证异同点等股指期权合约与制度设计中的核心和关键问题进行了全面深入的比较研究，结合境内市场现状，探索境内上市股指期权产品的可适用制度。为了推动金融期货与期权研究的深化，为股指期权的上市创造良好的社会环境和研究氛围，中金所股权小组整理了相关期权研究成果，编写了股指期权研究报告汇编。希望本报告汇编的出版，能够起到促进交流、提高认识、深化金融期货和期权研究的作用。

第一部分

股指期权概述

第一篇　股指期权的功能与作用

沪深300股指期货上市已两年多，运行平稳健康，功能逐步发挥，利用股指期货进行避险的理念被投资者逐步接受并运用，市场已具有一定规模和影响力。但从资本市场整体发展来看，目前单一股指期货产品还不能完全满足市场需求。为完善股票市场风险管理体系，进一步满足市场对避险工具的需求，更好地服务于资本市场的发展，应适时启动期权市场，上市股指期权。

一、期权市场已成为现代金融体系的有机组成部分

期权交易的萌芽可追溯至几千年前，而现代期权交易始于18世纪后期。1973年，芝加哥期权交易所（CBOE）推出了第一个场内交易的期权产品，掀开了期权市场快速发展的序幕，期权随后从美国市场逐步扩展到其他成熟市场和新兴市场。目前，期权已经成为一个种类繁多、功能强大、应用广泛的风险管理工具，和期货一起成为现代金融体系的有机组成部分。

1.1 期权是一个历史悠久的风险管理工具

期权是人类最古老的风险管理工具之一。期权的雏形最早出现在《圣经》中。[①] 实物期权最早发生在公元前580年，古希腊的哲学家、数学家

---

① 在《圣经》创世纪第29章中讲述到，公元前1700年，雅各与拉班签订了一个“期权”协议，雅各为拉班工作七年，获得一个权利——拉班将小女儿拉结嫁给雅各。后来，拉班违约了，将大女儿利亚嫁给了雅各。此后，雅各与拉班又签订了一个“期权”协议。这次，拉班履约了，将小女儿拉结嫁给了雅各。

和天文学家泰勒斯通过购买橄榄油榨机使用的期权来对冲未来使用权价格上涨的风险。[①] 历史上，罗马人和腓尼基人在航运中也运用类似期权的合约来管理风险。

现代期权是在1792年纽约证券交易所成立后发展起来的，几乎与股票同时开始交易。当时还不存在期权交易的中心市场，期权交易都在场外进行。开始交易的主要是股票的看涨期权（Call Option，又称买权），而看跌期权（Put Option，又称卖权）相对较少。市场依靠那些为买家或者卖家寻找交易对手的经纪商运行，每一笔交易的谈判都相当复杂。在这样松散的市场中，逐渐形成了期权经纪商协会。到20世纪20年代，美国股票期权市场已经得到了一定程度的发展，但也曾出现一些风险事件。总体来看，场外期权一直不是市场的主流产品，直至场内金融期权市场的建立。

1.2 场内期权市场的建立掀开了市场快速发展的序幕

1973年4月，CBOE上市股票买权合约标志着场内金融期权市场的诞生。1974年，美国全国性期权清算机构——期权清算公司（OCC）成立。1975年，美国证券交易所和费城证券交易所上市了股票期权；1976年，太平洋证券交易所也开始上市股票期权。这时，所有交易所交易的股票期权还都是买权。

在期权市场，仅有买权，或者仅有卖权，市场都是不完善的，会在很大程度上抑制期权的运用。1977年6月，股票卖权也开始在CBOE交易，投资者对卖权的接受之快超出了预期。随后，美国其他交易所也纷纷推出卖权合约。至此，完整意义的场内期权市场才真正建立起来，市场开始进入新的发展阶段。

---

① 泰勒斯利用其天文知识观察天象，预测来年橄榄会大丰收，橄榄油榨机需求会增大。因此，他提前与橄榄油榨机的业主签订了期权合约，获得了来年以固定价格优先租用这些榨机的权利。泰勒斯被认为是第一个成功使用期权的人。

1.3 股指期权的推出使期权在全球得到了普及和快速发展

CBOE 场内金融期权市场的建立，以及股指期权的成功运行，扫清了美国期权市场发展的障碍，也为全球其他市场发展期权提供了经验借鉴。在美国期权市场成功运行的示范效应下，期权交易逐步遍及全球成熟市场和主要的新兴市场。

1.3.1 美国衍生品现金交割问题的突破为股指期权的推出扫清了障碍

1983 年，CBOE 推出了全球第一只股指期权合约——CBOE 100 指数期权（后更名为 S&P100 指数期权）。股指期权的产生晚于股票期权，并不是因为市场没有需求，而是由于之前美国禁止期货和期权实行现金交割这个特殊历史原因。

1982 年之前，美国要求所有的期货或者期权产品必须实物交割。当时，人们一般认为“现金交割和非法赌博是同义词”。而如果股指期货或股指期权进行实物交割，将导致交易成本非常高，这会影响指数产品的推出。1981 年，美国证券交易委员会（SEC）主席约翰·夏德和美国商品期货交易委员会（CFTC）主席菲利浦·约翰逊达成“夏德—约翰逊协议”，协议明确规定：现金交割对期货和期权有效。1982 年美国国会通过该协议，结束了现金交割长期以来的“非法”身份，为指数衍生品的发展扫清了障碍。

1.3.2 期权市场快速发展，交易遍及全球主要市场

近十多年来，场内期权一直保持很高的增长速度，其交易量与期货基本平分秋色，成为全球金融体系中不可或缺的有机组成部分。美国期货业协会（FIA）统计数据显示，截至 2011 年年底，全球已有 50 余家交易所上市期权产品，遍及所有成熟市场和主要的新兴市场。[①] 2011 年，期权的

---

① 摩根士丹利资本国际公司（MSCI）将全球市场分为成熟市场（Developed Markets）、新兴市场（Emerging Markets）和待开发市场（Frontier Markets）。截至 2011 年，成熟市场包括美国、日本、中国香港地区等 24 个市场，新兴市场包括中国、印度、俄罗斯等 21 个市场。

成交量高达128亿手，超过期货的121亿手，创历史新高。场内期权市场产品种类也日益丰富。标的资产不仅包括股指、股票个股、ETF、利率、汇率等，还被引入几乎所有的主要期货类型上，包括商品期货、利率期货、汇率期货等。

1.3.3 值得注意的是，股指期权在全球市场尤其是新兴市场得到蓬勃发展

股指期权一经诞生，由于覆盖面广、应用便捷、市场需求大等特点，市场影响力很快超过股票期权，成为最常见的期权品种，全球成熟市场和主要的新兴市场都有股指期权交易。FIA的统计数据显示，截至2011年年底，全球共有37个交易所上市交易股指期权。目前，全球GDP及股票市值排名前20位的国家和地区，除中国大陆外都推出了股指期权产品，就连金砖国家和新兴经济体或或地区如巴西、俄罗斯、印度、韩国、波兰、以色列、中国台湾地区等都已成功推出股指期权。韩国交易所1997年推出的KOSPI200股指期权，近十年来一直是全球场内衍生品成交量最大的合约；印度国家证券交易所2001年上市股指期权，目前股指期权成交量全球排名第2位；中国台湾地区期货交易所2001年上市股指期权，目前的成交量全球排名第5位；以色列的特拉维夫交易所1993年推出股指期权①，目前的成交量全球排名第6位。

从成交量来看，股指期权是全球成交最活跃的产品之一。自1983年CBOE开始挂牌交易股指期权以来，股指期权逐步成为各个市场发展的重点。图1-1比较了1995—2011年全球主要衍生品成交量在总成交量中的占比。从中可以看出，股指期权始终是衍生品市场的主要交易品种之一。

据世界交易所联合会（WFE）统计，2011年股指期权成交量为57亿手，超过股票期权的41亿手和ETF期权的19亿手；股指期权成交额达到153万亿美元，远超股票期权的6.98万亿美元和ETF期权的3.32万亿

---

① 以色列市场是先上市股指期权，然后推出股指期货（1995年）。

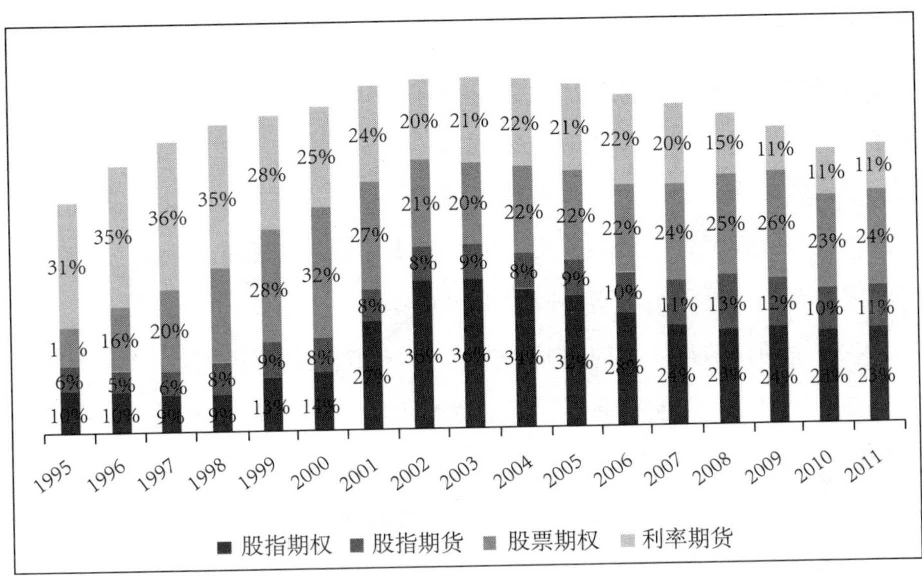

图 1-1 全球主要衍生品 1995—2011 年成交量占比比较（数据来源：FIA）

美元。

从成熟市场和新兴市场的对比统计来看，新兴市场股指期权较股指期货和股票期权占有更多份额。FIA 统计显示，2011 年，全球股指期权成交量中，新兴市场占比高达 81.29%，成熟市场占比为 18.71%。而全球股指期货和股票期权的成交量中，新兴市场占比分别只有 33.07% 和 15.18%，成熟市场则占到 66.93% 和 84.82%。

特别值得一提的是，除巴西于 1979 年先上市股票期权外，绝大多数新兴市场是在 20 世纪 90 年代才开始建立发展期权市场，并且均是从股指期权开始起步。日本、意大利、中国香港地区等成熟市场建立期权市场时，也是首先上市股指期权。

1.4 期权已成为市场普遍应用的风险管理工具

目前，无论是成熟市场还是新兴市场，期权已被各类机构投资者广泛用来进行风险管理、资产配置和产品创新。例如，美国期权业协会（OIC）2010 年对美国投资顾问使用期权的情况进行了调查，在来自美国本土的

607 个投资顾问中：

①期权已成为投资主流产品。2010 年，48% 的投资顾问利用期权管理其客户资产。

②投资顾问已经广泛而深入地应用期权。买入买权是最为常见的交易方式，大多数投资顾问计划利用期权对冲头寸或者在未来以特定价格在特定时间为客户的投资组合增加股票头寸。

③使用期权的投资顾问明显更为成功。管理资产规模超过 1000 万美元的投资顾问中，85% 使用期权；管理资产规模低于 1000 万美元的投资顾问中，只有 38% 使用期权。

该项调查结果充分说明了机构投资者使用期权的广泛程度，也说明了期权在美国市场的普及程度。①

二、期权的经济功能已经得到市场的广泛认同

期权的产品特性决定了它是一种功能更加丰富、使用更加灵活的风险管理工具。随着场内期权市场的发展，人们对期权经济功能的认识逐步深化，应用日益广泛深入。

2.1 人们对期权的经济功能的认识经历了一个过程

1984 年之前，在现代期权诞生地美国，社会各界对期权还没有形成统一认识。期权的发展一直伴随社会各界的质疑，甚至认为期权市场是投机市场，没有经济功能。在市场发展过程中，期权不断展现其强大的功能和作用，社会质疑逐渐消失，人们的认可程度不断加深。在美国期权市场的发展历程中，下列五个事件对期权功能和作用的认识产生了重要的

① 美国 Cerulli 协会的调查数据表明，2010 年持有超过 100 万美元可投资资产的美国家庭中，64% 的家庭同时和四个或更多的财务顾问合作。

影响。

第一，20 世纪 30 年代初关于期权操纵行为的争论。1934 年，美国证券交易委员会（SEC）成立。成立之后，SEC 针对当时期权市场存在大量投机行为的混乱状况，向国会提议取缔期权交易。其观点是："由于不了解好的期权和坏的期权之间的区别，为了方便起见，应该把它们全部清除。"美国国会给了期权经纪商协会一个答辩的机会。在答辩中，期权经纪商协会成功说服了国会委员会，使得他们相信期权具有经济上的价值。经过辩论，国会得出结论："不是所有的期权交易都有操纵行为，如果运用适当，期权是一种有价值的投资工具。"

第二，1974 年关于期权经济功能的争论。SEC 于 1974 年举行公众听证会，就有关期权的几个相关问题进行了探讨：期权是否有利于经济？期权是否有利于公众利益？上市期权会对投资大众的投资习惯产生何种影响？听证会上提出的证据都支持上市期权有利于金融市场和经济发展的观点。1974 年 12 月，威廉·鲍莫尔、马尔基尔等专家起草了芝加哥期权交易所提交给 SEC 的报告即《南森（Nathan）报告》。该报告总结了股票期权上市后对股票市场的影响，得出的结论是期权市场没有对股票市场的效率和稳定造成负面影响，相反有可能对市场的流动性和效率改善起到积极作用。

第三，1977 年暂停上市新期权品种。1977 年 7 月，针对当时期权市场快速发展带来的对于欺诈性交易行为的担心、对于交易所与经纪商监察能力的怀疑，以及害怕期权交易会影响股票价格、成交量或吸引风险资金从新股或创业投资中分流等问题，SEC 暂停了新的股票期权上市（已上市股票期权仍可交易）。同年 10 月，SEC 开始对期权进行研究，以判断"标准化期权交易的方式和环境是否与市场的公平和有序、公众利益以及法律的其他目标相一致"。1980 年 3 月，经过研究，SEC 认为涉及的几个疑问都已得到充分说明，随后取消了对上市新股票期权的暂停措施。

第四，1984 年四方研究报告全面分析期货和期权市场影响。1981 年，美国国会要求美国财政部、CFTC、SEC和美联储开展一项关于期货和期权市场对于美国经济影响的研究。四家机构耗时三年，对期货和期权市场展开了全面深入的调查、分析和研究，并最终于1984年形成了一份报告——《期货和期权交易对经济的影响研究》，1985年对外公布。该报告充分肯定了开展金融期货和期权交易对于美国经济、金融市场的重要意义，认为金融期货和期权市场确实能够提供风险转移、增强流动性等市场职能，有利于提升经济效率和形成真实资本，金融期货和期权交易不会减少金融市场资金供给总量；期货和期权市场的交易行为没有增加现货市场价格的波动水平；利率期货和期权不会对货币政策产生显著影响。该结论对于纠正当时美国社会中普遍存在的认为金融期货和期权会对现货市场带来负面影响的误解起到了重要的作用。利奥·梅拉梅德对该研究给予了高度评价："这项联合研究是金融期货与期权发展的一个里程碑。"从客观效果来看，该报告基本统一了美国各界对金融期货与期权产品功能的认识，为此后美国金融期货与期权市场的健康快速发展起到了重要的作用。

第五，1997年度的诺贝尔经济学奖授予了期权定价研究。20世纪70年代初，费雪·布莱克和迈伦·斯科尔斯合作研究得出期权定价公式。与此同时，罗伯特·默顿也发现了同样的公式及其他关于期权的有用结论。两篇论文在不同刊物上发表。经过20多年的实践，期权定价公式及其在市场中的运用已得到社会广泛认同。1997年诺贝尔经济学奖授予了迈伦·斯科尔斯和罗伯特·默顿①，以表彰他们在股票期权定价理论方面做出的杰出贡献。正如瑞典皇家科学院所指出的："他们的方法论多年来为经济领域的估价行为奠定了基础。这个方法论同时创造出新类型的金融工具，为社会提供了更为有效的风险管理途径。"

至此，关于期权市场功能和作用的争执基本结束，各方统一了对期权的认识。从那时至今，即使是在金融危机发生后，也没有再出现过对场内

① 费雪·布莱克已于1995年去世，因此无缘获得1997年诺贝尔经济学奖。

期权发展的争议。

2.2 与期货相比，期权具有独特的功能与作用

期权和期货作为衍生工具，都有风险管理、资产配置和价格发现等功能。但是相比于期货等其他衍生工具，期权在风险管理、风险度量等方面又具有独特的功能和作用。

2.2.1 期权不仅能提供简便易行的“保险”功能，还可以使投资者在管理风险时不放弃获得收益的机会

期权可以提供“保险”功能。期权和期货都是常用的风险管理工具，但两者在交易双方的权利和义务方面是不同的。对于期货来说，权利和义务是不可分的。无论期货的买方还是卖方，无论现期货市场价格如何变动，如果持有合约到期，都承担在到期时进行交割履约的义务。而期权则不同，买方通过支付权利金获得了权利（但不是义务），可以在到期日（欧式期权）或到期日前的任何交易日（美式期权）按照约定价格从期权卖方获取标的资产或将标的资产卖给期权的卖方即要求卖方执行合约①；卖方收取了权利金，也就有义务应买方的要求执行合约。例如，股票组合的管理人买入一手6月底到期的行权价格为2800点的股指买权合约。6月底合约到期时，如果市场指数（交割结算价）为2900点，该管理人有权按照2800点买入价格执行合约，获得100点差价带来的收益，而期权的卖方则有义务按照2800点的价格补偿差价。如果6月底合约到期时市场指数不涨反跌，交割结算价为2700点，则该管理人行使权利履约的话会损失100点的差价，因为他能够在市场上按照2700点的价格水平买到股票组合，这时该管理人也可以通常会选择放弃行使权利，而期权的卖方也没有权利要求该管理人履约。股票组合管理人（期权买方）承担的损失就是为购买期权而支付的权利金。从这个例子中可以看出，期权买方可以执行权

① 股指期权通常采用现金交割，即到期时买卖双方按照行权价和交割结算价进行差价结算。

力，也可以不执行权力，完全取决于市场价格是否有利于自己。正如人们买车险一样，如果汽车不出事故，车主就不会找保险公司理赔。而一旦汽车出了事故，车主就会找保险公司理赔，保险公司也会按合同的约定进行赔付。这就是人们常说的“买期权就等同于买保险，权利金就等同于保险费”的道理所在。

期权管理相对简便易行。上述分析表明，在期权交易中，买卖双方的权利与义务是分离的。对期权买方来说，只拥有权利而没有履约的义务；而对期权卖方来说，只有履约的义务而没有权利。这一特性使得应用期权进行风险管理相比于期货更加简便易行。利用期货管理风险时，无论是买入还是卖出期货合约，都需要缴纳保证金，而保证金需要随着期货价格的变动每天调整并进行动态管理，一旦保证金不足，避险者就必须按规定补足保证金，否则持有的期货合约将被强行平仓，导致避险失败。因此，期货交易者需要时刻关注合约持仓和现金头寸，管理起来比较复杂，难度较高。而利用期权避险则不同，如果采用买入期权方式（不论买权还是卖权）来避险，在交易开始时支付权利金后，持有期权期间不需要缴纳保证金，也不用担心后续保证金管理问题，因此相对来说管理期权要简便得多。

利用股指期权的“保险”功能，不仅可以实现管理股票组合价格风险的目的，同时还能不放弃整体组合获得收益的可能。持有股票组合的投资者，可以通过卖出股指期货来对冲股票市场下跌的风险。当市场下跌时，股票组合的损失可被股指期货的盈利抵消，整体组合市值保持不变；当市场上涨时，股票组合的盈利也将被股指期货的损失抵消，整体组合市值虽然还是保持不变，但很显然丧失了随市场上涨而获得收益的机会。通过股指期权管理风险，情形则明显不同。当股票市场下跌时，股票组合出现损失，但持有股指卖权将会获得盈利，整体组合可盈亏平衡，从而可实现风险管理的目的。股票市场价格上涨时，股票组合获得盈利，因卖权的行权价格低于市场指数点位而不必履约，仅损失一些权利金，整体组合仍可获得盈利。这样，利用期权来避险，在规避不利价格变动带来的风险的同时，保留了有利价格变动带来的收益，这显然是利用期货进行风险管理所不能实现的。

正是期权这种便利的“保险”功能，使得股票投资者按照其理想的价格买卖股票组合成为可能，从而使其敢于并安心长期持有股票。这有利于投资者树立长期投资的理念，改变频繁买卖、波段操作的股市短期行为，降低股票市场的过度波动，对于股票市场长期健康发展有积极意义。

2.2.2 期权能够有效度量和管理市场波动的风险

金融投资既面临资产价格绝对水平下降的风险（通常称为方向性风险），也面临投资过程中资产价格大幅波动带来的风险（通常称为波动性风险），例如2008年年底沪深300指数1817点，2012年5月底该指数是2632点，指数价格绝对水平上涨了800多点，却出现投资者“只赚指数不赚钱”的现象。究其根源，就是期间股价大幅波动造成的。在这个过程中，指数上下波动幅度很大，先是一路上扬最高冲到3803点，之后又出现回落，最低到2254点。在3800点附近买入股票的投资者损失惨重。人们之所以说“巨大的市场波动会摧毁社会财富”，道理就在于此。

对于机构投资者特别是共同基金、社保基金、退休基金和保险基金等资产管理人来说，不仅要管理方向性风险，也要管理波动性风险，保持股票投资组合的价值稳定是极为重要的投资目标。例如，对于养老基金来说，每月都有现金支付的需求，投资组合的价值稳定是其首要任务，如果业绩波动很大，会侵蚀资产价值，并影响其正常养老金支付。因此，经过波动性风险调整后的收益日益成为衡量资产管理效果的最重要标准①，控

---

① 最常用的指标是夏普比率，是指在某一时间段内，基金获得的收益高于无风险利率的部分除以基金收益的标准差得到的比值，反映的是每一单位风险所带来的超额收益。自威廉·夏普（William Sharpe）1966年提出夏普比率以来，这一指标一直是金融领域用得最多的衡量风险与收益的方式。

制波动性风险的重要性也日益提高。①

对资产管理者来说，方向性风险可使用期货进行管理，只要有足够的保证金并加以日常认真管理，就可以锁定未来的收益或控制未来的建仓成本。但遗憾的是，期货价格主要是由现货价格绝对水平决定的，而不能很好地反映现货价格的波动情况，因此不是管理波动性风险的理想工具。1973年期权定价公式的诞生使得通过市场价格来度量市场波动成为可能。期权的权利金价格中包含时间、利率以及反映资产价格波动性风险的因素②，包含投资者对未来现货价格波动的预期，从而使得期权在管理方向性风险的同时，还可以并且更加适合管理波动性风险。

由于期权价格包含投资者对未来市场波动的预期，期权市场已成为一些国家宏观决策部门重要的信息来源，是相关机构观察市场信心的“望远镜”。在预期价格波动水平基础上编制出来的波动率指数③，也成为政府观察金融市场压力的重要先行指标。许多新兴市场率先发展股指期权市场的根本原因和内在逻辑或许就在于此。

2.2.3 期权是一种更为精细的风险管理工具

就期货市场来说，某一时刻的到期合约只有一个，买卖双方交易形成一个市场价格，可以管理现货资产价格水平的风险。而期权市场则不同，

---

① 美国期权业协会（OIC）2011年的调查显示，投资顾问使用期权的一个主要因素是客户具有降低市场波动风险暴露的需求。同时，该调查报告引用了美国一家机构的研究结果：基于2011年3月对1000名年龄在45岁以上的投资者的调查发现，被调查者普遍关心市场的波动性，并有兴趣开发能获得更稳定和更持续潜在回报的新投资方式。

② 布莱克—斯科尔斯期权定价公式，买权权利金为 $C=S_0N(d_1)-Ke^{-YT}N(d_2)$，卖权权利金为 $P=Ke^{-rT}(-d_2)-S_0N(-d_1)$，式中，$d_1=\frac{\ln(S_0/K)+(r+\sigma^2/2)T}{\sigma\sqrt{T}}$，$d_2=d_1-\sigma\sqrt{T}$；$S_0$ 为股票在0时刻的价格，K为行权价格，r为连续复利的无风险利率，σ为股票价格的波动率，T为期权的期限。函数N（X）为标准正态分布的累积概率分布函数。

③ 1993年，CBOE根据其标准普尔指数期权的波动率编制了波动率指数（VIX），以反映市场投资者对未来不确定性的担心程度，俗称为“投资者恐惧指数”。

在期权合约中，通常以基准价格①为基础按照行权价格间距②上下各安排若干个行权价格的合约。③ 买卖双方就同一到期的若干行权价格合约进行交易，便于投资者根据现货市场的变化情况在若干个明确的价格区间内管理价格波动风险。例如，2012 年 5 月 30 日，6 月到期的 S&P 500 股指买权合约和卖权合约各有 13 个，共 26 个合约，合约行权价格涵盖了 1000 点到 1600 点的范围。显然，期权合约的内容较期货合约更加丰富，体现的信息更为充分，对风险的揭示更为全面。利用期权进行风险管理，相对更为精致和细密，也更加适合投资者的个性化风格，满足多样化风险管理的需求。

正是这种管理更为精细的特性，使得期权成为一种更为常用的避险工具。例如，恒指期货和恒指期权是香港交易所交易最为活跃的股指期货和股指期权产品。在交易所进行的投资者调查中，2010—2011 年度，股指期货交易者中套保交易者所占比例为 26.8%，股指期权交易者中套保交易者所占比例为 38.6%。2006—2011 年的历年调查中，股指期权交易者中套保交易者所占比例均较大幅度地高于股指期货中所占比例。

2.2.4 期权是推动市场创新更为灵活的基础性构件

期权不同到期日、不同行权价格、买权或卖权的不同变量以及具有的杠杆性可以用各种方式组合在一起，包括同标的资产组合在一起，创造出不同的策略，以满足不同交易和投资目的的需要，使得期权成为比期货更为基础的金融衍生工具，是创造金融产品大厦的基础性构件（Building Block），具有灵活性和可变通性，能激发市场大量的创新，引发交易所、

---

① 基准价格一般是最接近合约行权价格间距倍数的标的资产价格（取整），也是期权平值合约的行权价格。例如，股票指数为 2638 点，假设行权价格间距为 50 点，则基准价格是 2650 点。

② 行权价格间距是指两个相近期权合约行权价格之间的差距。

③ 例如，当前股票指数为 2638 点，假设行权价格间距为 50 点，那么买权和卖权可分别有行权价格为 2550、2600、2650、2700 和 2750 的合约上市交易。对于买权，行权价格为 2550 和 2600 的合约是实值合约，行权价格为 2700 和 2750 的合约是虚值合约；卖权则与买权相反。无论买权还是卖权，行权价格为 2650 的合约都是平值合约。

金融机构等进行一系列的市场连锁创新。期权被大量应用于各类新产品创新，成为各种保本产品和高收益产品等结构化产品的基本构成要素，以及发行备兑权证等产品的风险对冲工具。以投资银行发行的、在交易所挂牌上市的备兑权证为例，WFE 数据显示，截至 2011 年年底，全球股票交易所共有 109.70 万只挂牌交易，2011 年全年的成交量为 1.15 万亿美元，这些产品绝大多数是以期权作为对冲工具。

2.3 期权和期货相互配合，构成完整的场内市场风险管理体系

前述分析表明，期权和期货在风险管理中扮演着不同角色。期权相对于期货具有独特的功能与作用，但并不能由此替代期货，期货、期权两者之间是相互配合、密不可分的。

首先，两个市场能够相互提供流动性，相互促进发展。通过期货市场和期权市场之间的套利，可以在两个市场互相提供流动性。其次，两者能够互为风险对冲工具。持有期货头寸的投资者往往使用期权管理风险。期权的做市商有时也使用期货对冲持有期权头寸的风险。此外，对于某些未能集中统一交易的基础资产，其期权一般是基于期货的期权，例如商品期货期权。期货期权的发展又推动了期货市场的发展。

无论从发展的历史来看，还是从各国实践来看，期权和期货几乎都是并行产生的，两者相互补充，相互促进，是风险管理的两块基石，共同形成了一个完整的场内市场风险管理体系。两者的并存与组合，可使避险者从中取长补短，满足经济实体多样化、复杂化的避险需求。这如同股票市场一样。经济发展的需要和投融资的需求决定了股票市场既要有主板，也要有创业板等其他市场。主板市场服务于成熟的大型企业，创业板等市场服务于高成长的科技企业和其他创新企业，从而构成完整的股票市场体系。

三、期权经济功能的发挥需要条件

期权具备独特的经济功能，对于资本市场的发展有重要作用。但期权经济功能的有效发挥需要具备一定的市场条件，否则有可能导致期权被滥用，影响其功能的发挥。

3.1 防范市场操纵和过度投机等滥用行为是期权功能发挥的前提

作为一种风险管理工具，期权存在被操纵或者过度投机的可能性。如果被滥用，期权正常的功能根本无法发挥。

早在20世纪20年代，在美国市场，一些不法投机者经常操纵期权获取非法收益。一个典型的操纵行为是持有大量股票的投机者承诺给予股票经纪人买权作为回报，经纪人把这个股票推荐给客户，从而使该股票的市场需求迅速增加，价格快速上升，投机者和经纪人平仓后获利，毫不知情的公众客户却留在市场里承担被套牢的后果。当时，利用股票期权的操纵事件时有发生，以致后来SEC向国会建议取缔期权交易。

场内期权市场建立后，随着股票期权市场的发展，市场也开始出现操纵行为和欺诈行为。直到现在，市场仍不能完全避免滥用期权的行为。例如，2010年8月，西班牙人Garcia购买了风险较高的加拿大萨斯喀切温省钾肥公司Potash Corporation的股票期权。购买期权四天后，必和必拓公司（BHP Billiton）宣布收购Potash，Potash的股票价格立即上涨了27%，Garcia出售了期权，回报率约为1000%。美国SEC发现后，迅速冻结了Garcia的财产，称涉嫌参与“高获利、高度可疑的交易”。2011年5月，Garcia同SEC和解，被迫交出了交易Potash股票期权所获得的57.5万美元收益。再如，2012年4月，美国SEC指控六名投资者涉嫌内幕交易，其中主要嫌疑人通过众品食业股票和期权交易非法获利超过920万美元。①

可见，即便是在美国这样体系建设完善、法律健全、监管严格的市场，也可能发生滥用期权的事件。因此，只有严厉打击期权市场的操纵行为，防止期权市场的过度投机，才能有效保障期权功能的正常发挥。

3.2 投资者正确认知和恰当运用是期权持续发挥功能的基础

我国证券和期货市场总体来看还处于新兴加转轨的发展阶段，投资者还不够成熟，对一些创新产品经常出现过度炒作的现象，因此投资者能否正确认知和恰当运用对于创新产品的成功运行和功能的发挥是一个基础性条件。

与现货市场相比，期权具有产品序列繁多、专业性强、有杠杆作用等特点，客观上要求参与者具备较高的专业水平和较强的风险承受能力，对期权应用要有充分的了解。期权在国际市场已经是一个成熟的金融产品，但对我国资本市场来说还是新产品。目前，我国资本市场参与者中个人投资者所占比例很大，绝大多数投资者都不了解期权的特性以及风险状况，容易受误导而产生无法预见的损失。我国证券市场中的权证就是一个明显例证。因此，广泛深入地进行投资者风险教育，保护投资者的合法权益，有效避免投资者盲目入市和过度交易，使参与者的风险认知和风险承受能力与期权应用相适应，是期权功能发挥的保障。

四、发展股指期权对推动我国资本市场健康发展具有重要意义

我国资本市场在短短20多年的时间里取得了巨大成就，目前已成为全球第二大资本市场，有着全球最大的投资者群体，国际影响力也大大增强。但与此相反，我国风险管理体系很不完善，投资者行为很不理性，证

① 2012年3月27日，Nasdaq上市公司众品食业宣布私有化，当日早盘一度大涨28.56%。

券期货经营机构的实力还无法与国际同行相比，难以满足实体经济对投融资和风险管理服务的迫切需求。从股指期权起步，逐步推出各类期权产品，对于推动我国资本市场长期健康发展有着特殊的意义。

4.1 发展期权市场是完善我国资本市场风险管理体系的关键举措

如前所述，一个完整的资本市场风险管理体系应当包括期货市场和期权市场。我国沪深300股指期货的上市，标志着风险管理体系建设迈出了第一步。两年多的实践对沪深证券市场、证券经营机构和机构投资者都产生了积极影响。但单一的金融期货品种与完善的风险管理体系相去甚远，无法满足我国资本市场未来规模的进一步扩大、结构的进一步优化和功能的有效发挥等需求，和我国资本市场的规模与发展速度很不匹配。

目前，不仅全球GDP及股票市值排名前20位的国家和地区除中国大陆市场外都推出了股指期权产品，就连新兴转轨经济体如巴西、俄罗斯、印度、南非、波兰等也成功推出了股指期权产品。同海外市场相比，我国资本市场风险管理体系建设严重滞后。

因此，从实体经济、资本市场、风险管理市场三个层面更加协调的内在要求来看，我们需要加快风险管理体系建设，建设期权市场，使得我国风险管理市场跟上资本市场发展的步伐，功能更加完备，影响更为显著，更好地服务于资本市场和实体经济。

4.2 期权能够改善投资者交易行为，推动股票市场健康稳定发展

我国资本市场处于新兴加转轨的发展阶段，市场波动大，系统性风险高。据统计，A股系统性风险比例的平均值为43.82%，而对应海外市场的H股仅为11.86%，A股市场的系统性风险比例远高于中国香港地区等

境外市场。[①] 这导致投资者经常“只赚指数不赚钱”，财富遭受损失，甚至引发社会群体事件；同时使得投资者更加不敢、不愿长期持有股票，加剧了市场波动与短线交易行为，长期投资理念难以形成。

期权是一种行之有效的风险管理工具，有利于增强机构投资者的长期持股信心。正如前文所述，使用股指期权避险等同于买了“保险”，简便易行，在锁定下跌风险的同时，不会使投资者错失市场上涨获利的机会，这将极大地鼓励机构投资者进行长期投资。同时，股指期权的推出将进一步改变股市文化。我国股市由于散户投资者占比较大，长期形成了跟风炒作、盲目从众的股市文化。股指期货上市后，市场套期保值、对冲交易、数量化投资等良性文化逐渐扎根发芽。推出股指期权将进一步推动股市文化的改变，增强机构优势，减少散户在股市中的参与比例，优化市场生态结构，有助于减少股票市场炒新等非理性交易，促进风险管理、价值投资等理念的普及，推动资本市场长期健康稳定发展。

4.3 推出股指期权能够为宏观部门决策提供可靠的参考指标，有利于宏观决策部门增强政策制定的前瞻性与预测性

我国股市“新兴加转轨”的特征非常明显，基础性制度建设相对不完善，各类财政、监管政策调整也较为频繁，投资者信心起伏频繁，市场波动较大。如果没有期权市场，就难以观察到投资者对未来市场的信心状况，也难以制定更加有效的政策措施，股市作为宏观经济晴雨表的功能也会大打折扣。而发达国家早已根据股指期权市场的价格编制出波动率指数，并把该指数作为观察金融市场压力的先行指标。自2003年起，美国财政部就把它和伦敦同业拆借利率与隔夜掉期利率的利差、三个月伦敦同业拆借利率与短期国库券利率的利差、CDS与国库券价差、遗产价格指数、

---

① 刘景德、张捷：“A股系统性风险时变估计方法及实证研究”，载《上海证券报》2009年5月16日。

股票指数一起作为观察金融市场压力的六大指标。美国在金融危机过程中制定救市政策时，充分观察并依靠了波动率指数。目前，美国的波动率指数已成为国际货币基金组织、国际清算银行、欧洲央行、英国央行、美联储、美国财政部等全球重要金融管理部门和监管机构进行金融决策的重要指标之一。

利用期权市场价格编制的波动率指数反映了投资者对未来市场的信心情况，这个指标同样也能为我国宏观决策和市场监管部门决策提供重要且可靠的参考，有利于宏观决策和监管部门对市场的预研、预判，提高宏观决策调控的前瞻性和有效性。

4.4 期权能够推动证券公司等金融机构的业务创新

与国际机构相比，我国证券公司、基金公司、商业银行等金融机构的业务模式单一，同质化现象严重，创新能力很差，金融产品和服务产品匮乏。而开展金融创新的一个前提是需要有基础性构件，没有基础工具，就无法推出多样化的产品和服务，无法满足市场和投资者需要。例如，Wind统计数据显示，2011 年，我国内地市场共有 100 家银行发行了理财产品23 413只，而挂钩股票或商品类的理财产品仅有 1484 只，基本都是由外资银行发行的。造成这个局面的一个原因在于我国资本市场缺少创新的基础性构件——期权。期权的缺失，使得证券公司、基金公司、商业银行等金融机构开发不出与沪深股票市场相关的结构化产品，直接导致了我国理财产品市场品种较为单一，满足不了广大居民的个性化投资需求。

对于我国大量的证券公司、基金公司、期货公司等金融市场机构来讲，期权不仅仅是一个功能上简便易行的避险工具，更是这些机构进行金融创新最常用的基础性构件。它的推出，将为证券公司等金融机构开展业务创新开创一个新的领域，从而改变金融机构业务同质化的局面，创造金融产品多元化、竞争模式多层次化的金融生态环境，推动资本市场的整体创新。

五、上市股指期权能够做到平稳起步、安全运行

从海外实践来看，股指期权市场总体运行平稳，没有发生大的风险事件。股指期权本身的产品特性决定了其操纵难度较大，加之我国股指期货已形成一套较为完善的风险管理体系，上市股指期权能够适应机构投资者的风险管理需求，做到平稳起步和安全运行。

首先，在海外期权市场近30年的股指期权实践中，个别市场由于制度设计不完善或风险管理不力出现过少数几例客户违约和操纵案例，但总体来看，市场运行平稳，没有发生大的风险事件。同时，股指期权也成为新兴市场做大做强金融衍生品市场的主力品种。韩国、印度、我国台湾地区、俄罗斯等市场都是借助股指期权成为全球颇具影响力的衍生品市场。新兴市场的发展经验对如何启动我国内地期权市场有着非常现实的借鉴意义。

其次，股指期权能够保障期权市场的安全平稳起步。股指期权是以股票价格指数作为标的资产，设计合理的股指覆盖面广、抗操纵性强、产品结构简单。从股指期权开始发展期权市场，能够减少风险事件发生的可能性，最大程度上保障期权市场的平稳起步。同时，对于进行组合投资的机构投资者来说，运用股指期权来管理风险更为有效，这有助于吸引更多机构投资者参与期权市场和股票市场，对改善股票市场投资者结构也有相辅相成的作用。

最后，股指期权的市场条件已经具备。上市股指期权与股指期货一样，都需要具备良好的基础市场条件、合格的投资者队伍和较为完善的风险防范体系。沪深300股指期货已经上市两年多时间，市场运行平稳，功能逐步发挥，对股票市场的积极作用正在逐步体现，市场各方在投资者适当性管理和市场风险防范等方面积累了丰富经验，投资者对股指类衍生产品的认识日益深入，对多样化风险管理工具的需求日益提升，这些都为股

指期权的成功上市提供了条件。

综上所述，场内期权市场能够完善我国风险管理市场体系，服务大多数投资者的风险管理需求，提升资本市场的服务能力，加大市场规范创新力度，丰富理财产品种类，促进金融中介机构业务模式的多元化，推进资本市场的协调、持续和健康发展。股指期权能够保证市场的平稳起步和安全运行。当前，股指期权的上市条件已完全具备，市场需求强烈，可择机上市。

（于延超）

第二篇　期权的法律属性和法律适用研究

期权是指合同双方约定，买方支付对价后有权在未来的特定时间内以约定价格向卖方买入或者卖出约定标的物的合约。作为一种金融衍生品，期权与期货市场、证券市场均存在密切联系。一方面，期权采取标准化合约的形式和保证金、当日无负债结算等期货交易结算机制，符合期货交易的构成要件；另一方面，股指期权、个股期权等期权品种以股票指数或者单只证券为标的资产，与证券市场存在基础性联系。由于这种双重性，理论界及实务界对期权的法律属性和法律适用的认识存在一定的模糊性。本文从期权的交易机制出发，在对境外市场期权立法进行考察的基础上，对期权的法律属性和法律适用等问题进行了研究。

一、期权的交易机制与法律属性

从交易标的和交易机制来看，期权交易以标准化合约作为交易标的，并采取保证金、履约担保和当日无负债结算等期货交易机制，符合期货交易的构成要件。就法律属性而言，期权不存在发行环节，不具有发行类衍生品的投融资功能，属于非发行类金融衍生品。

1.1 期权交易符合期货交易的构成要件

标准化合约、保证金交易和集中履约担保被认为是现代意义上的期货交易的三个基本特征，也是认定期货交易的重要标准。我国现行《期货交易管理条例》（以下简称《条例》）规定，期货交易是对期货合约和期权合约的交易，并从标准化合约、保证金交易机制、集中履约担保和当日无负债结算等方面规定了期货交易的认定标准。① 国务院法制办在2011年年底发布的《条例》修订征求意见稿中，将期货交易界定为“采用公开的集中交易方式或者国务院期货监督管理机构批准的其他方式进行的以期货合约或者期权合约为交易标的的交易活动”，进一步将期货交易的认定集中于标准化合约这一特征。

期权交易的标的是标准化的期权合约，除权利金由买卖双方决定以外，期权合约的其他条款均事先规定。期权交易采用保证金制度，期权交易达成时，卖方向买方收取权利金并缴纳保证金作为履约保证。交易所作为期权交易的中央对手方，对期权交易提供履约担保，采取当日无负债结算方式对卖方进行风险管理。上述特征表明，相对于期货交易而言，期权交易尽管在保证金收取方面因风险管理不同而对买方和卖方体现出一定的不对称性特征，但与期货交易机制并无本质区别，符合期货交易的构成要件。

1.2 期权在法律属性上属于非发行类金融衍生品

就法律属性而言，期权是一种衍生于证券、指数、商品或者合约的金融衍生品。从理论研究角度，金融衍生品可以根据交易场所、标的资产、发行环节等不同标准进行分类。以交易场所为分类标准，可以分为场内金融衍生品和场外金融衍生品；以标的资产为分类标准，可以分为股权类、

① 《条例》第89条第1款规定，任何机构或者市场，未经国务院期货监督管理机构批准，采用集中交易方式进行标准化合约交易，同时采用以下交易机制或者具备以下交易机制特征之一的，为变相期货交易：

（一）为参与集中交易的所有买方和卖方提供履约担保的；

（二）实行当日无负债结算制度和保证金制度，同时保证金收取比例低于合约（或者合同）标的额20%的。

利率类、汇率类和商品类金融衍生品；以是否存在发行环节为分类标准，可以分为发行类衍生品和非发行类衍生品。期权符合非发行类衍生品的特征，属于非发行类衍生品。

第一，从发行要求来看，期权在交易之前不存在发行环节。权证等发行类衍生品普遍存在发行环节，由交易双方以外的第三方发行，在发行方和认购方之间存在投融资关系，流通量相对固定；非发行类衍生品不存在发行环节，交易所只负责设计合约并组织交易，不存在发行方和认购方，也不存在基于发行的投融资关系，流通数量不固定。从期权的实际运作情况看，其不存在发行环节和投融资关系，期权合约由交易所设计并组织交易，其持仓量（流通量）完全取决于交易双方的开平仓行为。

第二，从表现形式来看，期权符合非发行类衍生品的通常形式。发行类衍生品一般表现为有价证券的形态，具有有价证券的要式性、权利性和收益性等特征；非发行类衍生品则一般表现为标准化合约，具有未来性、双务性以及可对冲性等特征。与权证等采取有价证券表现形式的衍生品不同，期权采取标准化合约的表现形式，符合非发行类衍生品的这一特征。

第三，从交易结算方式来看，期权符合非发行类衍生品的交易特征。发行类衍生品交易一般采用全额交易方式，即使是融资融券交易，在中央结算层面也是全额交易的；非发行类衍生品普遍采用保证金交易方式，通过保证金和每日无负债结算等制度控制风险。期权采用保证金交易和当日无负债结算的风险控制措施，符合非发行类衍生品的这一特征。

二、境外主要期权市场的立法模式

境外金融市场主要有两种立法分工模式：一种是以标的资产作为标准，将金融衍生品分别归入证券法和期货法调整范围；另一种是以是否具有发行环节为标准，将金融衍生品区分为发行类衍生品和非发行类衍生品，证券法主要调整证券及相关的发行类金融衍生品，期货法主要调整非发行类金融衍生品。就期权而言，美国以标的资产为标准，将期权一分为二，分别适用证券法、期货法；新兴国家和地区则大多将期权视作非发行类衍生品，统一适用期货类法律。

2.1 美国以标的资产作为法律适用标准，存在监管重复和冲突问题，历史上曾经影响产品创新和市场发展

美国证券类法律和期货类法律依据标的资产来划分各自的适用范围。根据美国《1933 年证券法》和《1934 年证券交易法》，凡符合其证券定义范围的，适用证券法。而其证券定义就包括一组证券或者证券指数的任何卖权（看跌期权）、买权（看涨期权）、跨式期权、选择期权或者特权（包括其中的任何权益或者以其价值为基础的任何权益）。《商品交易法》在定义标的资产时，规定未来交割的合约的标的包括“现在或者将来达成的未来交割的合约中的所有服务、权利和利益”，其中也可能包括部分证券在内。这导致衍生自证券及其指数的期权产品长期处于证券类法律和期货类法律的双重调整下。法律适用的重叠引发了美国期监会和美国证监会等监管机构之间的管辖权争议，并在一定程度上影响了美国金融衍生品市场的发展路径。

为进一步明确期权的法律适用问题，2000 年美国国会通过的《商品期货现代化法案》重新划分了证券类法律和期货类法律的调整范围。具体而言，《商品期货现代化法案》增加了证券期货（Securities Future）和证券期货产品（Securities Futures Product）的概念。法案规定证券期货指基于单只证券或者窄基证券指数的未来交割的买卖合约；证券期货产品指证券期货或者基于证券期货的任何卖权（看跌期权）、买权（看涨期权）、跨式期权、选择期权或者特权。证券期货产品属证券定义范畴，受《1933 年证券法》和《1934 年证券交易法》的调整。据此，普遍认为个股期权和基于窄基证券指数的期权产品受证券法调整；基于非窄基证券指数的期货或期权合约则适用《商品交易法》。

不过，在具体法律规定上，美国同样存在对发行类和非发行类产品的区分。美国证券的发行和注册主要受《1933 年证券法》的约束，该法第 3 条规定，由经注册的清算机构清算且在经注册的全国性证券交易所或证券协会中交易的证券期货产品，豁免适用《1933 年证券法》。《1934 年证券交易法》中也存在针对证券期货产品的特殊规定。这些特殊规定往往规定须参照《商品交易法》的相关规定。这表明在美国证券法下，对发行类和非发行类产品也存在不同的规定，非发行类产品实质上也部分适用《商品交易法》的规定。

2.2 新兴市场与美国模式不同，多将期权直接纳入非发行类衍生品立法调整范围

包括韩国、新加坡、我国台湾地区和香港地区在内的新兴市场，为解决美国模式下法律适用和监管权限交叉重叠的问题，普遍将期权直接纳入非发行类衍生品立法调整范围。这些国家和地区在 21 世纪前大多通过两部独立的法律分别规范证券和期货，相应地将发行类和非发行类衍生品分别归入证券法和期货法中。21 世纪初，随着金融统合立法趋势的加强，韩国、新加坡、我国香港地区等对证券类法律和期货类法律进行了统合，在统合立法模式下，对发行类和非发行类金融衍生品依然有所区分。

我国台湾地区直至现在仍然采用分别立法的模式。我国台湾地区“期货交易法”明确规定适用于依我国台湾地区内外期货交易所或其他期货市场的规则或实务，从事衍生自商品、货币、有价证券、利率、指数或其他利益的期货合约、期权合约、期货期权合约和杠杆保证金合约的交易；“证券交易法”规定，其只适用于有价证券的募集、发行、买卖，并未规定适用于期权合约。

韩国目前采用统合立法的模式。韩国 1995 年修订的《证券交易法》和同年颁布的《期货交易法》，分别对证券市场和期货市场进行了调整。《证券交易法》适用于本国或外国发行的国债、市政证券、公司债券、股

票凭证、出资凭证或类似工具，或者以外国公司发行的凭证或工具为基础发行的证券存托凭证，或者与前述类似或相关的凭证或工具。从该定义可以看出，《证券交易法》适用的产品应当存在发行环节。《期货交易法》对期货交易的定义中则不存在发行要求，仅规定适用于具有期货合约、期权合约特征的交易。2009 年，韩国为提高金融行业竞争力，颁布了《韩国资本市场整合法》。从表面来看，证券类和期货类产品统一适用同一部法律，不过事实上，在《韩国资本市场整合法》中依然存在对发行类和非发行类的区分。该法规定，证券是指由本国或外国发行人发行的金融投资工具；衍生品则指符合特定特征的合约（包括期货合约和期权合约）中的权利。《韩国资本市场整合法》的多数条文统一适用于所有金融产品，但是部分条文仅适用于证券或者衍生品。《韩国资本市场整合法》特别规定，将区分证券和场内衍生品，由交易所分别制定证券市场和科斯达克商业规章以及交易所衍生品市场商业规章，具体对证券类和期货类产品交易、结算制度做出规定。

2.3 将期权统一纳入非发行类衍生品立法进行调整，更符合金融衍生品市场的运行规律

从法律分工、监管效率和市场运行情况来看，以是否存在发行环节为标准，将商品期权、个股期权和指数期权统一纳入非发行类衍生品立法进行调整，更适应金融衍生品市场发展的需要。

第一，从法律分工来看，以是否存在发行环节为区分标准，将期权纳入非发行类衍生品立法统一调整，更为科学、合理。证券法律制度规范是从发行到交易的各个环节，而期货法律制度更关注交易环节。将发行类和非发行类衍生品分别归入证券法和期货法，法律体系较为清晰，相互重合、援引的条文较少。在以标的资产为标准的立法模式下，一方面，同一标的资产衍生出的金融衍生品可能在发行机制、交易机制方面存在较大的区别，不得不在证券法和期货法下重复规定相同的制度，或者在证券法下

援引参考期货法的相关条文，这使得整个法律体系不是很清晰，重复规定也较多；另一方面，不同标的资产衍生出的金融衍生品也可能存在完全相同的交易机制，如商品期权、个股期权和指数期权，但又需要分别适用《证券法》和《期货法》，科学性和合理性存在缺陷，且在实践中往往导致法律适用的冲突。

第二，从监管效率来看，以标的资产为标准确定法律适用和相关监管权限，容易导致监管权限争议。过去30多年来，美国证监会与期监会的管辖权之争充分表明了此种立法模式导致的监管冲突问题。2000年《商品期货现代化法案》尽管尝试划清两家监管机构的监管权限，然而适用证券法的期权产品须参照期货类法律的做法导致无法完全划清监管权限，只能规定对于适用证券法的期权产品，证监会与期监会应当相互协商、相互合作，以便在最大限度内履行各自的监管职责。而以是否存在发行环节为标准进行划分，界限明确，不易发生监管权限争议。

第三，从实际运行效果来看，美国模式下证券、期货界定的不明确甚至影响了部分基于单只证券和股票指数的期货品种的创新进程，尽管20世纪80年代初美国证监会和期监会通过签署《Shad–Johnson协定》解决了股指期货监管问题，不过，在之后20年中，部分金融衍生品依然受制于该种立法模式下产生的冲突，一直被“合法延缓”。而韩国等新兴国家和地区未采用美国的做法，没有以标的资产作为划分金融衍生品立法的标准，减少了不必要的纷争，在20世纪90年代推出了相关金融期货和期权产品，其中KOSPI200股指期权更一举成为世界最大的衍生品合约。

三、从我国立法现状来看，期权属于我国期货类法律制度的调整范围

借鉴境外相关经验，并结合期权的交易机制和法律属性，在我国目前的法律框架下，期权产品适用期货类法律制度进行调整，符合《中华人民共和国证券法》（以下简称《证券法》）和《条例》的立法宗旨和规定，

有利于推动期权产品的创新和发展。

3.1 立法方面，《条例》已明确将期权合约纳入其调整范围

根据我国《证券法》和2007年修订发布的《条例》，目前我国立法已经采用了韩国等新兴市场的立法模式，将金融衍生品区分为发行类和非发行类，分别适用证券法和期货法，其中，期权合约归期货类法律法规调整。

《条例》已经明确将期权交易纳入调整范围。《条例》第2条规定："任何单位和个人从事期货交易，包括商品和金融期货合约、期权合约交易及其相关活动，应当遵守本条例。"第4条第1款规定："期货交易应当在依法设立的期货交易所或者国务院期货监督管理机构批准的其他交易场所进行。"第85条规定："期货合约是指期货交易所统一制定的、规定在将来某一特定时间和地点交割一定数量标的物的标准化合约；期权合约是指由期货交易所统一制定的、规定买方有权在将来某一时间以特定价格买入或者卖出约定标的物（包括期货合约）的标准化合约。"

我国现行《证券法》仅调整发行类衍生品的发行和交易。《证券法》并未对证券做出明确定义，而是在第2条第1款以列举式规定了股票、公司债券、基金份额以及国务院依法认定的其他证券的发行和交易适用《证券法》的规定。《证券法》第2条第3款规定："证券衍生品种发行、交易的管理办法，由国务院依照本法的原则规定。"从立法宗旨和语意来看，《证券法》明确提出了对证券衍生品种发行环节的规范；此外，从《证券法》列举的几种证券类型来看，股票、债券和证券投资基金份额均存在发行环节，并都采取权利凭证的表现形式。因此，《证券法》调整的是证券及与证券有关的发行类衍生品。期权作为一种非发行类衍生品，无论是基于单只证券的股票期权和ETF期权，还是基于指数的股指期权，都不符合发行类衍生品的特征，不在现行《证券法》的调整范围之内。

3.2 业务规则方面，期权业务通常纳入期货类业务规则予以规范

发行类和非发行类衍生品在交易机制和风险控制制度方面存在较大差异，普遍适用不同的业务规则。发行类衍生品一般都采取全额交易机制，即使是融资融券交易，其杠杆机制反映的也只是证券公司和客户之间的资金或者证券借贷关系，风险控制制度相对简单，主要包括中央对手方和货银对付制度。而非发行类衍生品普遍采用保证金、当日无负债结算等风险控制和监管制度。期权在交易机制、风险控制制度等方面与期货存在较多相似之处，与证券则存在较大差异。

基于此，境外衍生品交易较为活跃的国家和地区多将期权纳入期货类业务规则的调整范围。例如，韩国交易所尽管同时存在证券、期货产品，但是，期权产品与期货产品一起归由衍生品商业规章调整。我国香港交易所在合并前分别由香港联合交易所上市个股期权，香港期货交易所上市股指期权。在业务规则方面，我国香港期货交易所合并期货和期权，统一制定交易规则；我国香港联合交易所则针对个股期权单独出台期权交易规则，并在原有结算机构外单独成立期权结算所。此模式一直保留至今。

综合上述分析，期权交易以标准化合约为标的，采用保证金制度，由结算机构履行中央对手方责任，符合现代期货交易的构成要件。从发行要求、表现形式和交易结算机制来看，期权合约是典型的非发行类衍生品。境外新兴市场立法时通常都针对期权合约的这些交易特征和产品属性，将期权合约归入期货法调整范畴。美国基于历史原因，未将期权合约全部纳入期货法调整范围，但从立法、监管效率和市场运行来看，这种立法模式并不一定有利于期权市场的发展。

我国2007年修订的《条例》已明确规定期权合约适用与期货合约相同的法律制度。尽管《证券法》规定“证券衍生品种发行、交易的管理办法，由国务院依照本法的原则规定”，但从其立法宗旨和语意来看，此处的证券衍生品应当指发行类衍生品。因此，我国大陆地区目前有关期权立

法的模式与韩国、我国台湾地区和我国香港地区等相同，即将期权合约归由期货类法律调整，适用《条例》及其相关配套法规文件。

（杜惟毅、普丽芬）

第三篇　期权与权证的比较

目前，期权[①]还未在境内市场上市交易，投资者对期权的认识较为有限，往往容易简单地将期权市场等同于“另一个境内股改时期的权证市场”。期权和权证在内涵上有类似的地方，都赋予持有者在未来某一特定日期或者特定时间段内，以约定价格买进或者卖出一定数量标的物的权利。但在产品设计与交易运行机制上，期权和权证存在明显的差异，这使得两者在功能应用和普遍性上存在不同。同时，相对于境外成熟的权证市场，境内股改时期的权证市场因在产品和制度设计上的问题曾引发一系列风险事件。正确认识期权和权证之间的差异对于探索适合我国实际情况的期权产品创新之路具有重要意义。

一、期权和权证的相似之处

期权（Option）是一种金融合约，赋予期权买方在特定时间以特定价格从期权卖方买入或向其卖出标的资产的权利。根据权利买卖方向不同，期权可分为“买权”（Call Option）和“卖权”（Put Option），前者具有买入资产的权利，后者具有卖出资产的权利。美国场外股票期权市场是在

① 除非特别说明，本文所指的期权和权证均指场内交易的品种。

1791 年纽约证券交易所成立之后发展起来的。场内期权的首个品种是股票期权，于 1973 年在芝加哥期权交易所（CBOE）上市交易。经过 30 多年的发展，期权的标的资产已扩展到大部分主要资产类型上，包括股票、股票指数、利率、汇率、商品等，其中利率和商品的期权较多以期货期权的形式上市交易。

权证（Warrants）是一种证券产品，持有方拥有在特定时间以特定价格从发行人买入或向其卖出标的资产的权利。根据权利买卖方向的不同，权证可分为认购权证（Call Warrants）和认沽权证（Put Warrants），分别具有买入和卖出标的资产的权利。根据发行人不同，权证可分为股本权证（Equity Warrants）和备兑权证（Covered Warrants）。股本权证由上市公司发行，于 1911 年因企业融资而诞生，此后很长一段时间内权证交易都在场外进行，1970 年股本权证首次在纽约证券交易所作为独立的产品进入场内交易。备兑权证一般由大型投资银行作为第三方发行，最早于 1989 年出现在德国市场和我国香港地区市场上。目前，在全球市场上交易的权证以备兑权证为主，股本权证的数量较少。早期的权证主要以股票作为标的资产，目前权证的标的资产已扩展到其他主要资产类型，包括股票指数、利率、汇率、商品等。

期权和权证在三个方面有相似之处。首先，两者都赋予持有者一项权利，持有者可以在未来某一特定日期或特定时间段内，以约定价格买进或卖出一定数量的标的资产。其次，两者都有一定的风险管理功能，例如一位持有股票现货的投资者可以通过买入卖权或认沽权证管理价格下行风险，一旦未来股票价格下跌，该投资者有权按事先约定的价格卖出股票现货，相当于在期初为股票现货买了一个“保险”。再者，两者都体现出一定的杠杆特性。对于期权或权证的买方而言，期初在获得权利时支付的权利金较少，一旦未来标的资产价格向有利方向变化，买方有机会得到数倍于期初权利金的回报；而期权或权证的卖方（权证的卖方一般为上市公司或第三方机构）在标的资产价格向不利方面变化时，有可能要承担数倍于期初收取权利金的损失。

二、期权和权证的区别

尽管期权和权证有一定相似之处，但两者在产品提供方、交易运行机制、风险控制制度、功能应用和普遍性等方面存在显著的差异。

2.1 期权是由交易所设计的标准化合约，权证是由上市公司或投资银行设计发行的相对个性化的证券产品

尽管场内期权和权证都在交易所上市交易，但是期权和权证产品提供方有明显的不同。期权是由交易所设计的金融合约，交易所作为市场交易的组织者和自律监管者在设计产品与制度过程中遵循公开、公平和公正的原则，兼顾市场参与各方的利益；权证是由上市公司（股本权证发行人）或大型投资银行（备兑权证发行人）主导设计发行的证券产品，权证的发行人把自身的利益作为产品设计的主要考虑因素。在境外市场上备兑权证是主流产品，备兑权证的发行人主要为市场地位较高的大型投资银行，而普通投资者和中小机构无法获得权证的发行权。因此，发行权证成为少数国际性大投行“俱乐部会员”形式的特权。

期权和权证的产品设计不同，期权是一种标准化合约，而权证是一种相对个性化的证券产品。1973 年，CBOE 首次推出场内期权时就借鉴了期货交易制度，通过“合约标准化”来规范期权合约的各项条款，此后全球各市场期权产品都有相对统一的标准化产品规则。期权关键条款在产品规则中具有严格且明确的规定，期权相邻两个合约的执行价格间距通常设计为固定值，合约到期月份及到期日均在产品规则中事先确定。相对于期权，权证在产品设计方面的灵活性和个性化程度较高，权证发行人可以随意设置权证执行价格与到期时间等关键条款。

2.2 期权采用双向交易机制，权证没有卖空交易机制

期权市场具有双向交易机制，期权投资者既可做多，也可做空。权证交易是一种单向交易机制，发行人（一般为大型投资银行）是权证的卖方；普通投资者只能作为买方来参与交易，不能通过发行来卖空权证。因此，权证交易本质上成为普通中小投资者（买方）与大型投资银行（卖方）之间的买卖。期权市场买卖双方地位的平等有助于期权市场的价格稳定。市场套利资金可以在期权价格过高时及时入场卖空，自动纠正不合理的价格，从而自发稳定期权市场运行。而权证的单向交易机制使得投资人有时无法及时在权证价格高估时通过卖空权证来套利，高估的价格无法得到及时纠正，市场定价效率较低。

2.3 期权买卖供给充足，权证供给受到多种因素制约

与期货类似，期权是一种在交易所上市交易的标准化合约，买卖双方的交易行为决定了期权的供给量，只要投资者新开仓，相应的期权供应量就会被自动创造出来，期权的供给充分，供给机制顺畅。而权证产品是一种由发行人提供的证券产品，可供交易的数量不会随交易行为而变化。不管是股本权证还是备兑权证，都需要由发行人设计并发行，权证的供给数量通常由发行人决定，同时容易受到标的资产规模、发行制度等多种因素制约。

2.4 期权采用当日无负债结算等期货市场风控制度，权证采用证券市场风控制度

期权交易通常采用当日无负债结算等期货风控制度来防范市场系统性风险。交易所是期权交易双方的中央对手方，采用当日无负债结算方式防范结算风险，出现违约风险的可能性较低。而权证是由发行人发行的证券产品，采用证券市场相关风控制度，交易所并不要求发行人缴纳保证金，

也不向投资者提供履约担保，权证投资者需要承担发行人违约的风险，这使得权证市场的违约风险高于期权市场。例如，2008 年我国香港地区市场发生了雷曼兄弟公司发行的权证违约事件。雷曼兄弟公司在金融海啸期间申请破产保护，随后在香港交易所上市交易的雷曼兄弟公司发行的权证被停止交易，使得权证投资人损失掉全部本金。

2.5 期权能够实现精细化风险管理，在全球市场的发展比权证更普遍和均衡

期权在风险管理方面较权证具有明显优势。期权作为可双向交易与高度标准化的产品，有多个行权价格和多个期限的完整的合约系列，能为投资者提供更加丰富的交易策略，让投资者的套期保值操作更加精准和便利。例如，期权投资者可以通过买入一个执行价格较高的卖权，同时卖出一个执行价格较低并且相同期限的卖权来构建一个垂直价差组合策略，对标的资产进行套期保值，由于卖出卖权的权利金收入可以部分冲抵另一个买入卖权的费用，该策略可以为投资者提供成本较低的针对特定价格区间（较高执行价格与较低执行价格之间）的套期保值方案。而权证市场不能卖空并且权证产品提供的行权价格与到期月份较为有限，因此权证市场无法提供期权市场常见的价差交易策略，其风险管理手段远不如期权市场丰富。

从期权和权证在全球市场的普遍性来看，两者呈现明显区别。期权在合约设计上的标准化使其更容易被各地投资者接受，从而在全球获得较为均衡的发展。以 2011 年全球期权交易量分布为例，美洲地区期权交易量占比为 47%，亚太地区占比为 41%，欧洲、非洲及中东地区占比为 12%。期权在全球主要市场都较为活跃，未出现某一地区市场独大的情况。权证交易主要集中在少数几家交易所，以 2011 年的交易情况为例，仅香港交易所和韩国交易所的权证交易就占到全球的 75%。

三、境内推出期权产品能够实现平稳运行

我国境内曾经有过权证交易，进行过两个阶段的尝试和探索：第一个阶段是20世纪90年代中期，那时权证产品和制度设计上不甚成熟，权证交易期限被随意延长，导致权证市场价格紊乱和过度投机交易，最终被监管机构停止交易；第二阶段是2005—2011年，当时权证主要为配合推进股权分置改革而上市交易，最后一只权证于2011年到期而画上句号。虽然我国境内市场尚未推出期权产品，但境内权证市场的这段历史为推出期权产品提供了借鉴与参考。通过以上比较分析我们认为，期权产品与权证在产品设计、交易制度等方面有很大不同，推出后能够实现平稳运行和市场功能的发挥。

一是期权市场完善的交易运行机制有助于稳定价格。首先，相对于权证市场，期权市场的双向交易机制可以提升定价效率，有助于防范非理性投机炒作。期权投资者可以通过卖空来纠正不合理的定价，及时稳定期权市场运行。其次，期权合约的挂牌机制保证了合约的多样性。期权合约既有近月，也有远月，在挂牌时以序列形式在执行价上形成合理分布，使得单一标的指数上有不同期限、不同行权价的多个合约同时运行，避免了因产品数量较少而导致的“相对稀缺性”，有利于防范市场操纵风险，形成较为合理的市场价格。

二是期权合约的标准化与交易双方的供求平衡机制有利于期权平稳交易。相对于权证而言，期权是一种由交易所设计的标准化合约，其交易的标的资产、合约到期月份以及执行价格间距等关键条款都很明确，有利于投资者清晰地了解交易产品，有助于理性交易。同时，期权不存在创设问题，期权交易的持仓量理论上没有限制，交易双方权利是平等的，供求关系是平衡的，投资者不存在利用先天的权利优势影响市场价格的可能性，而是依赖于市场的判断进行交易，有利于期权交易的平稳运行。

三是期货市场完善的风险控制制度能够防范期权风险。从境外市场期权交易制度来看，期权产品的交易制度总体上与期货交易制度相似，如对于期权卖方采用保证金交易、实行当日无负债结算等。我国境内期货市场经过近20年的发展，已建立了一整套完善的交易制度与风险控制制度，市场运行机制成熟，强势监管态势已形成，能够实现事前、事中和事后的有效风险监控，这为期权交易的市场运作与风险管理提供了良好的基础与保障。

综上所述，期权并非权证，期权与权证在产品设计、交易制度与风险管理等方面有明显不同。通过充分借鉴境外期权市场的发展经验，科学、合理地设计适合我国市场现状的期权产品，借助于我国期货市场多年来积累的交易与风险管理制度以及监管经验，积极、稳妥地推出期权产品，加强监管，能够实现我国境内期权市场的平稳起步与稳健运行，为投资者提供丰富的风险管理工具，进一步完善多层次金融市场体系，促进资本市场健康发展。

（王琦、王卓）

第四篇　股指期权与 ETF 期权的比较

股指期权与 ETF 期权是全球衍生品市场中发展较快的两个品种，两者在交易制度、合约设计以及市场功能等方面具有一定的相似性。从全球期权市场的发展情况来看，股指期权的发展更具有普遍性，而 ETF 期权仅在美国市场获得了较大发展。对股指期权与 ETF 期权的发展现状以及两者的异同点进行比较分析，有助于我们探索合理的发展路径，积极推进期权产品创新，促进资本市场健康发展。

一、境外 ETF 和 ETF 期权的发展现状

随着现代投资组合理论的发展和被动式投资理念的逐渐普及和广泛认同，作为被动式投资的代表——ETF 在近 20 年中获得了较快发展。随着 ETF 现货市场的逐渐发展壮大，对 ETF 产品的风险管理需求也与日俱增，因此 ETF 期权产品作为 ETF 的风险管理工具也被开发出来，并在美洲市场获得了较快发展。

1.1 作为被动式投资的代表，ETF 在近 20 年中获得了较快发展

近 20 年来，ETF 产品取得了较快发展，ETF 数量、资产管理规模和投资者数量均不断增加，成为金融市场中的一个重要组成部分。全球首个 ETF 产品是 1990 年加拿大多伦多证券交易所（TSE）推出的指数参与份额

(TIPs)，现已退市。现存最早上市的 ETF 产品是 1993 年美国证券交易所(AMEX) 推出的标准普尔指数存托凭证 SPDRs (Standard & Poor's Depository Receipts)，也称为标普 500ETF。标普 500ETF 同时也是目前全球资产管理规模最大的 ETF 产品。

随着加拿大和美国市场 ETF 的推出，全球其他市场也纷纷推出了在当地市场交易的 ETF 产品，ETF 成为全球证券投资者的新宠，在全球范围内获得了成功。截至 2011 年年底，全球上市交易的 ETF 共计 3011 个，资产管理规模总额为 1.35 万亿美元。

全球 ETF 历年资产管理规模和产品数量，见图 4-1。

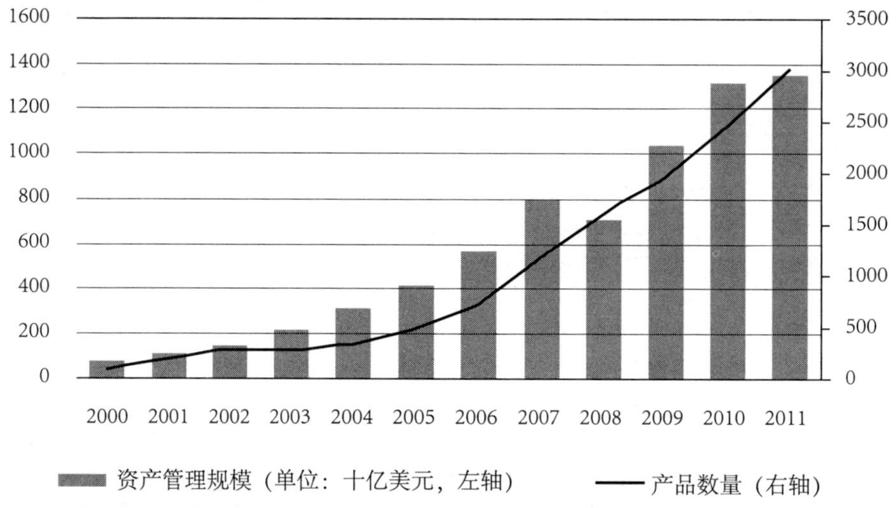

图 4-1　全球 ETF 历年资产管理规模和产品数量

数据来源：BlackRock Investment Institute，Bloomberg.

由于推出时间、市场微观结构、投资者结构和投资者对被动投资理念认同程度不同等原因，ETF 在全球各市场的发展程度存在一定的差异。目前美洲地区 ETF 市场的发展程度最高，2011 年资产管理规模达到 9930 亿美元，占全球市场的 73.51%；欧洲 ETF 市场的发展程度低于美国市场，2011 年资产管理规模为 2687 亿美元，占全球市场的 19.89%；亚太 ETF 市场发展程度较低，2011 年资产管理规模仅为 892 亿美元，占全球市场的 6.6%。(表 4-1)

表 4-1　2011 年各地区 ETF 市场资产管理规模和产品数量

上市地区	产品数量	资产管理规模		日平均成交金额
		金额（单位：十亿美元）	占比	（单位：百万美元）
美洲	1356	993	73.51%	53 458.7
亚太	393	89.2	6.6%	1123.8
欧洲、非洲和中东	1262	268.7	19.89%	2964.9
合计	3011	1350.9	100%	57 547.4

数据来源：BlackRock Investment Institute，Bloomberg.

1.2 受 ETF 市场发展的推动，近年来 ETF 期权市场也获得了较大的发展

随着 ETF 市场的逐渐发展壮大，与 ETF 风险管理相关的 ETF 期权产品也被开发出来，并在美洲市场获得了较大发展。全球首个 ETF 期权是 1998 年 11 月 16 日美国证券交易所（AMEX）推出的标普 500ETF（SPDRs）期权，其标的物为在纽约证券交易所上市的标普 500ETF（代码 SPY）。标普 500ETF 期权在推出初期，由于指数公司与交易所存在授权之争，交易量几

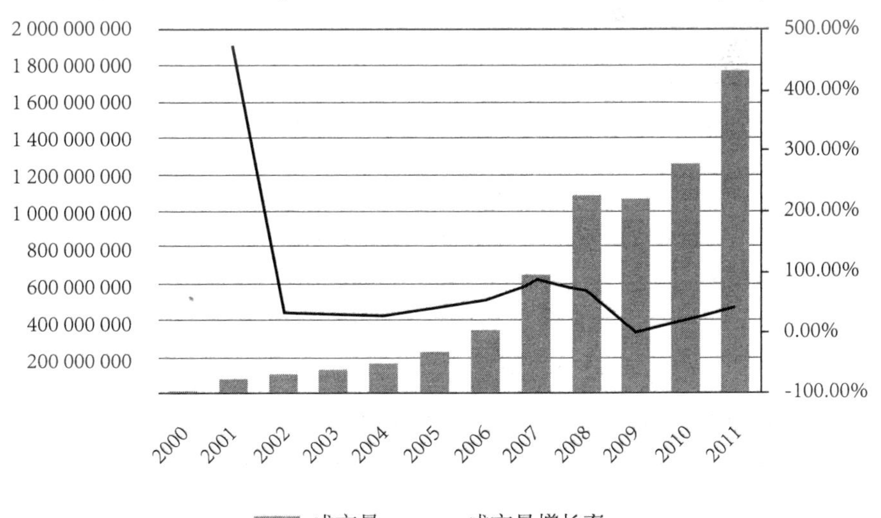

图 4-2　全球 ETF 期权历年成交量及成交量增长率

数据来源：FIA、WFE 及相关交易所网站。

乎可以忽略不计。随着授权问题在2003年得到解决，ETF期权在产品数量和成交量方面取得了较大增长，市场规模逐渐扩大。全球ETF期权历年成交量及成交量增长率如图4-2所示。

经过十多年的发展，ETF期权已经成为全球场内衍生品市场的一个重要产品，其成交量约占全球场内衍生品总成交量的7%。截至2011年年底，全球共19家交易所上市了ETF期权，全年总成交量为17.72亿手。(表4-2)

表4-2　2011年全球ETF期权成交地区分布对比

地区	美洲	亚太	欧洲、非洲和中东	合计
2000	13 280 701	–	–	13 280 701
2001	75 908 757	–	–	75 908 757
2002	101 959 004	–	6069	101 965 073
2003	129 437 919	–	70 350	129 508 269
2004	163 898 590	–	85 478	163 984 068
2005	227 420 572	–	42 278	227 462 850
2006	350 586 397	–	15 732	350 602 129
2007	646 464 874	–	31 730	646 496 604
2008	1 089 199 131	120 518	356 534	1 089 676 183
2009	1 071 084 455	118 127	250 624	1 071 453 206
2010	1 257 409 821	497 949	141 718	1 258 049 488
2011	1 771 400 520	1 033 837	62 388	1 772 496 745

数据来源：FIA、WFE及相关交易所网站。

受经纪商大力推广、合约规模小、佣金低和最小变动价位小等因素影响，ETF期权在美洲市场获得了较大发展。亚太和欧洲地区虽然也陆续推出了ETF期权，但成交量远远落后于美洲市场。2011年，美洲ETF期权市场的成交量为17.71亿手，占全球总成交量的比例为99.94%；亚太和欧洲地区ETF期权市场的成交量仅分别为103万手和6万手，占全球总交易量的比例分别为0.058%和0.004%。

二、ETF 期权与股指期权在基本功能、标的物与合约设计上相似，两者存在一定的替代和竞争关系

ETF 期权与股指期权都具有期权的基本功能，并且使用相同的标的股票指数与相近的合约设计，在实际中存在一定的替代和竞争关系。

2.1 ETF 期权与股指期权基本功能相似

ETF 期权与股指期权均为标准化的场内期权产品，都具有“保险”、管理波动性风险和运用灵活等期权产品的功能。ETF 期权与股指期权一样，也同时上市买权和卖权，投资者可买入买权或卖权进行套期保值，在规避风险的同时保留了 ETF 期权未来的获利空间，使得套期保值更加简单便利。另外，投资者还可以通过期权组合策略来灵活管理波动性风险。ETF 期权与股指期权在产品功能上的重叠是两者之间替代和竞争关系的重要因素之一。

2.2 ETF 期权与股指期权标的物相似

ETF 期权与股指期权标的物相似是两者替代和竞争关系的另一重要原因。尽管 ETF 期权的标的物为 ETF，但由于 ETF 管理机构采用一系列机制来跟踪股票指数，ETF 与股票指数在收益和风险特征方面较为相似。相似的标的物导致 ETF 期权与股指期权的价格走势基本重合，收益风险特征与市场功能非常接近。从价格走势来看，由于两个标的物之间只存在很小的跟踪误差，包括 ETF、ETF 期权和股指期权之间的多种形式套利交易可以促使两者在价格走势上基本相同。股指期权所具有的价格发现和风险管理功能，同样也可以通过交易 ETF 期权来实现。

2.3 境外市场 ETF 期权与股指期权的合约设计较为相似

境外市场已上市的 ETF 期权合约与股指期权合约较为相似，进一步促进了两者的替代和竞争关系。在境外已上市的 ETF 期权和股指期权合约

中，到期月份、权利金最小变动价位、合约序列、保证金和到期日等条款都基本相同；而执行方式和交割方式等条款也不构成实质性差异：股指期权一般采用欧式执行方式和现金交割方式，ETF 期权一般采用美式执行方式和实物交割方式。对于大多数机构和个人投资者而言，两者的合约设计较为相似，在交易产品的选择上具有较强的相互替代性。此外，由于 ETF 期权的合约规模普遍小于股指期权，一般为股指期权的 1/40 ~ 1/10，这使得 ETF 期权在与股指期权的竞争中更加有利于吸引中小投资者。（见图 4-3，表 4-3）

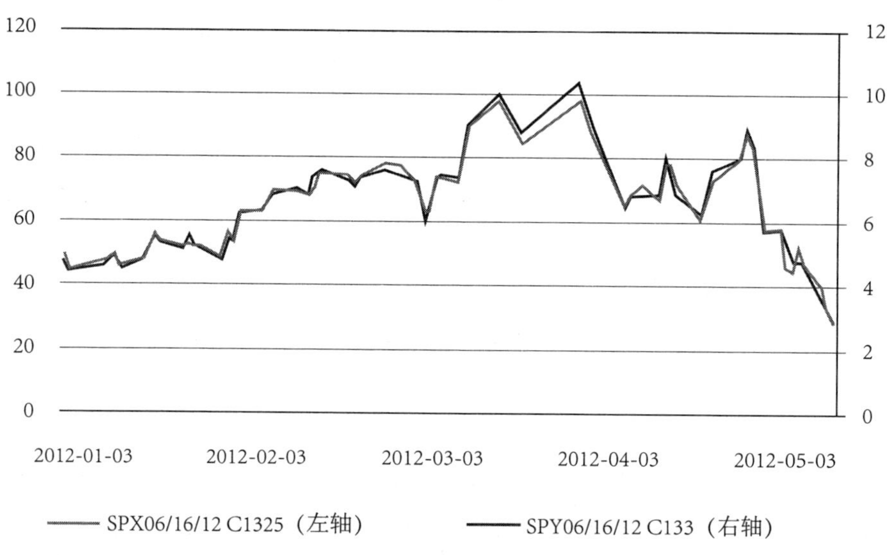

图 4-3　标普 500ETF 买权和股指买权的价格走势比较

数据来源：Bloomberg.

表 4-3　主要 ETF 期权和股指期权的合约规模比较

指数	ETF 期权		股指期权		合约规模比较
	ETF 价格	合约规模	股指点位	合约规模	
标普 500	132. 83	13 283	1324. 80	132 480	约 1/10
纳斯达克 100	62. 94	6294	2561. 56	256 156	约 1/40
罗素 2000	77. 16	7716	772. 11	77 211	约 1/10

指数点位和 ETF 价格为 2012 年 5 月 17 日收盘价。
数据来源：CBOE.

三、股指期权比 ETF 期权在全球市场上更具有普遍性

虽然股指期权与 ETF 期权在基本功能、标的物和合约设计上相似，存在一定的竞争和替代关系，但两者在复杂程度和市场基础等方面的差异，使得股指期权比 ETF 期权在全球市场上更具有普遍性。

3.1 从当前全球市场的发展格局来看，股指期权更具有普遍性

从当前全球股指期权和 ETF 期权市场的发展格局来看，股指期权较 ETF 期权更具有普遍性。股指期权的成交量大幅超过 ETF 期权，使得其市场需求和影响力都显著大于 ETF 期权。股指期权在全球多个市场均获得了较大发展，而 ETF 期权仅在美国市场获得了成功，在亚太和欧洲等市场的发展均非常有限。（见图 4-4）

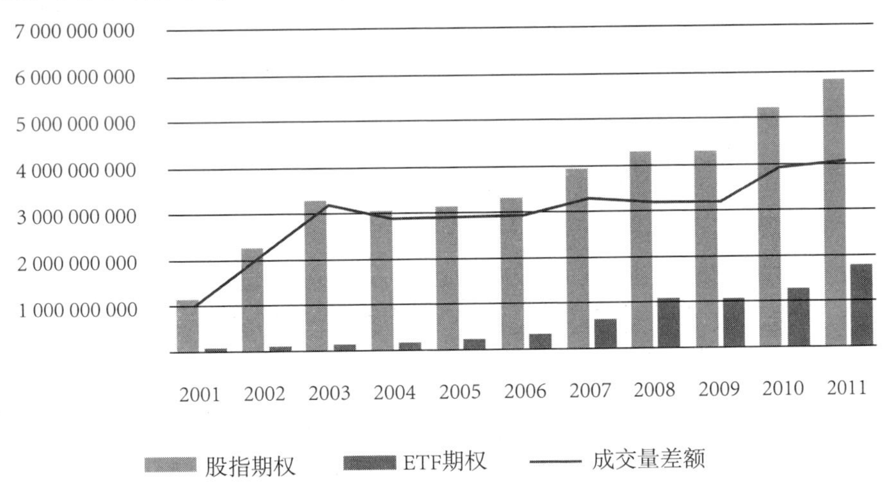

图 4-4　全球股指期权与 ETF 期权历年成交量对比

数据来源：WFE、FIA 及相关交易所网站。

2011 年，股指期权在全球范围内的成交量为 58 亿手，约为同期 ETF 期权成交量的 3.3 倍，并且两者的成交量差额呈现增长态势，整体上股指期权的成交活跃度远远大于 ETF 期权。

2011 年，美洲、亚太和欧洲地区股指期权成交量占全球股指期权总成交量（剔除韩国市场）的比例分别为 14.77%、52.52% 和 32.71%，成交量分布较为均衡，表明了股指期权品种在全球多个市场均有较好的发展。而 ETF 期权的成交量呈现很大的地域差异，北美集中了全球几乎所有的 ETF 期权交易量（99.94%），亚太和欧洲地区基本无成交量（分别为 0.06% 和 0）。（见表 4-4）

表 4-4　2010 年全球 ETF 期权和股指期权成交地区分布对比

地区	ETF 期权		股指期权（包括韩国）		股指期权（不包括韩国）	
	成交量	占比	成交量	占比	成交量	占比
美洲	1 771 400 520	99.94%	301 217 872	5.27%	301 217 872	14.77%
亚太	1 033 837	0.06%	4 742 951 695	83.05%	1 071 289 437	52.52%
欧洲、非洲和中东	62 388	0	667 095 196	11.68%	667 095 196	32.71%
合计	1 772 496 745	100%	5 711 264 763	100%	2 039 602 505	100%

数据来源：WFE.

3.2 股指期权产品简单透明，更易被投资者接受

与 ETF 期权相比，股指期权更加简单透明，与市场更近，投资者对股指期权的熟悉程度和认同程度也相对较高。

第一，股指期权较 ETF 期权更简单，产品透明度更高。股指期权直接以股票指数作为标的物，产品较为简单，透明度较高；而 ETF 期权是基于 ETF 的期权，在 ETF 期权和股票指数之间增加了 ETF 层级，产品相对复杂。股票指数编制方法完全公开，使得股指期权的透明度较高，产品的运作风险较小；ETF 是由基金管理公司募集和管理，产品管理的细节并不为投资者所知，产品透明度较低，存在由基金管理公司信用风险和运营风险导致的 ETF 期权市场的风险。股指期权的标的物直接为股票指数，定价简单透明，ETF 期权的标的物为 ETF，与股票指数之间存在一定的跟踪误差，

定价相对复杂。

第二，在产品发展路径上，股指期权的推出时间远远早于 ETF 期权，投资者对股指期权的熟悉程度和认同程度较高。从全球范围来看，在股指期货、股指期权和 ETF 期权三个产品中，总体上遵循了“股指期货—股指期权—ETF 期权”的发展路径，ETF 期权的推出时间均晚于股指期货和股指期权。股指期权的更早推出使其在客观上具有先发优势，投资者对它的熟悉程度和认同程度都较高。（见表 4-5）

表 4-5　境外市场中 ETF 期权、股指期权、股指期货的发展路径

国家和地区	股指期货		股指期权		ETF 期权		发展路径
	推出时间	交易所	推出时间	交易所	推出时间	交易所	
美国	1982	CME	1983	CBOE	1998	AMEX	股指期货→股指期权→ETF 期权
加拿大	1999	TMX	1999	TMX	2000	TMX	股指期货、股指期权→ETF 期权
欧洲	1984	Euronext	1984	Euronext	2002	Eurex	股指期货、股指期权→ETF 期权
中国香港地区	1986	HKEx	1993	HKEx	2010	HKEx	股指期货→股指期权→ETF 期权
日本	1988	OSE	1989	OSE	2001 年后	OSE	股指期货→股指期权→ETF 期权
韩国	1996	KRX	1997	KRX	无	无	股指期货→股指期权
中国台湾地区	1998	TAIFEX	2001	TAIFEX	无	无	股指期货→股指期权
印度	2000	NSE	2001	NSE	无	无	股指期货→股指期权

数据来源：相关交易所网站。

3.3 ETF 市场发展的不均衡导致了 ETF 期权市场的不均衡发展

期权市场的发展与现货市场的发展密切相关，ETF 期权的发展也适用同样的规律。在全球范围内，美国的 ETF 市场无论是资产管理金额还是日均成交金额均独占鳌头，远远超过其他地区的 ETF 市场。发达的 ETF 市场为美国 ETF 期权市场的高速发展奠定了基础。与美国市场不同，亚太及欧

洲地区的 ETF 市场发展较为滞后，资产管理规模和日均成交金额都较小，无法对 ETF 期权市场的发展提供有效支持。全球 ETF 市场发展的不均衡，导致了 ETF 期权市场在全球的不均衡发展。

ETF 期权的标的物是 ETF，当 ETF 市场的资产管理规模和交易量均较大时，利用 ETF 期权进行风险管理和投资的需求也将大为增加，这将促进 ETF 期权市场的发展。反之，若现货本身的资产管理规模和交易量较小，那么作为其衍生品的 ETF 期权同样也难以获得较大发展。实际数据验证了 ETF 期权市场发展程度与 ETF 市场发展程度密切相关的观点。在 ETF 现货市场中，美洲地区依然独领风骚，占据全球 ETF 市场的统治地位。截至 2011 年年底，美洲地区的 ETF 资产管理规模高达 9930 亿美元，占据全球 ETF 资产管理规模总额的 73.51%。从 ETF 资产管理规模占本地区证券市场市值的比例来看，美洲地区的比例也高达 5.02%，远超亚太和欧洲地区的 0.61% 和 2.08%。从 ETF 二级市场的交易活跃度来看，美洲地区的 ETF 日均成交金额为 535 亿美元，占据市场总成交金额的 93%。(见表 4-6)

表 4-6　2011 年全球各地区 ETF 现货市场规模对比

上市地区	产品数量	资产管理规模			日平均成交金额	
		金额（十亿美元）	占总资产管理规模比例	占地区证券市场市值比例	金额（百万美元）	占比
美洲	1356	993	73.51%	5.02%	53 458.7	92.9%
亚太	393	89.2	6.60%	0.61%	1123.8	1.95%
欧洲、非洲和中东	1262	268.7	19.89%	2.08%	2964.9	5.15%
合计	3011	1350.9	100%		57 547.4	100%

数据来源：BlackRock Investment Institute，Bloomberg.

实际上，作为 ETF 和 ETF 期权的发源地，美洲地区的 ETF 市场显著领先于全球其他地区，这为此后 ETF 期权在美洲市场的较快发展提供了现货基础。早在 2003 年，美洲地区发行上市的 ETF 数量即达 150 个，占全球 ETF 上市总数量的 42%；成交金额为 4906 亿美元，占全球 ETF 总成交金额的 82%。而亚太和欧洲地区的 ETF 市场则发展较为滞后，成交金额显著小于美洲地区。（见表 4-7）

表 4-7　2003 年全球各地区 ETF 现货市场规模对比

	ETF 数量	数量占比	成交金额（百万美元）	价值占比
美洲	150	42%	490 593	82%
亚太	52	15%	27 469	5%
欧洲、非洲和中东	153	43%	79 352	13%
合计	355	100%	597 414	100%

数据来源：WFE.

四、借鉴境外经验，结合我国实际，稳健推出期权产品

经过 20 年的发展，我国已经形成了比较发达的证券市场，市值排名全球前列。相比之下，我国金融衍生品市场的发展则相对滞后，基础性金融衍生品的缺乏在一定程度上制约了证券市场的进一步发展，投资者迫切需要以期权为代表的金融衍生品为规模庞大的证券市场提供风险管理工具。基于我国金融衍生品市场刚起步的现实条件，综合考虑我国的证券市场基础和全球股权类衍生品市场的发展经验，我国应采取理性而务实的态度，借鉴境外市场期权产品发展路径推进我国境内期权市场建设。

4.1 全球主要股权类衍生品市场遵循“股指期货—股指期权—ETF 期权”的发展路径

在全球市场上，股指期货和股指期权均诞生于 20 世纪 80 年代初，ETF 诞生于 90 年代初，而 ETF 期权最早产生于 90 年代末。全球主要股权类衍生品市场的发展路径和发展状况说明，“股指期货—股指期权—ETF

期权”的发展路径符合股权类衍生品市场的发展要求，切合投资者的需求及需求变化，具有内在的必然性和外在的客观性。我国应当遵循全球市场普遍的发展经验和市场规律，采取循序渐进的方式，可以按照全球主要衍生品市场中的“股指期货—股指期权—ETF 期权”路径，稳步推进我国境内市场的期权产品。

4.2 结合我国境内市场发展现状，稳健推出简单、抗操纵性强的期权产品

由于股指期权和 ETF 期权在复杂程度和现货市场发展程度上存在差异，从全球市场来看，股指期权市场的发展在全球市场更具有普遍性，ETF 期权市场则呈现不均衡发展态势。我国目前庞大的证券市场和日渐成熟的股指期货市场，为期权市场的发展奠定了良好的基础。相对于美国 ETF 市场，我国 ETF 市场虽然近年来有较快发展，但在资金管理规模、产品数量、交易量、供应商质量和市场参与者数量等方面均存在较大差距，ETF 市场的发展壮大还有待时日。因此，结合我国境内市场发展现状，可以遵循先简后繁的原则稳健推出期权产品，可以借鉴境外成熟市场的做法，先行推出简单、抗操纵的指数期权，再推出 ETF 期权，进而推出个股期权等产品，有步骤地构建我国境内期权市场，促进证券市场的平稳健康发展。

（王琦、张彬）

第二部分

境外股指期权发展经验

第五篇　境外股指期权发展路径分析

1973 年芝加哥期权交易所（CBOE）推出股票期权，拉开了全球场内期权产品创新的序幕。经过近 40 年的发展，境外市场已经形成了包含股指期权、股票期权、ETF 期权、利率期权和外汇期权等多种类型的期权产品体系，对投资者有效管理金融风险发挥了重要作用。回顾全球期权产品的发展历程和了解各市场期权产品的不同发展路径，对于规划发展我国境内市场的期权产品具有重要的借鉴意义。

一、全球期权产品主要发展历程

回顾过去 40 年全球期权产品的发展历程，大致可分为三个阶段。

1.1 美国推出股票期权产品，拉开了全球期权交易的序幕

在 20 世纪 70 年代，随着布雷顿森林体系的瓦解和金融管制的放松，以股票期权为代表的金融创新层出不穷。1973 年 4 月，由美国芝加哥期货交易所（CBOT）部分会员组建的 CBOE 正式成立，首批推出 16 只股票的买权交易，拉开了全球场内期权产品创新的序幕。

紧随 CBOE 之后，美国其他交易所也相继推出了股票期权产品。例如，美国股票交易所（AMEX）、费城股票交易所（PHLX）和太平洋股票交易所（PSE）分别于 1973 年、1975 年和 1976 年相继推出了股票期权产品。

除美国市场之外，全球部分发达市场也紧随其后，陆续推出了以本市场个股为标的的股票期权。例如，加拿大的蒙特利尔交易所（ME）和多伦多股票交易所（TSE）分别于1975年和1976年推出了股票期权交易；而澳大利亚期权市场（AOM）、伦敦交易性期权市场（LTOM）和荷兰的欧洲期权市场（EOE）也分别于1976年、1978年和1978年相继推出了股票期权产品。(见表5-1)

表5-1 全球早期发展股票期权的市场列表

市场	交易所	推出时间
美国	芝加哥期权交易所	1973年
	美国股票交易所	1975年
	费城股票交易所	1975年
	太平洋股票交易所	1976年
加拿大	蒙特利尔交易所	1975年
	多伦多股票交易所	1976年
澳大利亚	澳大利亚期权市场	1976年
英国	伦敦交易性期权市场	1978年
荷兰	欧洲期权市场	1978年
巴西	巴西证券交易所	1979年

数据来源：Robert E. Whaley, Derivatives: Markets, Valuation, and Risk Management，第14页。

1.2 现金交割制度的引进，促进了股指期货和股指期权等产品的诞生

在期权市场发展的初期，美国要求所有期货或者期权产品必须实物交割。1981年，美国证券交易委员会（SEC）主席约翰·夏德和美国商品期货交易委员会（CFTC）主席菲利浦·约翰逊达成“夏德—约翰逊协议”，协议明确规定现金交割对期货和期权有效，该协议后经美国国会通过。1981年12月，国际货币市场（IMM）推出的三个月期欧洲美元期货合约首次采用了现金交割制度，这为诸如股指期货和股指期权等缺乏实物现货的金融衍生品的发展扫清了交割障碍。伴随现金交割制度的引进，以股票指数为标的的股指期货和股指期权产品成为可能。

1982年2月，堪萨斯城市交易所（KCBT）推出了以价值线综合股票指数为标的的股指期货合约，成为全球首个股指期货产品。同年4月，芝加哥商业交易所（CME）也推出了标普500股指期货。全球其他市场紧随其后，推出了以本地区股票指数为标的的股指期货产品。例如，悉尼期货交易所（SFE）、伦敦国际金融期货和期权交易所（LIFFE）以及我国香港期货交易所（HKFE）分别于1983年、1984年和1986年上市了股指期货产品。（见表5-2）

表5-2 全球早期发展股指期货的市场列表

市场	标的指数	上市时间
美国	Value Line	1982年2月24日
	S&P 500	1982年4月21日
澳大利亚	All Ordinaries	1983年2月16日
加拿大	TSE 300	1984年1月16日
英国	FT-SE 100	1984年2月14日
巴西	BOVESPA	1986年2月14日
中国香港地区	Hang Seng	1986年5月6日
新西兰	Barclay Share	1987年1月
瑞典	OMX	1987年4月3日
日本	OSE 50	1987年6月9日
	Nikkei225	1988年9月3日
芬兰	FOX	1988年5月2日
荷兰	AEX	1988年10月24日
法国	CAC 40	1988年11月9日
丹麦	KFX	1989年12月7日
南非	All Share	1990年4月30日
瑞士	SMI	1990年11月9日
德国	DAX	1990年11月23日
智利	IPSA	1990年12月

数据来源：Huseyin Gulen and Stewart Mayhew, 2000, Stock Index Futures Trading and Volatility in International Equity Markets, *The Journal of Futures Markets*, Vol. 20, No. 7, 661-685.

紧随股指期货之后，以股指期货合约或直接以股票指数为标的的股指期权产品也随之诞生。在1983年1月，CME和纽约期货交易所（NYFE）上市了以股指期货合约为标的的期权产品，标的资产分别为标普500股指期货合约和NYSE综合指数期货合约。同年3月，CBOE上市了以股票指数为标的的期权产品，标的资产为CBOE-100指数（后更名为标普100指数）。英国、澳大利亚、瑞典、荷兰和法国等市场也纷纷推出了以本地区股票指数期货或股票指数为标的的股指期权合约，股指期权成为一个全球性的交易品种。（表5-3）

表5-3　全球早期发展股指期权的市场列表

市场	标的指数	上市时间
美国	S&P 500	1983年
	NYSE Composite index	1983年
	CBOE-100	1983年
英国	FT-SE 100	1984年
澳大利亚	All Ordinaries	1985年
瑞典	OMX	1986年
荷兰	AEX	1987年
法国	CAC 40	1988年
芬兰	FOX	1988年
瑞士	SMI	1988年
日本	NiKKEI 225	1989年
丹麦	KFX	1990年

数据来源：Robert E. Whaley，Derivatives：Markets，Valuation and Risk Management，第14页；相关交易所网站。

1.3 近年来交易型开放式指数基金（ETF）期权在美国市场发展较快

20世纪90年代后期，随着ETF现货市场的逐渐发展壮大，与ETF风险管理相关的ETF期权产品也被创造出来，并在美国市场获得了较快发展。全球首个 ETF 期权是 1998 年 11 月 16 日 AMEX 推出的标普 500ETF 期权，其标的资产为在 NYSE 上市的标普 500ETF。除美国市场外，加拿大的 ME、欧洲的 Eurex 和 Euronext、日本的大阪股票交易所（OSE）和我国香港交易所（HKEX）等分别于 2000 年、2002 年、2003 年、2009 年和 2010 年陆续推出了相应的 ETF 期权产品。

ETF 期权的推出时间虽然较晚，但近年来的成交量增长率很高，特别是在美国市场 ETF 期权成交规模增长较快。2011 年全球 ETF 期权的总成交量为 18.75 亿手，较 2010 年增长 50%，占全球期权总成交量的 15%，交易量主要分布在美国五家交易所，全球其他市场的交易量很少。（见表 5-4）

表 5-4　2011 年全球 ETF 期权交易量排名前五位的交易所

交易所	交易量（百万手）		变化率（%）
	2011 年	2010 年	
NYSE Euronext（US markets）	638	333	92%
NASDAQ OMX（US markets）	475	346	37%
Chicago Board Options Exchange	368	276	33%
International Securities Exchange	339	264	29%
Boston Options Exchange（TMX Group）	48	23	105%
其他	7.1	4.9	44%
合计	1875	1247	50%

数据来源：WFE.

二、全球各市场期权产品的发展路径

从全球各市场期权产品的发展路径来看，虽然不同市场推出期权产品的路径不同，但总体上全球期权产品经历了先推出股票期权，再推出股指期权，最后推出 ETF 期权的发展历程；新兴国家期权市场的发展一般遵循先股指期货、再股指期权、后股票期权的发展路径。

2.1 美国市场期权产品创新引领全球

美国市场是目前所有类型期权产品的发源地，包括股票期权、股指期权、利率期权、外汇期权和ETF期权等在内的所有类型期权产品均诞生于美国市场。由于证券交易所、期货交易所和期权交易所之间形成的特殊的竞争格局，美国市场期权产品的发展路径更多表现为创新性和尝试性。某个交易所会尝试性地抢先推出某些期权产品，若产品推出成功，则会获得一定的先发优势；若产品推出失败，则撤销该产品并考虑继续推出其他产品。其他交易所会紧密关注竞争对手的新产品推出情况，一旦有成功的可能，则马上跟随推出类似的产品，因此常常出现短时间内多个交易所上市类似产品的局面。由于美国不同交易所之间的特殊竞争关系，其他市场很难对其创新性和尝试性进行复制，这也是所有类型期权产品均诞生于美国市场的部分原因所在。(见表5-5)

表5-5　美国市场各类型期权产品首个产品列表

产品类型	交易所	上市时间
股票期权	芝加哥期权交易所	1973年
股指期权	芝加哥商业交易所、纽约期货交易所	1983年
利率期权	芝加哥商业交易所	1982年
外汇期权	芝加哥商业交易所	1985年
ETF期权	美国证券交易所	1998年

数据来源：相关交易所网站。

2.2 部分发达国家期权市场的发展紧密跟随美国期权市场的发展步伐

由于地理接近、经济发展状况基本相同、文化高度相似等原因，部分发达市场紧密跟随美国期权市场的发展步伐，陆续推出本市场的相关期权产品，成为期权产品的先行市场。美国市场期权产品的发展路径为“股票期权—股指期权—ETF 期权”，绝大部分先行市场也遵循了相同的发展路径。从股票期权到股指期权的推出顺序来看，表 5-6 中除芬兰、日本和我国香港地区之外的其他市场，早期时候均遵循了先股票期权后股指期货与期权的产品推出顺序。（见表 5-6）

表 5-6　早期市场期权产品推出时间列表

市场	股票期权	股指期货	股指期权	ETF 期权	利率期权	外汇期权
美国	1973 年	1982 年	1983 年	1998 年	1982 年	1982 年
加拿大	1975 年	1984 年	1999 年	2000 年	1991 年	2005 年
澳大利亚	1976 年	1983 年	1985 年	不详	不详	无
英国	1978 年	1984 年	1984 年	2003 年	不详	不详
荷兰	1978 年	1988 年	1987 年	2003 年	不详	不详
瑞典	1985 年	1987 年	1986 年	不详	不详	不详
法国	1987 年	1988 年	1988 年	2003 年	不详	不详
瑞士	1988 年	1990 年	1988 年	2002 年	不详	不详
芬兰	1989 年	1988 年	1988 年	2002 年	不详	不详
德国	1990 年	1990 年	1991 年	2002 年	1991 年	不详
挪威	1990 年	1992 年	1990 年	无	无	无
奥地利	1991 年	1992 年	1992 年	2003 年	无	无
中国香港地区	1995 年	1986 年	1993 年	2010 年	无	无
意大利	1996 年	1994 年	2009 年	无	无	无
日本	1997 年	1987 年	1989 年	2009 年	1990 年	1991 年

数据来源：相关交易所网站。

2.3 新兴市场探索适合自身的期权发展新路

与美国和先行市场不同的是，期权产品发展较晚的新兴市场在学习借鉴美国和先行市场经验教训的基础上，根据本国市场实际发展状况，探索期权发展新路。新兴市场的期权产品推出时间较晚，一般为 20 世纪 90 年代中后期以及 21 世纪初，那时现金交割制度的实施已为股指期权产品的推出扫除了障碍。较晚的推出时间让新兴市场能够吸收美国和先行市场的经验和教训，并更多地考虑本国市场的实际发展状况来决定期权市场发展路径。新兴市场普遍存在投资者对期权产品缺乏了解、监管制度不甚完善、股票现货市场效率偏低等特点，优先发展交易较为简单、监管较为容易、难以操纵的股指期货和股指期权产品更具有现实意义。从实际情况来看，新兴市场基本形成了先股指期货，后股指期权，再股票期权的期权发展路径。（见表 5-7）

表 5-7　部分新兴市场期权产品推出时间列表

市场	股票期权	股指期货	股指期权	ETF 期权	利率期权	外汇期权
南非	1997 年	1990 年	2002 年之后	无	2007 年	2007 年之后
匈牙利	2000 年	1995 年	2000 年	无	无	2011 年
俄罗斯	2001 年	1997 年	2005 年	无	无	2005 年
印度	2001 年	2000 年	2001 年	无	无	2010 年
韩国	2002 年	1996 年	1997 年	无	无	1999 年
中国台湾地区	2003 年	1998 年	2001 年	无	无	无
希腊	2003 年	1999 年	2000 年	无	无	无
印尼	2004 年	2001 年	无	无	无	无
波兰	2005 年	1998 年	2003 年	无	2005 年	无
以色列	2009 年	1995 年	1993 年	无	2011 年	1994 年
马来西亚	无	1995 年	2012 年	无	无	无
泰国	无	2006 年	2007 年	无	无	无
罗马尼亚	无	2007 年	无	无	无	无

数据来源：相关交易所网站。

三、境外市场期权产品发展路径对我国境内期权市场发展路径的启示

2010 年 4 月 16 日沪深 300 股指期货成功上市交易，标志着我国正式踏入全球金融衍生品市场的行列。随着股指期货产品的健康稳步发展，期

权产品成为我国境内金融衍生品市场今后发展的重点方向之一。通过比较全球市场期权产品发展路径的差异和原因，结合目前我国境内证券、期货市场的发展情况、投资者结构特点等，我们认为我国境内市场应本着“稳健发展、积极创新”的理念，借鉴新兴市场期权产品的发展路径，优先发展交易较为简单、监管较为容易、抗操纵性较强的股指期权产品，再择机选择发展 ETF 期权产品、股票期权产品，建立我国境内期权市场，并推动期权市场的平稳健康发展。

（钟鸣）

第六篇　境外股指期权市场风险防范研究与借鉴

股指期权与股指期货都是重要的风险管理工具，其市场功能有效发挥的前提是不被市场操纵和滥用。中国金融期货交易所（以下简称中金所）在股指期权产品的研发过程中，对我国境内市场推出股指期权可能出现的风险进行了分析，对境内外期权市场曾发生的风险案例进行了研究，并在股指期权产品设计中做好相应的风险防范制度安排，以确保股指期权产品能够平稳上市与安全运行，促进期权市场功能的有效发挥。

一、股指期权市场可能出现的风险类型分析

通过对全球场内股指期权市场风险事件的分析，结合我国证券、期货市场的运行特点以及考虑到当前市场处于新兴加转轨的特殊时期，我们对现行阶段推出股指期权产品可能出现的风险进行了分析与总结，主要的风险类型有市场操纵风险、欺诈风险、过度投机风险、流动性风险、结算风险、利益输送风险和技术系统故障风险等。

1.1 市场操纵风险

市场操纵是证券、期货和期权市场上可能出现的风险之一，在有些市场上曾经发生过。价格操纵行为会损害市场的公平性，导致市场功能无法正常发挥。市场操纵可以细分为一般价格操纵、跨市场操纵和到期日操

纵等。

一般价格操纵是指单独或者通过合谋，集中资金优势、持仓优势或者利用信息优势，操纵期权合约交易价格，进而实现盈利的行为。例如：客户通过集中持仓或利用自身的资金实力和地位等优势，对期权合约联合或连续买卖，对交易价格大幅拉抬、打压、低买高卖或高卖低买，从中获得非法利益。

跨市场操纵是指利用证券市场与股指期货、期权市场之间的联动效应，在股指期权市场通过拉抬、打压等手段，操纵股指期权市场价格，从而影响证券市场走势，或者在证券市场通过拉抬、打压等手段，操纵标的指数，从而影响股指期权交易价格、结算价格的行为。2010 年 11 月，韩国市场曾发生通过影响 KOSPI200 指数成分股的市场价格来操纵 KOSPI200 股指期权交割结算价的跨市场操纵行为。

到期日操纵是指在股指期权合约临近到期时，在证券市场通过使用拉抬、打压等手段操纵股指期权合约标的指数成分股或高度相关性股票，进而操纵标的指数的方式来操纵股指期权合约交割结算价的行为。20 世纪 80 年代早中期的美国市场，股指期货和股指期权的交割结算价以最后交易日股票市场的收盘价计算，股指期货、股指期权和股票期权一般同时到期，临近到期日时随着平仓行为的发生，市场会出现交易价格的异常波动及交易量放大的现象，出现股指期货、股指期权和股票期权的“三巫聚首”效应，到期日操纵的可能性较高，且操纵成本低。

1.2 欺诈风险

客户进行期权交易需要通过期货公司等中介机构代理，这就存在因对中介机构及其从业人员监管不力而引发欺诈客户、损害客户利益的风险。期货公司等中介机构的欺诈行为主要表现在：一是向客户做获利保证、与客户约定分享利益和共担风险、诱骗客户发出交易指令、不按客户委托擅自进行期权交易、挪用客户保证金等欺诈客户行为；二是未经许可从事非法期权经营业务，未获业务许可从事中间介绍业务，从而引发纠纷，导致客户遭受损失。随着法律法规、规章制度以及交易所监管规则的日益完善，加之政府严管与行业自律的双管齐下，欺诈行为已日渐减少。

1.3 过度投机风险

过度投机交易可能会导致期权交易价格大幅度偏离真实价值，影响期权市场功能的发挥。从全球股指期权市场来看，韩国市场的股指期权交易极为活跃，市场过度投机氛围较浓，而其他股指期权市场则交易较为平稳。由于我国境内市场的投资者近些年来有“炒新”习惯，加之与期货产品相比，期权产品权利金价格较低，且买方无需缴纳保证金，因此，在我国境内股指期权市场可能会出现过度投机风险。一方面，期权合约价值相对较小，权利金较低，在一定程度上降低了个人投资者的参与门槛，为投机交易提供了可能性；另一方面，期权交易专业性较强，个人投资者对产品的应用可能存在认知偏差，可能会抱着博彩的心态简单地买入虚值期权，期望期权到期时虚值期权转变为实值期权，从而获得数倍的收益。以上因素可能导致市场散户参与度较高，反复炒作虚值期权，进而可能出现过度投机风险。

1.4 流动性风险

相对于股指期货等产品，股指期权的合约数量较多，交易量可能相对分散或者分布不均匀，容易导致市场流动性不足：买卖双方无法在既定的价格水平下有效成交，市场缺乏广度；或者市场对大额交易需求的承接能力较弱，少量买卖就会引起价格的明显变动，市场缺乏深度。流动性风险主要表现在以下四个方面：价格异常波动，导致客户被动承担不必要的损失；价格更容易被人为操纵；定价失灵，不能理性定价，不能正常发挥市场功能；客户通过自成交行为进行利益输送的可能性增加。

1.5 结算风险

期货、期权市场实行保证金制度、当日无负债结算制度，防范结算风险是重要的监管目标之一。我国台湾地区期权市场曾发生过股指期权逆价差事件[①]、市价单事件以及大客户违约交割等事件，说明股指期权市场也可能出现结算风险，即交易一方发生违约或无法完全依照合同约定的条款履约而导致另一方产生损失。结算风险的产生可能是多方面原因所致，除了客户或者相应的中介机构资金管理不当外，也可能由于风险管理制度设计不完善、制度执行不力等其他因素，比如在风险制度设计中简单复制成熟市场做法而不考虑自身市场的特点，造成风险管理制度的盲点，或者不严格执行风险管理制度，保证金追缴过于宽松，对于资金不足的客户不及时强行平仓，使风险大量累积，从而引发结算风险。

1.6 利益输送风险

股指期权交易的买方最晚于到期日是可以行权的。投资者在期权合约到期时如仍有多头持仓，应当以期权合约执行价格与当日交割结算价判断其实值、平值、虚值情况，并依此决定是否行权：对于实值期权或者实值额达到一定程度的实值期权，行权可以为期权买方带来收益；对于虚值期权、平值期权，行权会导致期权买方产生损失，理性的投资者必然不会行权，但这并不排除“非理性”行权发生的可能性，即虚值期权的买卖双方串通一致，买方通过行权方式向卖方贡献利润，将利益输送给卖方。

1.7 技术系统故障风险

近年来，技术系统故障频频侵扰全球各大交易所，如伦敦国际金融期

---

① 本文提及的期权逆价差现象，是指我国台湾地区加权指数的权重股常集中除权派息导致相同执行价格的远月股指期权合约价格反而较近月股指期权合约价格更低的现象。

货交易所、德意志交易所、东京证券交易所和郑州商品交易所等均发生过因技术故障而导致交易暂停的情况。相对于其他衍生品而言，期权类衍生品同时交易的合约数量较多，交易指令较为复杂，组合交易方式多，这给交易所及中介机构的运维带来更多挑战。纵观这些年来全球交易所出现的技术系统故障事件，在交易量迅速放大或者价格急剧变化等市场极端情况下，出现交易中断或者延迟，无法发送委托，委托无法成交，资金无法正常转入或转出以及交易指令无法按预期执行等意外的可能性较大。这些意外事件可能会给投资者带来意外损失，引发相关法律风险和诉讼。

二、全球期权市场风险案例分析

虽然在早期的美国场外个股期权市场上曾发生过多次操纵、欺诈等风险事件，但自 1983 年推出股指期权以来，全球场内股指期权市场总体运行健康平稳，风险事件屈指可数，仅仅由于制度设计不完善或执行不力出现过少数几例股指期权操纵、客户违约和欺诈事件。

2.1 韩国股指期权市场的跨市场操纵事件

2010 年 11 月 11 日，德意志银行（韩国）证券公司通过影响 KOSPI200 指数成分股的市场价格，操纵了 KOSPI200 股指期权的交割结算价，在韩国 KOSPI200 股指期权和股票市场间实施了跨市场操纵行为。

2.1.1 事件主要过程

为了实施跨市场操纵，德意志银行（韩国）证券公司在 2010 年 11 月 11 日 14:19:50 至 14:49:59 期间，通过各类期权组合的方式，提前买入了超出正常套利范围的大量 KOSPI200 股指期权的卖权，并在股票市场收盘前十分钟，连续发出七条大额卖出指令，抛出 KOSPI200 指数中价值 2.4424 万亿韩元（约合 22 亿美元）的 199 只成分股。这些股票中包括他们在 2010 年通过指数套利交易以低于最新成交价 4.5% ~10% 的价格买入的三星电子（KOSPI200 指数的最大成分股，权重占 14% 以上）。其正是通过这些操纵性卖出指令，致使 KOSPI200 指数在收盘前 10 分钟内从 254. 62 点跌至 247. 51 点，跌幅达 2. 79%，该案当事人从中非法牟利 448. 7 亿韩元（约合 4050 万美元）。

2. 1. 2 风险事件成因

KOSPI200 股指期权跨市场操纵案的发生主要由于标的指数、合约设计和制度安排存在一定问题。从标的指数的抗操纵性情况看，KOSPI200 指数前十大权重股累计权重约为 45. 85%，其中权重最大的“三星电子”约占 14% 以上，权重较为集中，通过影响 KOSPI200 指数权重股可以较为容易地影响指数走势。同时，股指期权交割结算价在设计上存在问题，KOSPI200 股指期权的交割结算价以最后交易日标的指数的收盘价作为交割结算价，易受价格操纵行为的影响。此外，KOSPI200 股指期权没有实行持仓限额制度，这也在一定程度上增加了操纵的可能。

2. 2 印度股指期权市场的欺诈客户事件

2009—2010 年间，花旗银行一位客户经理通过提供虚假证明材料、保证不切实际的高收益的方法向多位高端私人及机构客户骗取了对其资产管理的权利。此后，该客户经理将大部分资金投入股指期权、期货市场进行投机交易，并损失了几乎全部客户资金。

2. 2. 1 事件主要过程

2009—2010 年间，花旗银行印度一家支行的客户经理通过欺诈手段骗取 51 位客户的信任及他们高达 30 亿卢布（约 6600 万美金）的资产，在印度股指期货、期权市场进行投机交易，并损失了几乎所有客户资产。这位客户经理通过提供虚假的材料和银行证明，向客户保证高达 18% 的年化收益率，使得客户以为该银行经理通晓不为人知的交易策略，并且这些交易策略是获得银行及监管部门授权的。部分客户由于自身对市场的了解匮乏以及希望短时间内获取暴利的心态，对其十分信任，并将大量资产交予其管理。这些客户主要是一些高端私人客户，以及一些投资机构。该客户经理在取得这些资金以后，除了将一部分返回给其在银行的同谋以外，其余资金均划入其个人及家属名下，在印度衍生品市场投机交易。89%的投机交易发生在股指期权及期货市场，另有少部分被投入个股期权、期货市场。随着市场行情的变化，该客户经理几乎损失了所有客户资金。该客户经理及其同谋、家属均被纳入调查范围，并受到法律制裁。花旗银行对所有客户进行了全额理赔，并解雇了与此事件有直接或间接关联的八名员工。

2.2.2 风险事件成因

该起欺诈事件主要有四个原因：一是由于客户对金融市场尤其是衍生品市场知之甚少，该客户经理所提供的虚假银行材料及所谓的保证收益的交易策略蒙蔽了某些急于追求利益的客户；二是客户经理将客户资金转入同谋、自身及其家属的账户挪为私用，严重违反了从业道德；三是银行对内部期权、期货从业员工的监管严重失职，产生了发生以上行为的可能；四是该客户经理私自交易股指期权、期货时，相应交易平台及监管部门缺乏对于在短时间内一个或几个相关账户出现不明大额资金参与交易的情况进行必要证实、调查的措施，从而造成了客户资金几乎全部丧失的严重后果。

2.3 我国台湾地区股指期权市场的期权逆价差事件

我国台湾地区市场初期的股指期权组合保证金制度未考虑此后发生因现金股息所造成的逆价差的风险，2005年我国台湾地区期权市场投资者利用这一组合保证金结算漏洞，以“买远月卖近月”的价差组合策略建立了组合头寸，在提取大量权利金收入的同时无需缴纳保证金，从而赚取了高额利润。最终，多家期货商承担了该客户3500多万台币的巨额损失。

2.3.1 事件主要过程

我国台湾地区股指期权市场发展初期，台湾期货交易所（以下简称台期所）采用了传统的组合保证金模式。在2005年6月之前，台期所原有的组合保证金政策规定，对于“买远月卖近月”期权时间价差策略交易不收取保证金，即客户买入远月买权（或卖权）且同时卖出近月相同执行价格的买权（或卖权）时无需缴纳保证金。该组合保证金模式在海外成熟市场较为流行，但是台期所在引入该模式时没有考虑远月期权和近月期权之间可能出现的逆价差风险，即当市场进入较为密集的除权派息时期时，股票现金分红将会导致远月股指期权的价格低于近月股指期权的价格，出现逆价差现象。随着股票现金分红的陆续公布，近月与远月股指期权的逆价差将会进一步扩大。

2005年6月一对姓陈的夫妇利用该期权策略保证金结算漏洞，及台期所较为宽松的个人投资者持仓限额，陆续在十余家期货商以“买远月卖近月”的价差组合策略建立了组合头寸，在提取大量权利金收入的同时不需要缴纳保证金。该夫妇建立巨额头寸后，市场进入现金分红的密集时期，在近月股指期权价格上升的同时，远月股指期权价格不断下跌，因此该组合头寸暴露在巨大的市场风险之下。然而由于“买远月卖近月”的头寸不需要缴纳保证金，期货商没有对该头寸进行每日盯市的风险控制。因此，当近月合约快要到期时，策略组合转变成单边头寸时期货商才发现该客户的巨额亏损。当期货商对该客户追缴保证金时，发现客户已经将所有现金转走，并且无法对该客户追缴保证金。最终，多家期货商因此承担了该客户3500多万台币的巨额损失。

2.3.2 风险事件成因

台期所原有的组合保证金制度规定，对于“买远月卖近月”买权（或卖权）的时间价差组合交易不收取保证金。这种组合保证金的设计的前提条件是远月期权的价格要高于相关近月期权的价格。然而在我国台湾地区市场上，由于每年的6~9月为台湾地区股票市场较为集中的除权派息时期，6月期权价格很可能会高于9月期权价格，因此，时间价差策略不收取保证金的做法没有考虑逆价差的情况，也没有对价差交易的风险进行真实评价。期权组合的逆价差由此可能会进一步扩大，造成较大的价差风险，但是，台期所和期货商没有收取保证金来管理这种价差风险，而客户却可以从逆向价差交易中提取权利金差额部分的现金。

2.4 我国台湾地区股指期权市场的市价单风险事件

由于我国台湾地区期权市场在市价单风险控制方面的疏忽，2011 年 5 月一名客户利用期货商提供的“自动拆单功能”（把大委托分拆成多个小委托，同时发至台期所交易系统），下达了买进 1000 手台指“8100 看跌期权”市价单，造成 960 万台币的损失。

2.4.1 事件主要过程

该客户在下单前看到当时台指“8100 看跌期权”的价格在 50 元左右，而该客户账户上有 30 万元现金。该客户利用期货商的交易系统的“自动拆单功能”下达了买进 1000 手台指“8100 看跌期权”的市价单。期货商的交易系统在收到客户的市价委托后，以前一成交价“50 元”作为市价单前端控制参数，把 1000 手的市价买单拆成五个 200 手的市价单，并且瞬时发至台期所交易撮合系统中。事实上，由于当时期权委托簿的广度和深度有限，该客户的大部分市价单委托没有在 50 元附近成交，而是与市场上挂在涨跌停板上的“钓鱼单”成交了，于是产生了 960 万台币损失。因为该客户账户中只有 30 万元，期货商遭遇了高额的违约风险。

2.4.2 风险事件成因

该起期权市场市价单风险事件的根源在于期货商交易系统前端风险控制的缺失和漏洞。期货商风险控制漏洞表现在两个方面：第一，该事件发生之前，对于期权买方市价单，期货商都是以“前一成交价”为收取权利金的前端控制。在该案例中，前一交易价格为 50 元，则前端风控系统判断 1000 手市价单所需提前锁定的资金为 $50\times1000=50\ 000$ 元，客户账上如果有 5 万台币即可下单。以“前一成交价”作为收取权利金的前端风险控制手段有时滞，不能准确估计委托的成交价格。第二，期货商在开发“自动拆单功能”时，一味追求下单速度而缺少必要的风险控制，从而导致了风险事件的发生。

2.5 我国台湾地区股指期权市场的大客户违约事件

2011 年 8 月期间，台湾证券交易所指数大幅下跌，导致“卖出勒式期权策略”的投资者出现巨额亏损，而台湾地区期货商对于一些重要客户的保证金追缴制度过于宽松，由此引发了大客户的巨额亏损事件。

2.5.1 事件主要过程

2011 年 8 月中旬，我国台湾地区市场爆发了有史以来最严重的大户违约交割事件。台湾地区市场上著名的投资者、原统一证券总裁杜××利用家人的个人交易账户于 2011 年 8 月在台湾地区期权市场上建立了 4 万多手的巨额头寸。杜××的操作策略为“卖出勒式期权策略”，即卖一个买权且同时卖一个执行价格更高的卖权组合策略。这种“卖出勒式期权策略”预期在期权到期之前，标的市场的价格在买权和卖权的执行价格的区间内震荡，这样期权的买方不会行权，卖方就可以赚取权利金收入。但是，如果标的市场的价格出现剧烈波动，这种策略的卖方将面临巨额损失。2011 年 8 月 5 日由于受到外围市场剧烈波动的影响，台湾证券交易所指数当天下跌了 464 点，这使得杜××的账户出现了巨额亏损，其开户的两家期货商于当天向杜××追缴保证金。由于杜××在 8 月 5 日补缴了部分保证金，其在两家期货商的保证金比例维持在应缴保证金的 25% 以上，两家期货商并没有对杜××的账户进行强行平仓。在此后交易日内（8 月 8 日）台湾地区市场再度大跌 130 点，杜××的账号的巨额亏损继续大幅上升。当期货商再次追缴保证金时，杜××表示已经无法把保证金维持在应缴保证金的 25% 以上。于是，两家期货商在 8 月 8 日内对杜××的期权头寸进行了强行平仓。强行平仓后，杜××在两家期货公司的违约欠款分别为 1.1 亿元与 1.3 亿元。

2.5.2 风险事件成因

该起客户巨额亏损事件的根本原因在于我国台湾地区期货商对于一些

重要客户过于宽松的保证金追缴制度。一般情况下，我国台湾地区市场保证金制度要求期货商在客户保证金低于维持保证金时立即向客户追缴保证金，如果无法追缴到足够的保证金，则期货商应当强行平仓。但是，期货商对于一部分信用良好、交易规模大的重要客户并不严格实行“在保证金不足的情况下进行强行平仓”的规定。一般来说，对于这些重要客户，其在出现亏损的情况下，如果可以在当天追缴部分保证金，并且保证金比例维持在原始保证金水平的25%以上，那么期货商一般不对客户进行强平。这种针对重要客户的保证金制度是建立在客户信用基础上的保证金制度。在市场出现巨幅波动时，这种保证金制度有可能导致巨额风险的大量累积。

2.6 场外期权市场的两个案例

回顾全球期权市场风险事件可以看出，场内期权市场出现的风险事件很少，与期权有关的风险事件多集中出现在风控机制缺乏的场外期权市场。为稳妥推进我国境内期权市场建设，我们在深入分析场内期权市场风险案例的同时，也梳理了与我国投资者有关的重大期权风险事件，如中航油（新加坡）事件、深南电事件等。这些场外期权风险事件虽然在场内期权市场一般较少发生，但其中也有值得思考之处。

2.6.1 中航油（新加坡）事件

2003年初~2004年年底期间，中国航油（新加坡）股份有限公司参与投机性质的场外原油期权交易，公司原执行董事兼总裁陈久霖违规从事场外原油期权交易，越权批准超限额交易，擅自决定对亏空期权交易展期，隐瞒期权交易的真实盈亏情况，造成5.5亿美元的巨大损失，公司最终寻求了法院的破产保护。

（1）事件主要过程

自2003年3月起，中航油（新加坡）公司开始用自己的账户从事投机性质的场外原油期权交易。最初公司认为国际市场原油价格将会上涨，并据此制定了期权交易策略。至2003年第三季度，这一判断大体上是正确的，公司因此获得了风险利润；但从第四季度开始，在陈久霖对世界各大商品交易所买卖的油价进行综合分析后，公司对国际油价持看跌态度，从事的期权交易也转为卖空策略，开始以每桶 30 ~ 38 美元的协议卖出 2004 年第四季度到期的原油买权，同时买进原油卖权，这两种期权交易策略组合构成了裸露的原油期权空头头寸。2004 年，公司裸露空头头寸规模达 5200 万桶。国际市场原油价格从 2003 年年底开始一路攀升，公司因此出现亏损，陈久霖未及时止损，而是听取了同时买进与卖出期权进行展期的建议，通过买回即将到期的期权以关闭原先头寸，同时出售期限更长、数量更多的新期权。2004 年 1 月至 10 月初，国际油价连创新高，中航油（新加坡）公司 10 月 8 日的期权头寸出现了 3. 67 亿美元的巨额亏损。公司当时现有的 2600 万美元流动资金、原准备用于收购新加坡石油公司的 1. 2 亿银行贷款以及 6800 万美元应收账款，全部垫付了保证金，此外还有 1. 53 亿美元的保证金缺口需要填补，公司被迫向母公司坦陈交易亏损；10 月 20 日，中航油集团公司被迫提前套现 15% 的股票市值共计 1. 08 亿美元贷给中航油（新加坡）公司；10 月 26 日、28 日，中航油（新加坡）公司因保证金不足而遭平仓，实际亏损 1. 32 亿美元；11 月 8 日 ~25 日，公司继续因保证金不足而再次遭平仓，累计实际亏损达 3. 81 亿美元；12 月 1 日，在亏损了相当于公司全部市值的 5. 5 亿美元后，中航油向新加坡法院申请了破产保护。

（2）风险事件成因

导致中航油（新加坡）公司遭遇巨额亏损风险事件的直接原因为规模巨大的单边投机期权头寸，根本原因为公司内部风险控制机制的缺失。首先，公司管理层风险控制意识淡薄，投机过度。母公司中航集团只授权该公司进行套期保值业务，但是以陈久霖为代表的公司管理层在衍生品交易中完全背离了套期保值的业务方向，进行了大规模的投机性期权交易。其次，公司内部风险控制体系形同虚设。尽管公司制定了相关风控制度，但是这些风控制度没有得到有效实施，公司风险管理人员、内部审计人员和董事会都没有起到制衡、审核与监督的作用，导致公司投机期权头寸与风险的不断积累。中航油（新加坡）事件本质上是投资者在内部风险管理机制缺失的情况下在场外期权市场进行过度投机交易而导致的巨额亏损事件。

2.6.2 深南电事件

2008 年全球金融市场爆发严重危机，以美元计价的国际原油价格剧烈震荡，深圳南山热电股份有限公司（深市代码 000037，以下简称深南电）向高盛全资子公司杰润（新加坡）私营公司（以下简称杰润）卖出原油卖权。受金融危机影响，国际原油价格大幅下跌，深南电深陷债务和法律纠纷。

（1）事件主要过程

为进行套期保值交易，规避市场风险，2008 年深南电与杰润签订了两份原油期权合约的确认书，分为两部分：在有效期为 2008 年 3 月 3 日 ~ 12 月 31 日的确认书中，双方约定当浮动价（纽约商交所当月轻质原油期货合约收市结算价的算术平均值）高于 63.5 美元/桶时，杰润每月向深南电支付 30 万美元；当浮动价低于 63.5 美元/桶且高于 62 美元/桶时，杰润每月向深南电支付（浮动价−62 美元/桶）×20 万桶等额的美元；当浮动价低于 62 美元/桶时，深南电每月则需向杰润支付（62 美元/桶−浮动价）×40 万桶等额的美元。第二份确认书的有效期为 2009 年 1 月 1 日 ~ 2010 年 10 月 31 日，赋予了对手方杰润一个选择权，即其可以在 2008 年 12 月 30 日 18 点前宣布是否继续执行第二份合约。第二份确认书中的两个价格点分别上调为 66.5 美元/桶和 64.8 美元/桶，即当浮动价高于 66.5 美元/桶时，杰润每月向深南电支付 34 万美元；当浮动价低于 66.5 美元/桶且高于 64.8 美元/桶时，杰润每月向深南电支付（浮动价−64.8 美元/桶）×20 万桶等额的美元；当浮动价低于 64.8 美元/桶时，深南电每月则需向杰润支付（64.8 美元/桶−浮动价）×40 万桶等额的美元。深南电实际上是向杰润出售了一份卖权（深南电最高收益为 300 万美元，最高亏损却达数亿美元），在原油价格大幅下挫的形势下，给深南电造成了巨额损失。

（2）风险事件成因

导致深南电风险事件的原因主要有两个方面：套期保值工具的错误选择和公司内部风险控制机制的不完善。首先，深南电在套期保值的过程中选择了不合适的场外结构性产品。尽管深南电与杰润签署的原油期权合约看起来较为复杂，但是经过深入分析可以确定深南电与杰润的期权合约是一类在场外市场典型的累进式期权（Accumulator）产品。这种场外期权产品由于事前不用支付期权费并且在市场上涨时可以获得较为可观的收益，对于投资者具有较强的吸引力。以高盛为代表的国际大型投资银行在2008年国际金融危机之前向各类企业和高端个人投资者出售了大量累进式期权产品。累进式期权产品的本质是买入一个牛市价差组合与卖出两个卖权的组合，是一个深度看涨的期权组合策略①，并且在市场下跌至某个临界值时投资者的损失将会加倍累进。因此，累进式期权的投资者在市场上涨过程中会有收益，在市场下跌至特定临界值时会承担双倍或多倍的损失。在2008年金融危机中，众多累进式期权投资者（包括个人投资者和中信泰富、深南电等大型企业）在市场大跌过程中损失惨重。由此可见，累进式期权并不是一个企业用于套期保值的理想工具，该产品具有一定的投机性，在市场大幅下跌过程中风险巨大，深南电错配风险管理工具而将原本套期保值操作转变为带有方向性投机性质的交易，在市场动荡中产生了巨额亏损。其次，深南电相关业务人员在与杰润签署合约时没有遵循公司的风险控制制度，没有对产品的风险进行正确的评估，在没有董事会、股东大会授权的情况下盖公章、签合约，公司的各项内部制度没有起到有效的公司治理和风险管理作用。深南电事件本质上是在缺乏有效风险管理体系的情况下错误应用场外市场较为复杂的结构性期权产品而导致的风险事件。

---

① 卖出卖权是期权看涨头寸，两个以上的看涨头寸累计叠加成为深度看涨策略。

三、通过科学合理的制度设计与严格有效的监管措施，能够防范股指期权市场风险

风险防范是金融市场平稳运作的永恒主题。在进行股指期权产品的研发设计中，中金所在充分研究全球期权市场风险案例及风险事件成因的基础上，结合股指期货风险监管的成熟经验，充分考虑我国境内市场的特点，针对股指期权的产品特性，建立了一系列行之有效的制度和措施，科学地设计了股指期权合约与交易制度，制定了较为完善的监管方案，以防范股指期权市场可能出现的风险。

3.1 选取抗操纵性强的指数作为产品标的，合理设计期权合约与交易结算制度，建立完善的风险控制体系

防范股指期权市场的风险，首先要科学地选取标的指数，并合理地设计股指期权合约与交易结算制度。首个股指期权产品的标的设计应当更加注重风险防范。在合约标的的选择上，选取样本股权重分散、抗操纵性强、个别股票对指数的影响有限的指数。在合约设计上，采用较大的乘数，设置较大合约规模。在业务制度设计上，交割结算价设计为标的指数在一段时间内的算术平均数，计算样本的采集时间和数量范围较宽泛，有利于防范市场操纵风险；实行严格的持仓限额制度，单边持仓数量从严设计，并且分别按照买入买权和卖出卖权持仓量之和、卖出买权与买入卖权持仓量之和计算，对存在实际控制关系的客户实行合并计算，这样单个客户在期权市场的最大持仓量有限，无法利用持仓优势操纵市场；实行大户报告制度，对持仓量较大的会员或客户进行重点监控，了解其持仓动向、意图，以便更有效地防范和化解操纵风险；采用合适的涨跌停板制度，减缓或者抑制突发事件、过度投机行为对股指期权价格产生较大冲击；实行强行平仓制度，及时制止市场风险的扩大和蔓延等。这些科学、合理的制

度设计在股指期货市场已得到很好的检验，能够有效防范股指期权市场的风险。

3.2 建立投资者适当性制度，加强投资者教育，引导市场理性交易

股指期权过度投机风险可以通过严格的投资者适当性制度、深入的投资者教育等制度或者措施来防范。借鉴股指期货投资者适当性制度的成功经验，股指期权市场也应建立投资者适当性制度，合理设置投资者准入门槛，过滤掉一批对期权缺乏基本认识、纯粹准备利用期权杠杆以小博大的投机者，确保期权参与者的风险认知、风险承受能力与股指期权市场相适应，切实保护投资者的合法权益，防范投资者盲目入市。同时，全面、深入、持续开展投资者教育工作，加强对期权业务知识的普及与培训，特别是加强对股指期权相对于股指期货在交易制度、交易方式、交易理念等方面差异的讲解，“把规则讲透，把风险讲够”，以仿真交易为平台，做好期权交易风险的提示、交易理念的引导，提高投资者对股指期权市场的认识，引导个人投资者从单纯的方向性投机逐渐向更为专业化的策略交易方向发展，有效地防范投资者非理性交易或者过度投机交易，引导投资者理性投资。

3.3 设置较高的保证金标准，严格执行保证金追缴制度，防范结算风险

结算风险可通过合理设计股指期权合约与交易、结算、风控制度，并严格执行相关制度来防范：一是遵循审慎和全面的原则进行保证金制度的设计，严格执行保证金追缴制度，建立更加安全的保证金缓冲区和可靠的风险管理流程。股指期权保证金的设计模式是在充分考虑我国境内市场的风险特征以及现有期货市场的保证金收取惯例的基础上提出的，易于计算，便于投资者理解和接受，并且能够充分覆盖潜在的市场风险，确保市场的安全运行。二是股指期权上市初期暂不推出市价交易指令，以防止期权交易中因流动性不足而导致价格瞬间大幅偏离时投资者出现大幅亏损，

从而防范不确定的结算风险。

3.4 合理设计期权执行规则，防范利益输送风险

虚值期权买卖双方串通一致，买方向卖方利用期权行权方式输送利益的风险可通过合理设计期权执行规则来防范：一是对于在到期日的虚值期权不允许投资者执行，将虚值期权买方的执行申请视为无效。这既可以防止买方投资者因不当行权而导致不必要亏损，又可以防范期权行权环节的利益输送风险。二是在期权行权时，对于符合执行条件的买方客户持仓，按照持仓比例选择相应的卖方客户持仓，这样买方客户并不一定刚好能够将利益转移到与其约定好的卖方客户中去，从而可以保证交易的公平性和透明性。

3.5 加强市场监控，建立高效、有效的监管制度，强化对交易行为的监管

自股指期货上市以来，中金所针对市场交易过热倾向及时采取了适当的监管措施，对日内交易规模、日内撤单次数等进行从严监管，内部制定了较为严格的监控指标和监管流程，实时对客户的交易行为进行严密监控，有异动则必有报告，有违规则必有查处，确保了股指期货交易的持续平稳运行和市场功能的逐步发挥。在推出股指期权时，中金所将坚持强势监管理念，从严监管不放松，加强市场运行情况的分析与研判，加大对异常交易行为的监控力度，针对期权市场的运行特点，严密监控交易行为及市场动向，实时防范市场可能出现的风险，及时采取措施，确保股指期权市场平稳运行。

3.6 加强技术运维，提升技术系统功能，确保交易不断、数据不乱

技术系统风险可通过制定交易所日常运维和应急处理措施、提升系统处理能力等措施来防范。为保证股指期权交易系统的安全运行，中国证监会及行业组织制定了相应的行业信息系统规范性文件，对交易所及期货经

营机构信息技术投入、人员编制、系统建设、日常运维以及应急处理进行了明确规范，并根据相关要求进行了全面的合规检查。同时，中金所针对期权业务的特殊性，建立专门的业务操作流程，确保运作的标准化；建立系统自动处理功能，降低人为操作风险；建立互检互核机制，通过人工互检和人机互核控制风险；增加对信息技术经费和人员的投入，提升系统处理能力；提高交易所的灾备能力和运维管理水平。

做好市场风险的防范是证券期货市场监管者的重要职责之一。中金所在股指期权产品的研发中，将不断加强研究与分析，进一步论证与完善股指期权产品合约与业务制度设计，加强对市场交易行为的监管，通过一系列有针对性的风险管理制度和监管制度安排，做好期权产品的研究创新与风险防范工作，以仿真交易为平台，加强全市场的期权业务知识培训与投资者教育，推进期权业务准备工作，确保股指期权产品的顺利推出、平稳运行、健康发展。

（李小晗）

第七篇　境外股指期权市场交割情况分析借鉴

交割制度是期权产品设计的关键制度之一，正确认识期权的交割情况特点，充分了解境外股指期权市场的交割情况，对于中金所做好股指期权产品合约及制度设计具有重要意义。股权类期货期权小组对境外主要股指期权产品的交割方式和交割情况进行了比较分析，探讨了影响交割情况的重要因素，以期为中金所股指期权产品研发与制度设计提供参考。

一、境外市场股指期权产品的交割方式

在全球期权市场上，股指期权产品的交割方式分为现金交割和实物交割两类。通过对全球成交最活跃的主要股指期权产品的研究发现，2011 年全球成交量排名前八位的股指期权产品均无一例外地选用了现金交割方式，而且这八大股指期权产品所占据的市场份额达到 95%（见表 7-1）。现金交割是境外主要股指期权产品普遍采用的交割方式。

表 7-1　2011 年全球成交最活跃的股指期权产品的交割方式

交易量排名	产品名称	交易所	交割方式	2011 年交易量（百万张）	2011 年市场份额
1	韩国 Kospi 200 指数期权	韩国交易所（KRX）	现金交割	3672	64. 3%
2	印度 S&P CNX Nifty 指数期权	印度国家证券交易所（NSE）	现金交割	869	15. 2%

续表

交易量排名	产品名称	交易所	交割方式	2011 年交易量（百万张）	2011 年市场份额
3	欧盟 Euro Stoxx 50 指数期权	欧洲期货交易所（EUREX）	现金交割	369	6.5%
4	美国 S&P 500 指数期权	美国芝加哥期权交易所（CBOE）	现金交割	198	3.5%
5	中国台湾地区加权指数期权	台湾期货交易所（TAIFEX）	现金交割	126	2.2%
6	以色列 TA 25 指数期权	以色列特拉维夫证券交易所（Tel-Aviv SE）	现金交割	87	1.5%
7	德国 Dax 指数期权	欧洲期货交易所（EUREX）	现金交割	68	1.2%
8	日本 Nikkei 225 指数期权	日本大阪证券交易所（Osaka SE）	现金交割	45	0.8%
合计				5433	95%

数据来源：WFE，各地区交易所网站。

境外主要股指期权产品采用现金交割方式的主要原因是：对于以股票指数为标的的股指期权产品来说，现金交割成本低，操作便捷、高效，避免了实物交割要求交割一揽子股票的烦琐、复杂和较高的成本，从而广为市场和投资者所接受。在金融衍生品市场发展的初期，美国监管机构要求所有期货或者期权产品都必须实物交割，这在一定程度上阻碍了以股票指数为标的的产品创新。1981 年，美国监管机构认可了现金交割的合法地位，为诸如股指期货和股指期权等较难进行实物交割的金融衍生品的发展扫清了交割障碍。现金交割制度的引进，使得以股票指数为标的的股指期货和股指期权产品的创新和快速发展成为可能。

二、境外市场股指期权产品的交割情况

通过对境外多个主要股指期权市场的比较研究发现，股指期权产品的交割情况具有以下特点。

2.1 在交割月份，股指期权临近到期前持仓量没有呈现递减特点，与股指期货当期持仓量变化趋势明显不同

通过对美国、欧洲、中国香港地区、中国台湾地区、韩国、印度6个具有代表性的市场（2011年5月—2012年4月）股指期权和股指期货的交割情况的分析研究发现，股指期货与股指期权在交割月份的持仓量变化具有明显不同：股指期货合约持仓量随着到期日的临近呈现递减变化，股指期权持仓量没有呈现迅速下降的特点。以美国市场为例，2012年3月到期的股指期权和股指期货合约在交割月份的持仓量变化趋势不同（见图7-1）：

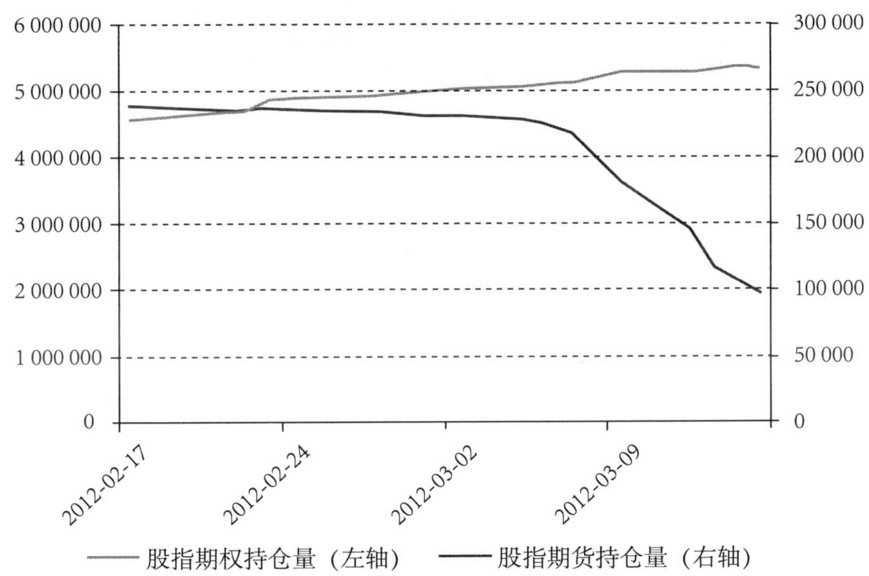

图7-1　美国市场股指期权和股指期货在交割月份的持仓量变化

数据来源：Bloomberg.

股指期货持仓量在交割月份的前半段时间基本保持在相对稳定的水平，但随着到期日的临近，会在到期前数天呈现迅速下降趋势；股指期权持仓量则与之不同，在交割月份的前半段通常会呈现上升趋势，在交割月份的后半段基本保持稳定。我们所研究的其他市场情况均与美国市场情况类似（见图7-2、7-3、7-4、7-5、7-6）。

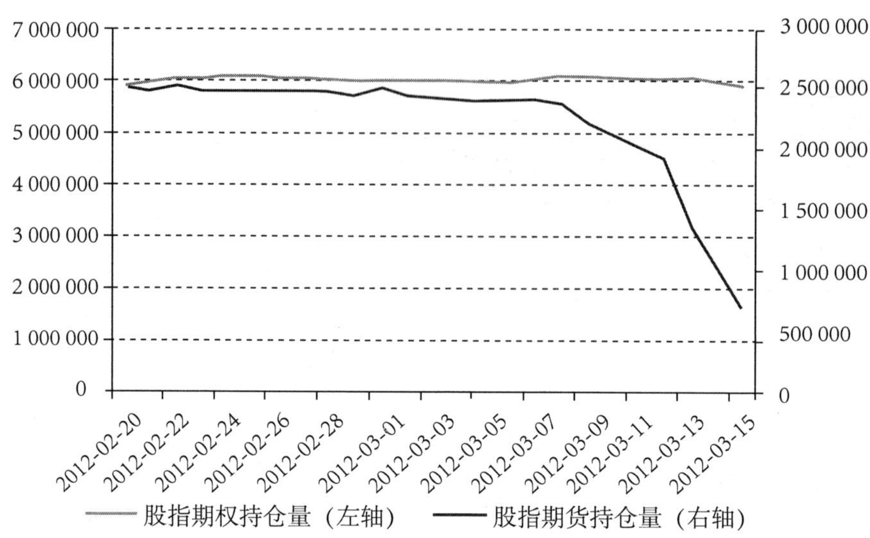

图 7–2　欧洲市场股指期权和股指期货在交割月份的持仓量变化

数据来源：Bloomberg.

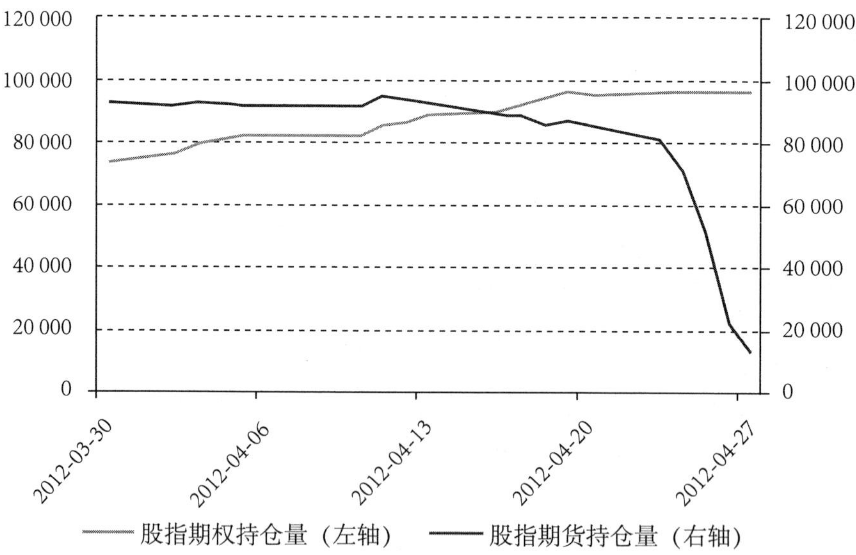

图 7–3　中国香港地区市场股指期权和股指期货在交割月份的持仓量变化

数据来源：Bloomberg.

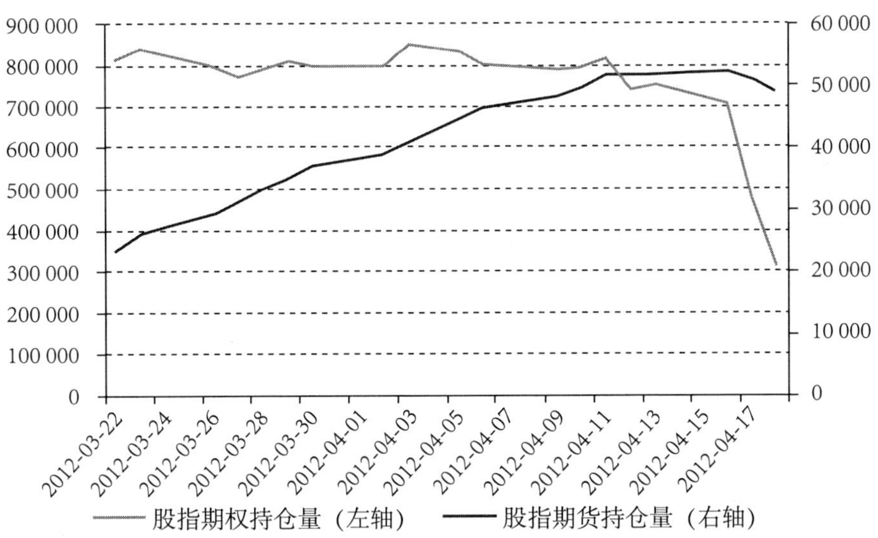

图 7-4　中国台湾地区市场股指期权和股指期货在交割月份的持仓量变化

数据来源：Bloomberg.

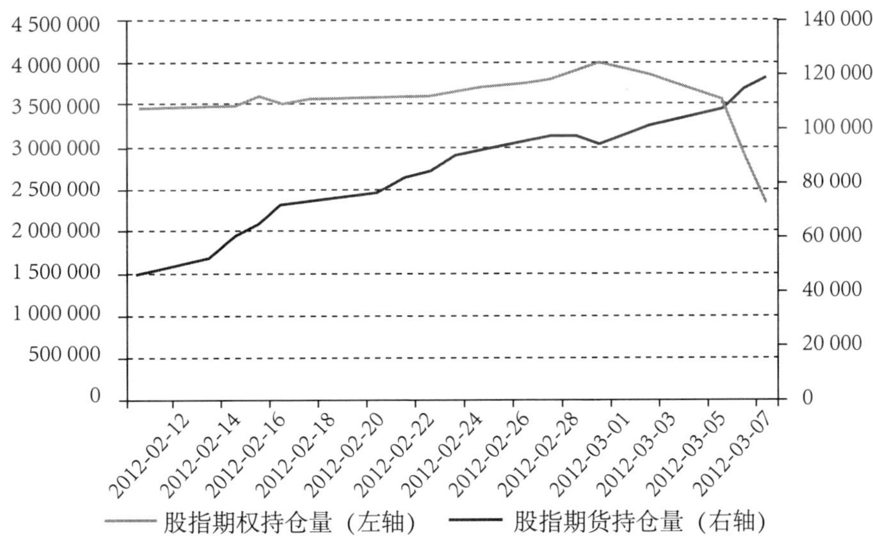

图 7-5　韩国市场股指期权和股指期货在交割月份的持仓量变化

数据来源：Bloomberg.

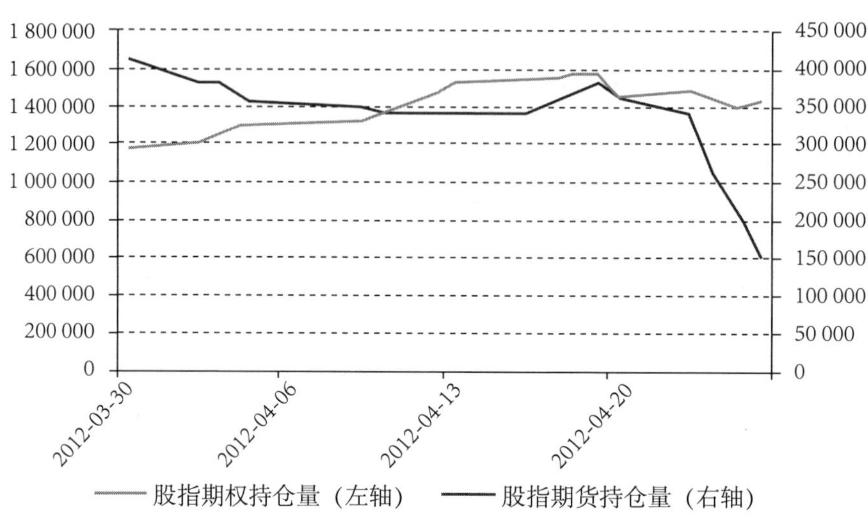

图 7-6 印度市场股指期权和股指期货在交割月份的持仓量变化

数据来源：Bloomberg.

股指期货与股指期权在未平仓合约上所表现出的不同特征是两个产品不同的产品特点与投资者在两个产品上的不同交易行为导致的。

股指期货的收益与标的资产之间呈线性关系，买卖双方的权利与义务对等，并且股指期货每个合约月份只有一个合约，股指期货相关的交易投资策略相对简单。在境外股指期货市场上有大量机构采用 Delta One① 策略和对冲场外交易产品风险而长期持有股指期货。由于股指期货远月合约个数（相对于股指期权）较少，并且远月合约的流动性一般无法支持机构大额的持仓操作，因此多数机构通过选择在流动性最好的当月合约上建仓，在当月合约临近到期时进行集中展仓（Rollover，在当月合约平仓的同时在下月合约开仓）的做法来达到长期持仓的目的。大量机构以套期保值为目

① Delta One 是指对冲基金、养老金等机构投资者不直接到股票市场买卖股票或到期货交易所买卖股指期货，而是和银行达成一笔场外交易，向银行交付一定的保证金，到期结算合约到期日名义股票价值与合约开仓日股票价值之间的差价。一般情况下银行不会和客户对赌，而是到股票市场买卖相应的股票，或者到期货交易所交易相应的股指期货来进行对冲。

的的长期持仓策略及在交割前集中进行展仓操作，使得当月合约到期交割前呈现持仓迅速下降的现象。

相比之下，股指期权有数量众多的不同执行价格的合约，买卖双方权利与义务不对等，其收益与标的资产之间非线性关系，投资者交易股指期权的目的和策略较为复杂和多样化，因此股指期权的持仓不会有在临近到期日时由于集中展仓而导致持仓迅速下降的现象。首先，众多机构在实施套期保值策略（例如保护性卖权）时会选择距离平值10%～15%的执行价格的虚值期权合约，套期保值者一般不会选择在临近到期日时集中平仓，而是采取持有到期的方式。如果这些虚值期权合约在临近到期日时仍为虚值状态，套期保值者在标的资产上有盈利，可以任由虚值期权到期失效；如果这些虚值期权合约在临近到期日时已为实值状态，套期保值者可以通过合约最后到期执行的盈利来弥补标的资产方面的损失。其次，大量投资者参与股指期权交易的策略与市场波动率相关，其开仓与平仓操作是根据市场波动率高低来决定的，不是特别在意股指期权合约到期切换，一般不会在股指期权合约临近到期时进行集中展仓，期权合约则没有呈现到期前持仓快速递减的特点。

2.2 不同地区的股指期权市场交割比例存在较明显差异，成熟市场的交割比例高于新兴市场

以某一月份所有股指期权合约（也称为期权系列）到期时全部实值合约的持仓量（即实值买权和实值卖权的持仓量之和）与该系列交割月份日均持仓量的比值作为交割比例的衡量指标，通过对上述六个股指期权市场在2011年5月—2012年4月间各月的交割情况进行研究发现，不同地区的股指期权市场在交割比例上存在较明显的差异（见表7-2、图7-7）。例如，美国市场的交割比例平均值达到了29%，印度市场的交割比例平均值为7%。从整体来看，成熟市场的交割比例高于新兴市场，其中，以美国、欧洲、中国香港地区为代表的成熟市场的交割比例接近30%的水平；但以中国台湾地区、韩国、印度为代表的新兴市场的交割比例则相对较低，在10%～20%的范围内。

表 7-2　境外股指期权产品的交割比例

	美国 S&P500 指数期权	欧洲 Stoxx50 指数期权	中国香港地区恒生指数期权	中国台湾地区台指期权	韩国 KOSPI200 指数期权	印度 Nifty 指数期权
2011 年 5 月	16%	18%	17%	13%	16%	7%
2011 年 6 月	31%	21%	28%	13%	23%	5%
2011 年 7 月	70%	33%	14%	19%	26%	6%
2011 年 8 月	37%	45%	29%	22%	58%	10%
2011 年 9 月	35%	31%	38%	14%	24%	6%
2011 年 10 月	22%	27%	38%	14%	18%	4%
2011 年 11 月	22%	20%	30%	15%	35%	7%
2011 年 12 月	25%	32%	22%	18%	16%	6%
2012 年 1 月	22%	28%	39%	14%	16%	4%
2012 年 2 月	19%	24%	32%	35%	23%	17%
2012 年 3 月	32%	26%	27%	9%	14%	7%
2012 年 4 月	20%	19%	17%	15%	20%	6%
平均值	29%	27%	28%	17%	24%	7%
中位数	24%	26%	28%	14%	22%	6%
最大值	70%	45%	39%	35%	58%	17%
最小值	16%	18%	14%	9%	14%	4%

数据来源：Bloomberg.

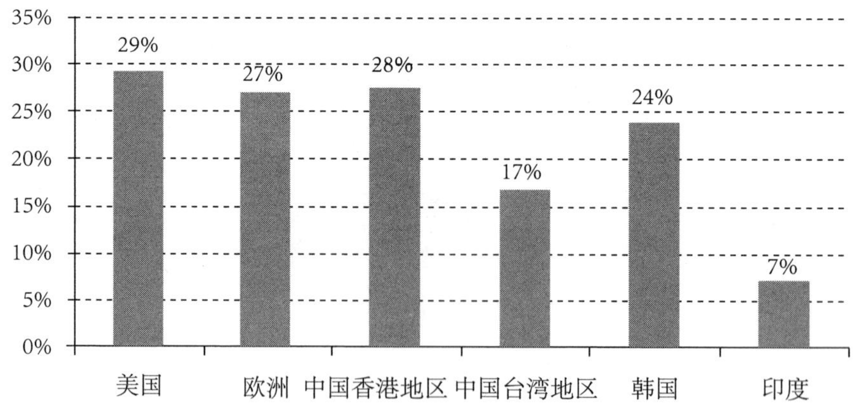

图 7-7　境外股指期权产品的交割比例平均值

数据来源：Bloomberg.

新兴市场股指期权产品交割比例较低的重要原因是新兴市场个人投资者占比较高，如印度、中国台湾地区等股指期权市场的个人投资者占比有的高达50%。一方面，个人投资者的交易保证金水平较高，其持仓成本较高；另一方面，个人投资者一般倾向于日内交易策略，不会留有或者留有少量隔夜持仓，一般不会长期持有合约，因此，新兴市场的股指期权产品在临近到期时的持仓水平与最后的交割比例都不高。

2.3 同一市场同一股指期权产品的交割比例存在一定的波动性

图7-8所示的是中国香港地区市场和中国台湾地区市场的股指期权产品在不同月份的交割比例。从中可以看出，即便在同一市场，同一股指期权产品在不同月份的交割比例也会表现出一定的波动性。例如，在中国香港地区市场中，其12个月的交割比例平均值约为28%，最大值和最小值则分别为39%和14%；同样，在中国台湾地区市场中，其12个月的交割

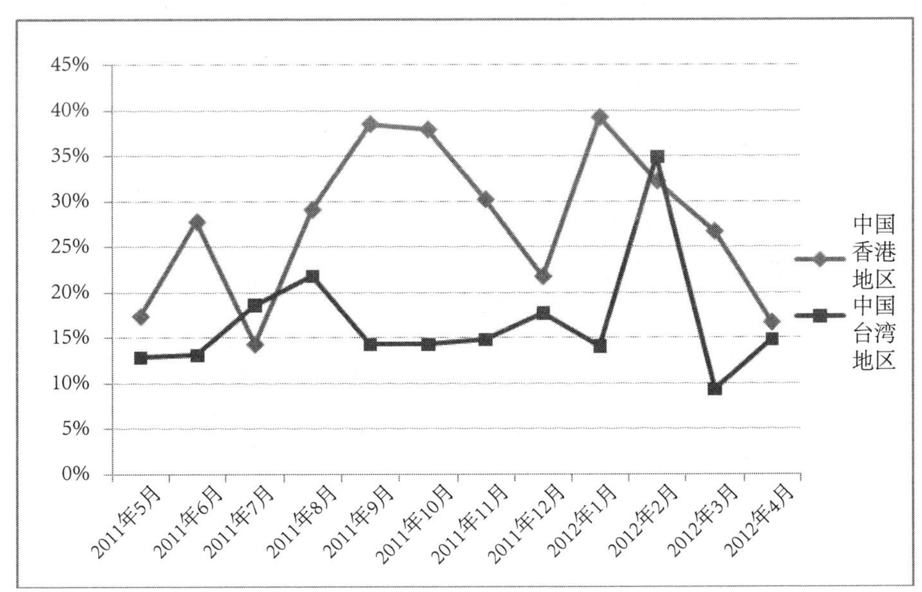

图7-8　同一市场同一股指期权产品在不同月份的交割比例

数据来源：Bloomberg.

比例平均值约为17%，最大值和最小值则分别为35%和9%。同一市场同一股指期权产品交割比例的波动性主要取决于实值期权在到期日占所有未平仓期权的比例的变化情况，而该比例的变化情况又与标的市场的价格走势和路径密切相关。

2.4 大部分市场的股指期权交割比例低于其股指期货交割比例

将上述六个市场的股指期货与股指期权的交割比例（某一月份股指期货合约的到期交割量与其交割月份日均持仓量的比值）的平均值相比可发现，仅有中国香港地区市场的股指期权交割比例（28%）略高于股指期货交割比例（25%），而其余五个市场的股指期权交割比例都远远低于其股指期货交割比例，其中，中国台湾地区、韩国、印度这三个新兴市场的股

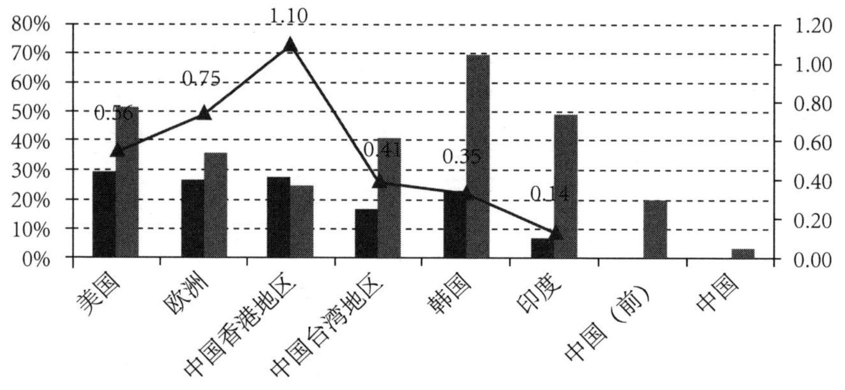

图7-9　境外市场股指期权与股指期货的交割比例对比

注：由于欧洲Eurex交易所和韩国KRX交易所没有发布其股指期货产品的到期交割量（所发布的到期日持仓量为0），故在计算这两个交易所股指期货交割比例的时候，使用了其股指期货到期前一天的持仓量作为到期交割量的替代，以近似计算出交割比例。同时，为了便于比较，报告还列出了中国沪深300股指期货的交割比例数据，其中“中国（前）”的数据表示使用了到期前一天的持仓量代替到期交割量所得到的交割比例结果，而“中国”的数据则表示真实的股指期货交割比例。

数据来源：Bloomberg，天软科技。

指期权交割比例均不及其股指期货交割比例的一半（见图 7-9）。股指期权交割比例低于相应的股指期货交割比例的主要原因是股指期权买方有权选择是否行权，即买方既可以在到期日申请期权执行，也可放弃期权执行。对于股指期权，当一个系列的期权合约到期时，必然有一定比例的期权合约为虚值期权合约，虚值期权合约的买方一般不会申请行权，因此相应的期权执行与交割量相对就会减少；而对于股指期货，在合约到期时所有未平仓头寸都必须进行交割。

表 7-3　境外股指期货产品的交割比例

	美国 S&P500 指数期货	欧洲 Stoxx50 指数期货	中国香港地区恒生指数期货	中国台湾地区台指期货	韩国 KOSPI200 指数期货	印度 Nifty 指数期货
2011 年 5 月	—	—	15%	36%	—	58%
2011 年 6 月	43%	41%	27%	44%	61%	47%
2011 年 7 月	—	—	20%	49%	—	39%
2011 年 8 月	—	—	26%	56%	—	44%
2011 年 9 月	65%	36%	57%	35%	79%	55%
2011 年 10 月	—	—	28%	31%	—	37%
2011 年 11 月	—	—	21%	34%	—	49%
2011 年 12 月	52%	36%	28%	37%	72%	51%
2012 年 1 月	—	—	25%	35%	—	46%
2012 年 2 月	—	—	16%	54%	—	55%
2012 年 3 月	47%	31%	22%	42%	65%	67%
2012 年 4 月	—	—	16%	41%	—	45%
平均值	52%	36%	25%	41%	69%	49%
中位数	50%	36%	24%	39%	69%	48%
最大值	65%	41%	57%	56%	79%	67%
最小值	43%	31%	15%	31%	61%	37%

数据来源：Bloomberg.

三、股指期权交割比例的影响因素分析

从以上对境外市场的研究来看，股指期权的交割比例在不同地区和不同月份均表现出较大的差异性。现对影响股指期权交割比例的主要原因分析如下。

3.1 标的指数运行情况是影响股指期权交割比例的重要因素，标的指数走势的不确定性决定了股指期权交割比例的不确定性

对于期权产品来说，一般情况下只有到期时处于实值状态的期权才会进入交割环节。标的指数运行路径的随机性是造成股指期权交割比例波动的重要因素之一。在不同的指数行情下，交易所将会上市不同（执行价格）的期权合约，投资者将会根据不同的市场走势选择不同执行价格的期权合约进行交易，这会对到期时的持仓状况和交割比例产生直接影响（见图7-10）。以韩国市场2011年8月股指期权系列为例，在交割月份前半段，KOSPI200指数运行较为平稳，实值期权占比（实值期权持仓量/总持仓量）保持在较为稳定的水平；临近期权到期前10天，KOSPI200指数突然出现了近18%的急剧下跌，此时大量卖权快速从虚值状态转化为实值状态，致使实值期权占比随之迅速攀升，当月的交割比例达到了58%，远远高于韩国市场交割比例的平均水平24%。可见，股指期权交割比例会随标的指数市场的变化出现较大幅度的波动。

为进一步探讨股指期权交割比例与标的指数运行情况之间的关系，我们构造了以下两个反映标的指数运行情况的指标：股指累计涨跌幅和股指振幅①，对上述六个市场在2011年5月—2012年4月间股指期权交割比例

---

① 股指累计涨跌幅为交割月份股指累计收益率的绝对值，用以反映标的指数在期权交割月份的价格变动；股指振幅为交割月份股指最大值与最小值之差与二者平均值的比值，用以反映标的指数在期权交割月份的波动幅度。

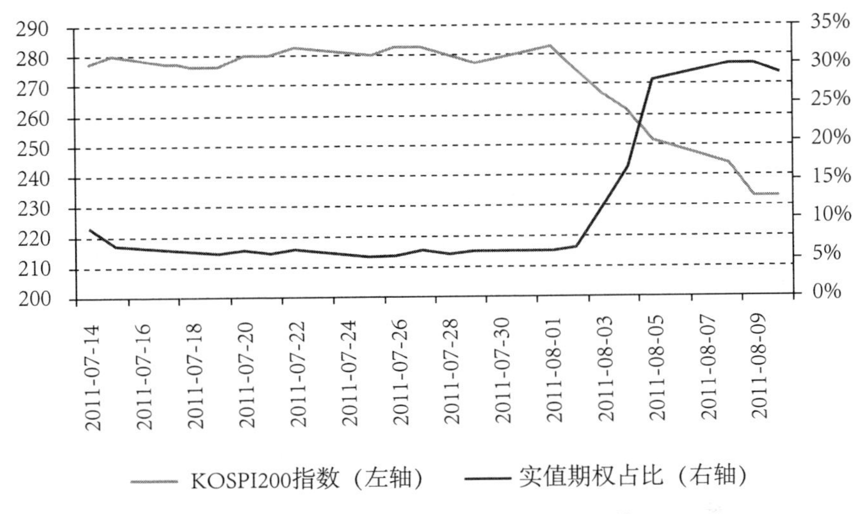

图 7-10　实值期权占比与标的指数运行情况

数据来源：Bloomberg.

与标的指数累计涨跌幅、标的指数振幅的相关性进行了测算，所得结果如图 7-11 和图 7-12 所示。

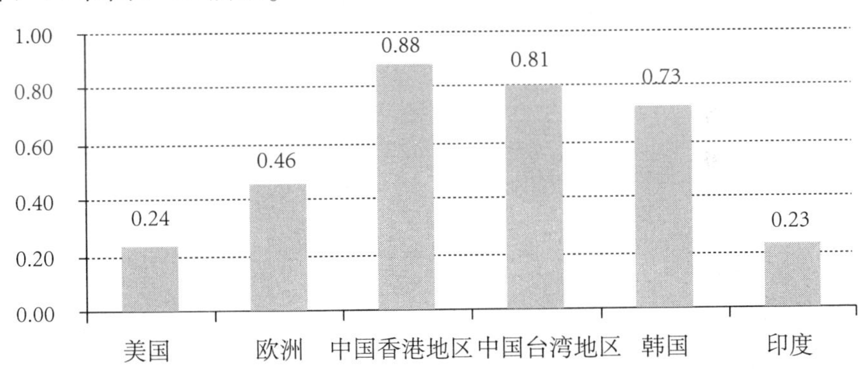

图 7-11　境外市场股指期权交割比例与股指累计涨跌幅的相关性

数据来源：Bloomberg.

图 7-11 显示，在六个境外市场中，股指期权交割比例与标的指数累计涨跌幅之间的相关系数均为正值，表明二者间确实存在一定的正向关系，即：交割月份标的指数价格变动越剧烈，股指期权交割比例越大。在中国香港地区市场、中国台湾地区市场和韩国市场，这种正向关系非常显

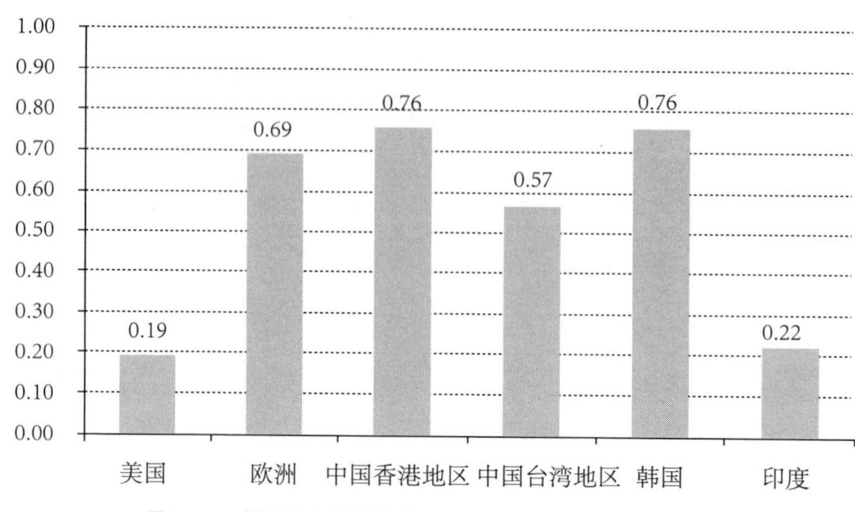

图 7-12　境外市场股指期权交割比例与股指振幅的相关性

数据来源：Bloomberg.

著，其相关系数分别达到了 0.88、0.81 和 0.73。以中国香港地区市场为例，其拟合程度可以从图 7-13 中得到更为直观的反映。

图 7-12 显示，在六个境外市场中，股指期权交割比例与标的指数振幅之间同样存在一定的正向关系，即：交割月份标的指数波动幅度越宽，股指期权交割比例越大。其中，相关程度最为显著的是中国香港地区市场、韩国市场和欧洲市场。

3.2 不同类型投资者、不同交易行为对股指期权交割比例有一定影响

一个市场的运行特征无疑会受到其投资者结构的影响。在同一个市场，不同的投资者具有不同的投资偏好和交易习惯，这会对市场的持仓量、成交量以及交割比例产生不同的影响。通过对境外股指期权市场的投资者结构进行简要分析发现（见图 7-14）：在中国香港地区、欧美等成熟市场，机构投资者占据主导地位，个人投资者所占市场份额较小；在中国台湾地区、印度等新兴市场，个人投资者所占市场份额相对较大。

对于机构投资者占比较高的成熟市场，其交割比例相对较大；对于个

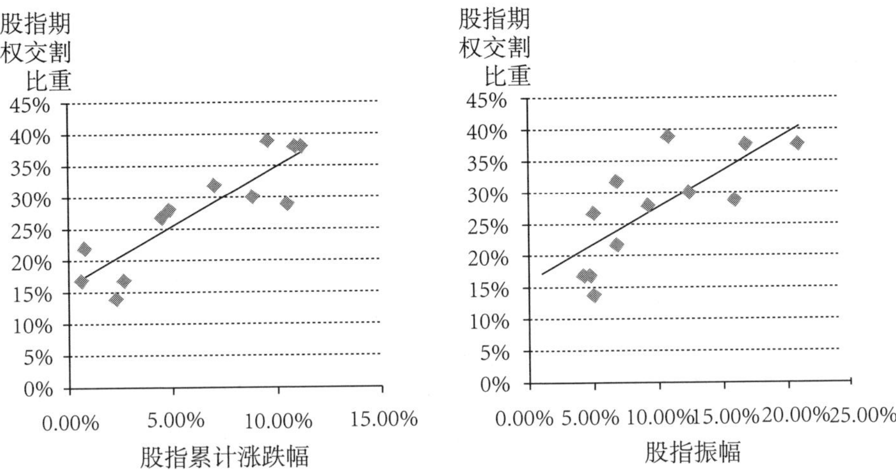

图 7-13　中国香港地区股指期权交割比例与股指累计涨跌幅、股指振幅的相关性

数据来源：Bloomberg.

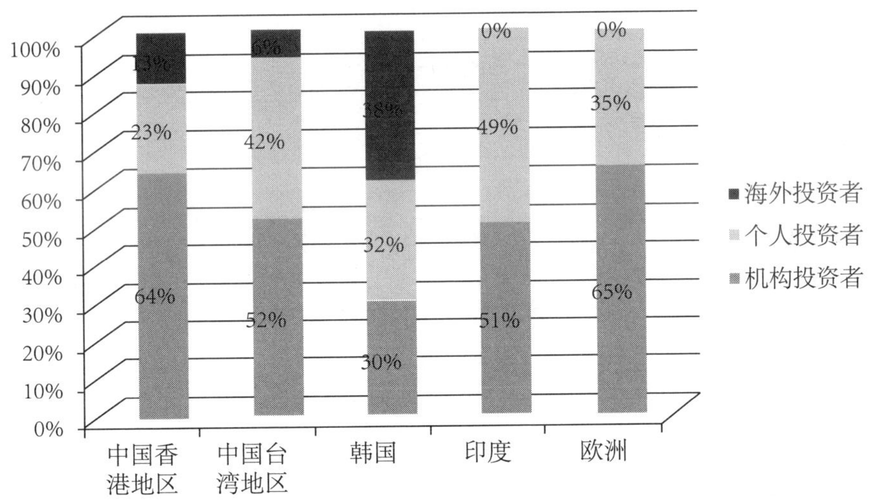

图 7-14　境外各个股指期权市场的投资者结构（2011 年）

注：印度市场（NSE）和欧洲市场（Eurex）没有对本土投资者和海外投资者进行划分。

数据来源：各地区交易所网站。

人投资者占比较高的新兴市场，其交割比例则相对较小。其原因主要是：

对于机构投资者来说，其更多地使用期权或期权组合来对冲风险或进行套利交易，这些策略更多地倾向于将头寸持有至到期交割，从而会在一定程度上推升股指期权的交割比例；另一方面，一定比例的个人投资者倾向于短线投机交易，多为日内交易，一般不会将头寸持有至到期交割，而更多地会通过平仓方式了结头寸，因而会在一定程度上降低股指期权的交割比例。通过使用成交持仓比（即日均成交量/日均持仓量）指标对六个境外市场（2011 年 5 月—2012 年 4 月）股指期权的日内交易活跃程度进行测算（见表 7-4、图 7-15）可以看出：中国台湾地区、韩国、印度等新兴市场的日内交易活跃程度远远高于美国、欧洲、中国香港地区等成熟市场，这与新兴市场的股指期权交割比例低于成熟市场的特点相一致。

表 7-4　境外股指期权产品的成交持仓比

	美国 S&P500 指数期权	欧洲 Stoxx50 指数期权	中国香港地区恒生指数期权	中国台湾地区台指数期权	韩国 KOSPI200 指数期权	印度 Nifty 指数期权
2011 年 5 月	0.09	0.14	0.23	0.53	7.92	2.16
2011 年 6 月	0.06	0.07	0.17	0.58	7.11	1.42
2011 年 7 月	0.09	0.20	0.23	0.44	6.64	1.82
2011 年 8 月	0.13	0.23	0.31	0.61	7.22	2.18
2011 年 9 月	0.07	0.07	0.16	0.50	5.36	1.79
2011 年 10 月	0.10	0.13	0.24	0.48	5.11	1.95
2011 年 11 月	0.09	0.16	0.28	0.62	6.04	2.49
2011 年 12 月	0.04	0.06	0.09	0.47	4.50	1.76
2012 年 1 月	0.07	0.12	0.30	0.44	5.28	1.92
2012 年 2 月	0.07	0.16	0.26	0.66	5.72	2.26
2012 年 3 月	0.05	0.07	0.14	0.55	3.94	1.83
2012 年 4 月	0.09	0.18	0.24	0.65	5.43	2.08
平均值	0.08	0.13	0.22	0.54	5.86	1.97
中位数	0.08	0.13	0.23	0.54	5.57	1.94
最大值	0.13	0.23	0.31	0.66	7.92	2.49
最小值	0.04	0.06	0.09	0.44	3.94	1.42

数据来源：Bloomberg.

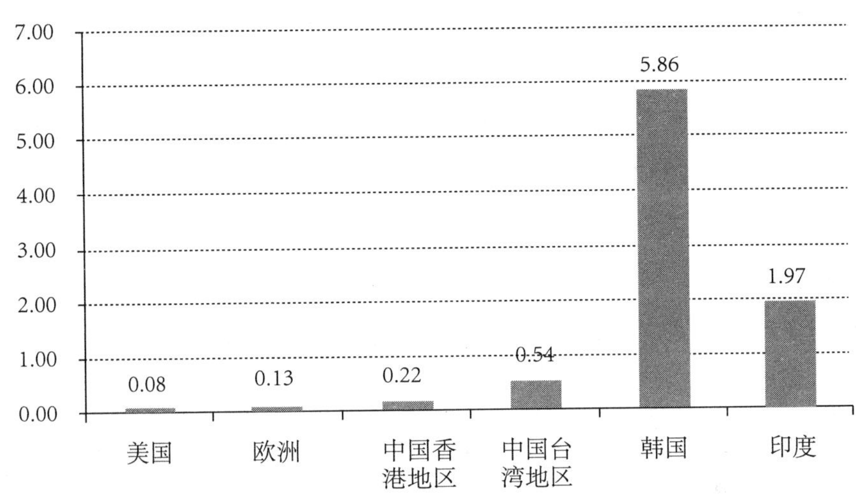

图 7-15　境外股指期权产品的成交持仓比平均值

数据来源：Bloomberg.

3.3 交割手续费等成本的高低是影响股指期权交割的因素之一

手续费是股指期权交易成本的重要组成部分，无论是在交易环节还是在到期行权、交割环节，交割手续费的高低都会直接影响投资者对于平仓和交割的选择。在合约即将到期时，持有股指期权合约的投资者将会面临平仓离场或到期交割的选择，在交易价格盈亏大小相同时，若交割手续费较高，则投资者将更倾向于通过平仓交易来了结头寸，而不进入交割环节；反之，若交割手续费较为低廉，则投资者更倾向于将头寸持有至到期交割。因此，交割环节的手续费也是影响股指期权交割的因素之一。

总体来说，股指期权在交割月份的持仓与交割情况相对于股指期货有着显著的区别，股指期权的交割比例普遍低于股指期货的交割比例，成熟市场股指期权的交割比例高于新兴市场；标的指数的运行情况、投资者交易行为以及交割手续费等因素都对股指期权的交割产生一定影响。股指期权一般采用现金交割方式，不存在实物交割方式下可能存在的可供交割量不足等问题，不会引发交割环节的可能“逼仓”风险。因此，股指期权市场交割量的大小与交割比例的高低，通常不会影响股指期权正常的交易运行和交割运作。

（王琦、郭伟杰）

第八篇　境外期权相关交易指令研究借鉴

摘要

在股指期权的合约规则及技术系统设计中，交易指令具有重要地位。在股指期权的撮合交易中，指令是最基本的因素之一，科学合理的指令设计对于期权产品的成功运作具有重要意义。股指期权的交易指令是比较复杂的。单个产品的交易有市价指令、限价指令和止损指令等种类。每个种类又有不同的属性限制。此外，还有将两个或多个简单指令同时交易的组合指令。

其中，市价指令是指不限定价格的买单或卖单，具有短时间内迅速成交、避免错失良机的优点，同时稀少的买盘也可能使市价卖出单的成交价远低于交易者预期，并且助长价格的剧烈波动。限价指令是指只有在达到指定价格或更优的价格时才被执行的委托指令，相对于市价单更加安全可控。止损指令是指只有当市场成交价达到某个阈值时，委托指令才被激活并进入交易系统等待成交。组合指令又称策略指令，是指根据交易策略的不同，同时包含两个或多个简单委托指令的指令。

在股指期权的合约规则及技术系统设计中，交易指令具有重要地位。在股指期权的撮合交易中，指令是最基本的因素之一，科学合理的指令设计对于期权产品的成功运作具有重要意义。

全球股指期权交易较为集中，从2011年上半年的成交情况看，前十大股指期权交易所的成交总量占全球的99%。股权类期货期权小组在综合参考境外主要股指期权市场所支持的交易指令及其属性的基础上，细致分析了市价指令、限价指令、止损指令和组合指令等的使用规则和所需注意的事项。

一、境外主要股指期权市场支持的交易指令种类

境外股指期权的交易主要集中在一批较大的交易所中。按照2011年上半年的成交量排名，它们是：韩国交易所（KRX）、印度国家交易所（NSE）、欧洲期货交易所（EUREX）、芝加哥期权交易所（CBOE）、台湾期货交易所（TAIFEX）、以色列特拉维夫证交所（TASE）、芝加哥商业交易所（CME）、大阪交易所（OSAKE）、泛欧交易所（NYSE-LIFFE）和香港交易所（HKFX）。经纪公司是交易所的会员，是连接交易者和交易所的纽带。交易者在经纪公司开立专门账户后，就可以进行股指期权的交易了。提交给交易所的指令也称为委托单。交易指令中要指明是买进还是卖出，期权类型是看涨还是看跌，并给出到期日、行权价格以及交易的数量和价格。经纪公司将指令传送到交易所，委托指令在交易所内被撮合成交。

对基本指令的分类是根据指令的特性和限制条件来划分的，如交易价格、数量和有效期。其中，价格是最基本的划分依据，根据对价格的指定可以将指令分为限价指令（Limit Order）和市价指令（Market Order）两类。其他种类都是在这两类上的变化，如，止损指令（Stop Order）可以看作有条件触发的市价指令或限价指令。在不同的交易时段，如开盘竞价时段、连续交易和收盘定价时段，对指令的种类和属性的限制是不同的。在连续交易时段，以上几种指令类型是最为常见的。此外还有一些不太常用的类型，如，市价转限价指令（Market to Limit Order）是用市场最优价作

为限价的限价指令，条件转换限价指令（Conditional Limit Order）是限价指令可转收盘市价指令，还有的交易所有专用的收盘单和做市商专用单。

每一种类又分别具有不同的限制属性，包括指令有效期和撮合成交量。关于有效期的限制属性是最为常见的，如立即成交或撤销（IOC）、日内有效单（GOD）、交易时段内有效单（GIS）、取消前有效的长效单（GTC）和指定日前有效单（GTD）。另外一些属性是关于成交量的，如全部成交否则撤销（FOK）、部分成交并撤销（FAK）、部分成交其余保留（FAS）和全部成交或零成交（AON）。虽未明指，但FOK和FAK都暗含“一旦满足条件，立即执行”之意。比如，芝加哥商业交易所对“FOK”市价指令的定义是：“在委托指令进入的当时，能成交的必须全单成交，不能全单成交的就撤销。”所以，也有交易所认为这两个属性是关于时效的。在某种意义上，IOC单与FAK单并无本质区别，都是立即撮合，能成交多少就成交多少，不能成交的就撤销。FAK单中如果指定了最低成交量，就必须满足此量，若不能满足就不成交；IOC单中一般不指定最低成交量，交易者对能否立即成交更感兴趣。“FAS”本身并不含有时效性，如，在大阪交易所中，可以是日内有效（GFD），也可以是指定日前有效（GTD），甚至是长效（GTC）。

另外，还有一些限制属性也是关于数量的，如“最低成交量”（Min Qty）和“隐藏显示量”（Hidden Qty）。最低成交量是指在可以部分成交的情况下，成交量要满足此数量才能成交，不能满足的就不成交。隐藏显示量也称为“冰山单”，意思是像“冰山一角”一样，虽然交易员提交的是一个大额交易单，但是对市场显示出来的只是其中的一部分，在显示的部分成交后，委托单的另外一部分才被显示出来。

不同指令的种类和不同的属性组成了丰富的交易指令。一般来说，在众多的时效属性中，只有一个被选择作为限定条件，如全部成交否则撤销（FOK）限制的市价指令、立即成交或撤销（IOC）限制的限价指令。在指令种类的属性限制上，各家交易所不尽相同。如表8-1所示，以泛欧交易所新一代交易系统 UTP 交易系统中的指令为例，对交易指令的丰富可窥一斑。

表 8-1 UTP 委托指令种类及常见委托属性

指令种类	属性	可选属性
市价指令	FOK	
	IOC	
限价指令	DAY	Min Qty
	FOK	
	IOC	
	GTC	Min Qty
	GTD	Min Qty
	GIS	Min Qty
止损—限价指令	DAY	Min Qty
	IOC	
	FOK	
	GTC	
	GTD	
止损—市价指令	IOC	
	FOK	
	GTC	
	GTD	

1.1 市价指令使用情况及分析

市价指令是指不限定价格的买单或卖单，尽可能以市场最优价格成交的指令。与股指期货只有对应到期月份不同，股指期权在每个到期月份上有不同的行权价格，股指期权单个交易品种（对应某一到期月份，某一行权价格）的流动性可能较差，因此委托指令如果是以市价指令成交的则存在较大的价格风险。市价指令的优点在于它在撮合算法中是优先于限价指令的，这就使得它的使用者能在短时间内迅速成交，避免错失良机。它的缺点也显而易见：市场迅速下跌时，稀少的买盘可能使市价卖出单的成交价远低于交易者的预期。同样，一笔大宗交易买单可能吞掉所有卖单，将价格猛拉，远离上一次交易成交价。这两种情况下，市价指令都会助长价格的剧烈波动。

虽然在股市中市价指令是普遍存在的甚至是被视为理所应当的，但在股指期权交易中并非如此。根据对市价指令的接受程度不同，可以将全球股指期权成交量前10位的交易市场分为三种情况：第一种情况是不接受市价指令；第二种情况是有条件地接受市价指令，通过限制措施来影响市价指令的成交范围；第三种情况是基本无限制地接受市价指令。

为了避免极端价格的产生，香港交易所和特拉维夫交易所是不接受市价指令的。韩国证券交易所为避免远月流动性较差的合约在成交时出现价格扭曲现象，规定市价指令仅在最近月份合约交易中使用。韩国证券交易所还有一种叫“最佳限价指令”（Best Limit Order）的，类似于市价指令，并不限定价格；但与市价指令不同的是，其成交价格只限于委托指令输入时最好的价格，未被成交的部分则停留在委托簿上，继续等待依原最好价格成交。芝加哥商品交易所的电子交易系统Globex中不支持无限制市价指令，即“以市场提供的最佳价格成交的，对成交价没有限制”的市价指令。除了建议用限价指令模拟市价指令，也就是以市场最低卖价为限价的买单和以市场最高买价为限价的卖单外，它还提供两种“准市价指令”。一种叫“市价—限价指令”（Market-Limit Order）。它与韩国的“最佳限价指令”类似，是以市场上的最佳价格来成交的，未成交部分就变成以已成交价格为限价的限价指令而留在交易簿中。还有一种是“受保护市价指令”（Market with Protection）。为了避免大量涌入的市价指令造成极端价格，该类委托指令要在事先规定好的价格保护带（Protected Range）内成交。对于买单来说，价格保护带的上限是市场上目前最低的卖出报价加上一个保护点位（Protection Points）；对于卖单来说，价格保护带的下限是市场上目前最高的买入报价减去一个保护点位。在不超过价格保护带的范围内，委托指令被撮合成交，如果整个委托指令不能全部成交，剩余部分就变成了以保护带所对应价格的限价指令，留在交易簿中等待下次成交。值得注意的是，在芝加哥商品交易所，所有委托指令种类都有价格带（Price Banding）的保护，不同的产品其价格带不同。所以，“受保护市价指令”实际上是受到两种价格保护带限制的，买单成交价不会超过任何一种的上限，卖单成交价不会低于任何一种的下限。

在接受市价指令的交易所中，部分交易所对市价指令是有价格保护机制的，目的是为了防范恶意操纵价格或者交易员失误造成的价格剧烈波动。欧洲期货交易所的立即成交的市价卖单成交价是不能低于交易簿中的最低报价的，市价买单成交价是不能高于交易簿中的最高报价的。如果不能成交，市价指令就被放入交易簿中等待机会。类似地，大阪交易所有两种价格保护措施。一种是“立即成交价格带规则”（Immediately Executable Price Range Rule）（一种动态熔断机制）。其具体做法是：当委托指令进入交易系统，如果有可能在价格带之外成交，同一标的物的期权和期货交易就会暂停1分钟。股指期权价格带按规定是前一成交价的上下十个最小波动价位。另一种是价格波动带限制（Price Limits）和熔断机制（Circuit Breaker Rule）。正常情况下，股指期权的价格带是基准价格的上下13%，基准价是最近一段时间的参考价。当市场波动过大，也就是出现下列两种情形之一时，熔断机制被触发，市场停止交易10分钟（情形二发生时）或15分钟（情形一发生时），让交易者冷静下来。情形一是股指期货近月合约在价格带的上下边界成交。情形二是买入价在价格带的上界或卖出价在价格带的下界，5分钟内没有接盘，没有成交。股指期货引发的熔断也波及同样标的物的期权。在第一次熔断后，股指期权价格带范围增加为17%，第二次熔断后则变成21%。印度交易所的市价指令没有涨跌停板限制，并不代表没有价格限制。每种产品根据它的Delta值计算的价格带是每日更新的。印度交易所的股指期权有“数量冻结”机制，就是说一次输入的交易超过15 000手时，就会被交易所冻结，并询问交易员是否输入有误，得到确认无误后，才可以允许继续交易。在某些特殊情况下，交易所也可以选择不询问交易员而直接取消被冻结的交易单。

芝加哥期权交易所对市价指令的接受并没有价格和数量的限制，这和它们市场交易量大、市场流动性好有关，也与它们都引入了做市商制度的市场不无关系。

因为市价指令强调的是“最优价格”、“快速成交”，对此类委托指令的限制一般是全部成交否则撤销（FOK），或部分成交其余撤销（FAK），或立即成交否则撤销（IOC）。因为考虑到若市价指令未能实时成交而留在指令簿中，在下一次撮合时可能会产生过度偏离前笔交易价格的情况，我国台湾期货交易所并不接受当日有效的市价指令，仅接受全部成交否则撤销（FOK）和立即成交否则撤销（IOC）的市价指令。一般来说，市价指令并不需要专门的交易簿。进入系统的市价委托指令要么成交，要么转换成限价指令，要么被撤销。一个例外是欧洲期货交易所，它的市价指令可以是取消前有效（GTC）或指定日前有效（GTD）。这就必须要有专门的交易簿。有人认为这并非明智之举。

从成熟市场的经验可以看出，在新兴的、流动性差的市场中，市价指令可能不被支持，即使被采用，也会加以价格或交易量的限制。

1.2 限价指令使用情况及分析

限价指令是只有在达到指定价格或更优的价格时才被执行的委托指令。限价买单的成交价是等于或低于指定限价的，而限价卖单的成交价是等于或高于指定限价的。无一例外，在股指期权的交易中，限价指令是各个交易所都支持的。但是各家交易所中限价指令的属性不尽相同。我国台湾期货交易所的限价指令是比较典型的，可以指定全部成交否则撤销（FOK）、立即成交否则撤销（IOC）和当日有效（ROD）三种委托属性。泛欧交易所新一代交易系统——UTP交易系统支持的属性则较为全面，共有六种：日内有效（ROD），全部成交否则撤销（FOK），立即成交否则撤销（IOC），取消前有效（GTC），指定日前有效（GTD），交易时段内有效（GIS）。

限价指令的使用也有类似于市价指令的价格风险。大量出价远高于目前市场价的买单和出价远低于目前市场价的卖单都可能造成成交价的大幅波动，对市场的公平有序构成威胁。鉴于此，芝加哥商业交易所对限价指令也采用了价格保护带措施。当限价指令进入时，出价超过最新成交价加上一个价格保护带的买单或是出价低于最新成交价减去一个价格保护带的卖单均会被拒绝。但是低价的买单和高价的卖单不会被拒绝，因为它们被视为对市场价无碍且能增加市场深度。

随着高频交易的流行，使用简单、成交迅速的限价指令成为计算机下单的首选。

1.3 止损指令使用情况及分析

止损指令是这样一种交易单：它被提交后，并没有被激活，只有当市场成交价达到某个阈值时，委托指令才被激活并进入交易系统等待成交。对卖出止损指令来说，只有当同类合约的市场成交价等于止损价或低于止损价时，它才被激活；对买入止损指令来说，只有当同类合约的市场成交价等于止损价或高于止损价时，它才被激活。止损指令既可以是止损—市价指令，也可以是止损—限价指令。止损—市价指令在达到触发条件而被激活后就成为市价指令，止损—限价指令被激活后就变成了限价指令，之后它们就与普通的市价指令和限价指令无异了。

与市价指令和限价指令相比，止损指令相对来说比较复杂，支持止损指令的交易所也相对较少。全球股指期权成交量前十位的交易市场中，韩国交易所、欧洲期货交易所、台湾期货交易所、以色列特拉维夫证交所和香港交易所这五家交易所是没有止损指令的。

印度国家交易所、芝加哥期货交易所和芝加哥商品交易所的网上交易系统都接受止损—限价指令和止损—市价指令。如果是止损—限价指令，交易单中不仅要指定一个触发价，还要与一般的限价指令一样给出一个限定价。

泛欧交易所新一代交易系统 UTP 中，有五种止损—限价指令和 4 种止损—市价指令。止损—限价指令有五种不同的属性，分别是日内有效（DAY）、立即成交或取消（IOC）、全部成交或取消（FOK）、长效（GTC）和指定日前有效（GTD）。止损—市价指令有四种不同的属性，分别是立即成交或取消（IOC）、全部成交或取消（FOK）、长效（GTC）和指定日前有效（GTD）。

无疑，止损指令是受到交易者的普遍欢迎的。但是对于交易所来说，对止损指令的支持是要付出巨大代价的。如果支持止损指令，那么在每一笔交易完成后都要去检查每一个止损指令是否被触发，由此引发的计算量对系统的运行速度会造成压力。在我国现行股指期货交易系统中并没有止损指令，如果引入则要进行大量的压力测试。在不支持止损指令的交易市场中，经纪商可以提供类似功能来满足交易者的需求。其做法是，经纪商将止损委托指令留在本地，之后通过与交易所的信息交流，当确认达到触发价时，再将指令发到交易所。在交易者层面，这两种方式并没有明显区别。

二、境外主要股指期权市场支持的组合指令

组合指令又称策略指令，是指根据交易策略的不同，同时包含两个或多个简单委托指令的指令。组合指令中的所有部分必须同时成交才算指令完成。有了组合指令，交易所就能确保投资者既定投资策略的执行，规避因无法同时成交而导致的单边风险暴露。在股指期货市场中，价差组合是被广泛使用的。考虑到对应每个期货到期日，有行权价格不同的一个看跌系列和一个看涨系列，相应的价差组合数目就变得巨大了。根据对组合指

令的支持程度，全球股指期权成交量前十位的交易市场可分为三种情况：第一种情况是不接受组合指令的；第二种情况是虽然接受组合指令，但是指令比较简单的；第三种情况是组合指令丰富灵活的。组合指令的发展经历了从无到有，从少到多，从有限到无限的路径。

特拉维夫交易所是不支持组合指令的。韩国交易所虽然有股指期货、外汇期货、黄金期货等期货价差组合指令，但是其成交量巨大的股指期权交易中并没有对组合指令的支持。

在组合指令比较简单的交易所中，印度交易所可能是最简单的，因为它仅接受价差组合指令。我国台湾期货交易所支持五种标准类型的组合指令：价差组合、跨期组合、跨式、勒式和转换/逆转组合。为了鼓励交易者使用组合指令，我国有些台湾地区交易商提供的下单界面上有非标准的组合，用户下单后，组合指令被拆分成单腿指令，有可能面临不能成交的风险。大阪交易所支持众多的组合策略，每个组合中可以有至多十条腿。香港交易所支持组合指令，内置了标准组合指令和非标准组合指令。基于恒生指数的标准组合指令是由交易所根据前一个交易日的指数期货收市价格计算并设计出来的，所有标准组合都在系统中作为产品被列出。恒生指数期权标准组合指令包括两个期权系列的策略，如跨式和勒式。

组合指令最为丰富灵活的四家交易所均为欧美成熟市场。泛欧交易所的交易系统通信协议 FIX 中可支持30余种交易策略组合。欧洲期货交易所不仅有期权之间的组合指令，还有跨产品组合，可同时买卖现货、期货和期权。它还提供策略魔方（Strategy Wizard）功能，使投资者可以用预设的期权策略自行创造和发布期权策略，这就使得组合策略比之前提供的50余种组合策略更加灵活多样。芝加哥期货交易所也推出了丰富的组合交易指令。其最常用的标准期权组合有十种：价差、跨式、勒式、组合单、比例单、蝶式、盒式价差、领子式、反转和股票与期权组合。除了常用的组合外，交易员还可以自创组合，但每个组合的构成不能超过四条腿。未成交的组合指令被放在专门的指令簿（Complex Order Book，COB）中。芝加哥商业交易所的电子交易系统 Globex 可以接受的策略组合指令均为用户定义的，分为两类：一类是交易所可识别策略组合，即这些组合是曾经在交易系统中成功交易过的或者是常见的；另一类是按一定规则建立的，但是交易系统不曾使用过的。用户创立的组合一旦能够成交，就可以作为独立交易品种。交易员还可以向其他交易员或做市商发出对此品种的询价。一旦此品种被成功交易，交易所就会向整个市场推广。

从各家交易所的情况来看，组合指令一般不在集合竞价期间被接受，只能在连续竞价期间输入。交易日结束后，未成交的组合指令就会被撤销，不会在系统中保留。

组合指令一般是限价指令，而不能是市价指令和止损指令。限制属性可以是全部成交或撤销（FOK），或立即成交或撤销（IOC），也可以是日内有效单（GFD）。

组合指令如何传送到交易所是根据各家交易所支持的通信协议而定的。以泛欧交易所新一代交易系统 UTP 交易系统中的网络协议 FIX 来说，交易员通过交易终端界面将指令信息输入交易终端，交易终端将交易信息打包传送到交易所。在信息包里有个字段是用来指定组合种类的，这个字段的值如果是“A”就代表“Jelly Roll”（果冻棍式），如果是“B”就代表“Butterfly”（蝶式），等等。通过编码打包，有关委托指令的信息就传送到了交易中心。

组合指令进入交易中心后，与指令簿中已有的委托指令相匹配，不能匹配成功的就被放进指令簿中。与基本产品有自己的指令簿一样，组合指令也有单独的指令簿。有些交易所，如欧洲期货交易所，新进的委托指令仅能与该指令簿中已有的委托指令相互撮合，并不会与一般指令簿中的报价进行撮合。没有成交的委托指令就放在指令簿中，等待其他交易对手或做市商来与它成交。另外一些交易所，如我国台湾交易所，它的组合指令是可以与一般单腿指令相互撮合的。在芝加哥期权交易所和芝加哥商业交易所中，组合指令不仅可以与其他品种相同的组合指令成交，还可以与一般单腿指令成交。

“隐含指令”又称“鱼饵指令”或“衍生指令”，是指用一般的组合指令和基本指令合成的指令。一种是“隐含合成”（Implied In），就是已经知道两个单腿指令的报价后，就可以隐含合成一个价差组合的报价。另一种是“隐含拆分”（Implied Out），即如果已经知道一个价差组合的报价和单腿指令的报价，另一条腿的报价也就隐含其中了。这些隐含报价会被放进相应的交易簿中，也许有一个标志来指明。新进的委托指令也可以和这些“隐含单”撮合成交。欧洲期货交易所、泛欧交易所和芝加哥商业交易所都是既有“隐含合成”，也有“隐含拆分”。另外一些交易所，如纳斯达克交易所，是只有“隐含拆分”的。

成交完成后，在结算或清算阶段，各家交易所的处理也不尽相同。对泛欧交易所来说，尽管组合指令是以“组合”的形式同时成交的，但在结算记录上是每条腿被分成一个记录的，定价是参照一般指令簿的最新成交价确定的。(见表 8-2)

表 8-2　境外主要股指期权交易所组合指令

	组合策略	可自定义策略?	有单独指令簿?	有行情推衍?
印度国家交易所	简单	否	否	否
台湾期货交易所	简单	否	是	是
大阪交易所	简单	否	是	是
香港交易所	简单	是	是	是
泛欧交易所	丰富	是	是	是
欧洲期货交易所	丰富	是	是	是
芝加哥期权交易所	丰富	是	是	是
芝加哥商业交易所	丰富	是	是	是

三、简单指令与组合指令的撮合成交

对于买单和卖单如何达成交易或者撮合成功是有多种算法的，如先进先出（FIFO）法、按比例配对（PRO RATA）法等。在不同的市场，不同的交易品种可能采用不同的撮合成交方法。

股指期权的撮合一般是以 FIFO 法则或者说价格优先/时间优先原则进行的。常见规则是市价指令优先于限价指令。新进委托指令如果满足下列条件之一：它是市价指令，交易簿中已经有对手单；它是限价买单，它的报价等于或高于交易簿中的最低卖价；它是限价卖单，它的报价等于或低于交易簿中的最高买价，就能达到成交条件。不能成交的委托指令就被放入交易簿中排队等待成交。等待成交的限价指令总是以它所指定的价格成交。

组合指令的撮合成交方式与简单指令类似。比如，印度国家交易所是这样规定的：先进入交易系统中未成交的指令为“被动指令”，随后进入的能与之匹配的对手指令为“主动指令”，最终的成交价是“被动指令”所指定的价格。采用这种做法的原因是给先进入的指令一个定价优先权，同时也给主动指令一个合理的价格。泛欧交易所和芝加哥期权交易所的组合指令的成交也采用相同的定价方法。

芝加哥期权交易所的组合指令还有一种竞价机制，能使其获得更好的交易价格。

交易员在指令输入过程中可能会出现失误而造成严重损失，因此交易所可以采取一些保护措施。以芝加哥商品交易所为例，它采用了两种措施来帮助交易员避免失误。一种是数量限制，每单最大委托量不超过某一值。如果交易员的确需要进行大额交易，可以利用将大单拆分成数个小单的做法。这种数量限制的目的是使交易员对输入数量有清醒的认识，避免输入失误。印度交易所的“数量冻结”机制也有类似的功效。另一种措施就是价格限制，或者称价格保护带，适用于所有委托指令类型。每种产品的价格带都不相同，具体数值由交易所定期发布。系统会拒绝接受高于价格带上限的买单出价和低于价格带下限的卖单出价。

考虑到我国股票和股指期货交易中均有10%的涨跌停板限制，在期权的设计中也可以考虑引入涨跌停板。日本市场的熔断机制是将股指期货和期权联动，因为我们的股指期货交易中并没有采用此机制，在股指期权交易中引入此机制可能会遇到比较大的阻力。

四、关于中金所将来推出股指期权时指令设计的初步想法与建议

从以上研究情况来看，不同交易指令的技术系统的实现难度与复杂程度不同，对技术系统性能的影响不同，多数情况下会先推出较为简单的交易指令，随后再根据市场发展与市场需求情况酌情推出较为复杂的交易指令。目前，我国境内交易所均支持限价指令；除上海期货交易所外都支持市价指令，其中中金所只对股指期货当月合约、下月合约支持市价指令，这主要是考虑到季月合约流动性偏弱，容易引起期货价格瞬间较大幅度的波动；大连商品交易所与郑州商品交易所支持组合交易指令，但据了解市场应用组合指令的客户不是很多。因此，我们研究认为，在中金所未来推出股指期权的初期，应优先推出限价指令，谨慎推出市价指令，可暂不考虑推出组合交易指令。

（赵丽萍、王琦）

第三部分

股指期权市场设计

第九篇　股指期权市场做市商制度分析

摘要

场内市场的做市商制度最早起源于纽约证券交易所的股票交易。经过100多年的发展，目前做市商制度在境外市场已经形成较为完善的体系，成为全球金融市场提升流动性的一类重要交易制度。由于期权市场合约数量较多，流动性较为分散，容易出现流动性不足或者不平衡的现象，全球大部分期权市场都采用做市商制度来提升市场的流动性。实证研究表明，做市商制度在提供市场流动性、维护价格合理性和提升市场效率等方面能够发挥良好的作用。做市商制度的核心内容主要包括四个方面：设置一定的准入门槛，对做市商实施资格管理；做市商应当履行双边报价、回复询价等义务，且报价需要满足一定条件；做市商需接受监督和管理；做市商享有一定的费用减免等权利。我国期权市场尚未起步，境内投资者对期权产品的认识和熟悉需要一个过程，在期权市场发展初期很可能会出现部分期权合约流动性不足、定价效率较低的情况，因此适时引入做市商制度对于我国未来期权市场的平稳健康发展具有积极作用。

一、做市商制度的起源和发展概况

做市商制度作为金融市场的一种交易制度，广泛应用于流动性不足的市场，如场外市场、部分股票市场和期货市场、大部分期权市场。场内市场的做市商制度最早起源于纽约证券交易所（NYSE）的股票市场。经过100多年的发展演化，目前境外市场做市商制度已经形成较为完善的体系，成为全球金融市场尤其是期权市场提升流动性的重要手段和制度。

1.1 股票市场的做市商制度起源与发展概况

证券市场的做市商制度最早起源于美国的NYSE。在美国证券发行之初，尚无集中交易的证券交易所，证券交易一般在咖啡馆和拍卖行里进行。1792年5月17日，24名证券经纪人在纽约华尔街签署了著名的“梧桐树协议”，协议中约定了大家必须共同遵守的最低佣金标准，以避免恶性竞争，这就是NYSE成立的前身。NYSE在成立初期，采用的是在固定时间公开喊价交易的方式。1871年，为了提高市场流动性，NYSE引入了专家（Specialist）制度。专家有义务与委托簿上的委托进行交易，以保障市场的稳定和交易的有序、公平进行。专家制度实际上是做市商制度的雏形。

1971年，美国纳斯达克市场（NASDAQ）将现代意义上的做市商制度引入电子化交易平台，这是做市商制度在场内市场发展的里程碑事件。与NYSE中每只股票的交易只有一个专家负责的方式不同，NASDAQ中的每只股票的交易会有7~11家做市商负责。

目前，实行做市商制度的证券市场较为常见。伦敦证券交易所（LSE）在100多年前就建立了早期的做市商制度。泛欧交易所（Euronext）在2001年设立了流动性提供者，我国的香港交易所于2001年设立了流通量提供者，澳大利亚交易所、韩国交易所也在ETFs等产品上引入了做市商。

另外，许多非主板市场也实行做市商制度，如日本的证券业协会自动报价系统（JASDAQ）① 和中国台湾地区的“兴柜市场”②。

1.2 期货市场的做市商制度起源与发展概况

期货市场在发展初期并没有建立正式的做市商制度，流动性最初是由场内交易员（Locals 或 Floor traders）提供的。部分场内交易员虽然并未像股票市场做市商一样被交易所指定，但实际自愿扮演了做市商的角色，通过向投资者和经纪商提供买入或卖出报价来赚取买卖价差。

芝加哥期货交易所（CBOT）在 2002 年 2 月 1 日开始引入做市商制度，荷兰银行（ABN AMRO Bank N. V.）成为首个指定做市商（Designated Market Maker），为十年期美国利率互换期权合约提供不超过 3 个最小价格变动单位的买卖价差且数量不少于 250 张合约的报价。除 CBOT 之外，全球其他期货交易所也针对某些流动性较差的期货品种引入了做市商制度，例如：香港交易所的股指期货和利率期货，新加坡交易所的利率期货，东京国际金融期货与期权交易所的美元对日元汇率期货，芝加哥商业交易所（CME）的活牛期货和天气期货，欧洲期货交易所（Eurex）的 DAX 股指期货、EURO STOXX 50 股指期货和国债期货，纽约商业交易所的天然气期货和铝期货等。

整体来看，由于期货市场的多数品种合约较少，流动性较为集中，且存在类似于做市商的场内交易员来提供流动性，因此引入做市商制度的时间较晚，适用的期货品种也较少，做市商制度在期货市场的应用并不普遍。

---

① JASDAQ 是日本中小型创业企业股票的交易市场，由日本证券业协会管理运营。

② 兴柜市场主要为非上市公司提供融资和股份转让交易服务，同时为我国台湾地区主板市场和柜台交易市场培育上市公司。

1.3 期权市场的做市商制度起源与发展概况

美国芝加哥期权交易所（CBOE）是全球第一家期权交易所，在 1973 年上市第一个股票期权产品时即引入了做市商制度。期权品种由于同时上市的合约数量非常多，而且定价相对复杂，此后建立的期权市场大部分引入了做市商制度。在股票期权市场，2011 年全球成交量最大的前十家交易所均引入了做市商制度，这十家交易所在 2011 年的股票期权成交量占全球的 94%。在股指期权市场，2011 年全球成交量最大的前十家交易所中，除韩国交易所（KRX）、印度国家证券交易所（NSE）外，其余八家交易所均引入了做市商制度。个别市场尽管在股指期权产品上尚未引入做市商，但也充分认识到做市商制度在提升流动性方面的重要作用，并在本市场中流动性不足的产品上尝试引入做市商制度。如，韩国交易所于 2006 年在股票期权上开始引入做市商制度；印度的孟买证券交易所于 2011 年 8 月起在股票期权和股指期权市场引入做市商制度。

1.4 做市商制度的发展趋势

虽然不同地区的证券现货市场和衍生品市场在交易制度的起源和传统上有所差异，但其最终的演变结果具有较高的一致性。混合型竞争性做市商制度目前已成为市场中的主流。

1.4.1 混合型做市商制度为越来越多市场所采用

按价格的形成方式不同，做市商制度可分为纯粹做市商制度（报价驱动制度）和混合型做市商制度（报价驱动制度和竞价驱动制度的融合）。报价驱动制度是指在交易过程中，做市商充当固定的交易对手，交易者从做市商手中买入或卖出产品，为保证交易的进行，做市商连续给出产品的买入和卖出价格，并用自有资金进行证券交易的交易制度。竞价驱动制度是指交易双方的指令直接或间接（经由经纪商）进入市场，并在市场的交易中心以买卖价格为基准按照既定的原则进行集中竞价撮合的交易制度。

报价驱动制度和竞价驱动制度两种交易制度各有优势和局限性：报价驱动制度交易成本相对较高，但是对市场本身的流动性要求较低；竞价驱动制度在市场流动性较为充足的前提下交易成本较低，但是竞价驱动制度发挥功能对市场本身的流动性要求较高。在纯粹做市商制度中，所有投资者均以做市商为对象进行询价和成交，投资者间不能进行撮合成交，且做市商与做市商之间也不能成交。在混合型做市商制度中，投资者与做市商之间、投资者之间、做市商与做市商之间均可以成交，做市商作为一类特殊的客户参与撮合，在成交方面并不具备特殊权利。从全球范围来看，混合型做市商制度突破了传统的竞价驱动制度和报价驱动制度的限制，具有兼顾流动性和低成本的优势，广为全球主要交易所接受，成为一种主流交易制度。

混合型做市商制度的形成主要有两种方式。第一种方式是原先采用纯粹做市商制度的市场引入竞价驱动制度。在欧美成熟市场上，这一趋势尤为明显。随着电子竞价交易系统的不断完善和网上交易的日益普及，纯粹做市商制度交易成本较高的缺点逐渐凸显出来，致使原先采用纯粹做市商制度的各个交易所纷纷引入竞价驱动制度，其代表性市场主要包括NASDAQ、伦敦证券交易所、NYSE、CBOE 等。第二种方式是在原先采用竞价驱动制度，即原本并不存在做市商的市场中引入做市商制度，主要以欧洲大陆市场和亚太新兴市场为代表。这主要是由于做市商制度在某些方面具有竞价驱动制度无法替代的优势，如，对于流动性较差而且定价相对困难的产品，做市商可提供流动性并提供价格指引。其代表性市场如巴黎证券交易所、德国法兰克福交易所、香港交易所、台湾期货交易所和韩国交易所等。

1.4.2 竞争性做市商制度成为做市商制度的主流

按做市商数量不同，做市商制度又可分为垄断性做市商制度和竞争性做市商制度。垄断性做市商制度是指针对某一产品，只有一个做市商负责组织交易，提供报价。竞争性做市商制度是指针对某一产品，有数个做市商共同负责向市场提供连续报价。

垄断性做市商制度的典型代表是 NYSE 早期的专家制度；竞争性做市商制度的典型代表为纳斯达克。近年来的一些研究成果表明，采用竞争性做市商制度的买卖价差更小一些，执行速度也更快一些。如果将做市商的利润作为交易成本，那么竞争性做市商制度有更低的交易成本。总体而言，大部分的研究成果认为，竞争性做市商制度更有利于市场微观机构的完善及效率的提高。经过多年的发展，目前竞争性做市商制度已成为全球市场中做市商制度的主流。

二、境外期权市场做市商制度的核心内容

按照 CBOE 的定义，做市商是指："交易所的一类特殊会员，当公开市场缺乏买卖订单时，这些会员需使用自有账户为市场提供买卖报价。通常会为某一特定产品指定多个做市商。"这个定义充分表明了做市商制度的几个显著特征：做市商往往以会员身份参与；主要活跃在流动性不足的市场；需使用自有资金；需提供买卖双边报价；一般采用竞争性做市商制度。

对境外主要期权市场做市商制度进行归纳，可以总结出期权做市商制度有四个方面的核心内容：设置一定的准入门槛，对做市商实施资格管理；做市商应当履行双边报价、回复询价等义务，且报价需要满足一定条件；做市商需接受监督和管理；做市商享有一定的费用减免等权利。

2.1 做市商的准入与资格管理

交易所一般对做市商设置了一定的准入门槛，机构需经交易所批准后才能开展做市商业务。交易所对申请做市商的机构有明确的资质要求。

从各市场关于做市商的准入条件来看，各交易所的要求不尽相同，但大多数交易所都从财务实力和专业化程度的角度提出了要求。专业化程度

一般从交易策略、交易业绩、内控制度和专业人才等方面进行考量。例如，CBOE设立了一个专门委员会（MTS委员会）来审批做市商资格，该委员会由交易所副总裁、市场运作委员会主席以及由会员选举产生的会员代表组成。CBOE的会员如果申请做市商资格，必须按规定的格式和内容向交易所提交书面申请，申请内容包括资本金水平、运作能力、交易经验、与做市商业务相关的专业人员及经历、监管记录等情况。如今，电子交易已逐步取代人工喊价，在股票市场与期货市场中发展成为主流的交易方式，为此交易所一般还会对做市商的技术系统提出一定的要求。

2.2 做市商需履行双边报价、回复询价的义务

所谓双边报价，是指做市商针对某一个产品或合约，同时向市场提供买和卖两个方向的报价。做市商不断向市场提供双边报价，从而提高市场流动性，这是做市商制度的核心内容，是做市商的核心义务。为充分发挥做市商的作用，交易所往往会对双边报价责任与报价行为进行具体的规定。

境外各主要期权市场一般将做市商分为两种模式：完全竞争模式和不完全竞争模式。完全竞争模式下，交易所不对做市商进行明确分类，市场中的全部做市商在申请条件、报价义务、享有的权利和监管程度等方面均没有明显区别，处于完全竞争状态，其代表性市场主要有我国台湾期货交易所、KRX等。如，我国台湾期货交易所的台指期权有中信银、元大期货自营、澳帝华、法商兴业证券、永丰金证券自营、大华证券自营、元富证券自营、凯基证券自营和元大证券九家公司担任做市商，不同做市商在申请条件、权利、义务等方面没有差别。不完全竞争模式下，交易所按照一定的分类标准将市场中的做市商分为不同类别，尽管同样存在多个做市商，但各类做市商在申请条件、报价义务、享受权利和监管程度等方面不尽相同，其代表性市场包括香港交易所、CBOE、Eurex、伦敦金融期货交易所（LIFFE）等。例如，Eurex将做市商分为一般做市商（RMM）、永久

做市商（PMM）和高级做市商（AMM）三种类型，这三类做市商的权利和义务均不相同。其中，一般做市商只负责询价回答，适用于流动性差的期权；永久做市商适用于所有期权；高级做市商适用于事先定好的股票期权、股指期权和固定收益期权。再如，香港交易所按照报价义务的不同将做市商分为回应报价做市商和连续报价做市商两类；CBOE 则将做市商分为普通做市商（MM）、指定做市商（DPM）和电子交易指定做市商（EDPM）等不同类型。

对于做市商的报价行为，交易所也会做出具体要求。国际主要期权市场的通行做法是，要求做市商按照规定的最大买卖价差、最长回应时间、最短维持时间、最小报价量等，不间断地给出或及时回应买卖报价。

（1）报价方式

做市商的报价方式主要分为两种：一是主动持续报价；二是回复询价。有的市场根据这两种方式将做市商分成两类，如，香港交易所的做市商在申请时可以选择其中的一种或者两种；Eurex 期权市场的一般做市商只有响应报价义务。台湾期货交易所的做市商并不根据报价方式进行分类，只有一类期权做市商，主要采取询价回答为主，连续报价为辅的方式。

（2）询价最大回应时间

做市商回复询价的时间一般是在 10 ~ 30 秒之间，如，香港交易所和台湾期货交易所均规定期权做市商需在 20 秒内做出回应；LIFFE 规定指定做市商（DMM）需在 20 秒内回应报价。但也有些市场（如 Eurex）将这一条件放宽到 60 秒。

（3）报价维持时间

做市商关于报价的维持时间一般在 10 ~ 20 秒之间。Eurex 要求期权类品种的报价维持时间为 10 秒；香港交易所和台湾期货交易所的这一要求则均为 20 秒。

（4）询价应答率

交易所一般要求做市商的询价应答率在50% ~90%。越是不活跃的品种，关于询价应答率的要求越低。香港交易所和台湾期货交易所均规定期权做市商需成功回应最少70%的报价要求；Eurex规定一般做市商需回应所有报价的50%；LIFFE规定指定做市商需回应所有报价的90%。

（5）连续报价时间

做市商的连续报价时间一般在50% ~90%。越是活跃的品种，所要求的连续报价时间越长。如，香港交易所规定期权做市商需至少在70%的交易时间提供持续报价；Eurex规定永久做市商和高级做市商需在交易时段85%以上的时间连续报价；LIFFE则规定不同类型的做市商需要在80% ~90%的时间提供连续报价。

（6）最小报价量

关于做市商的最小报价量，各个市场存在较大的差异。台湾期货交易所要求期权做市商的最小报价量为20手，CBOE要求最小报价量为10手，Eurex对于不同类型的做市商和不同类型的股指期权产品要求不同的报价最低数量，在20~100手不等，但对于股票期权，一般对做市商没有最小报价量的要求。

（7）最大买卖价差

关于做市商报价最大买卖价差的规定方式在各个市场差异较大，主要有绝对点数、绝对点数和百分比相结合、固定金额等几种方式。台湾期货交易所主要采取绝对值法，如当权利金低于50点时，最近到期月份合约的最大价差不得超过3点；香港交易所采用绝对值和百分比相结合的方法，如对于前三个合约月份的股指期权，当权利金在1~750点之间时，其最大买卖价差不能高于30点或者买价的10%；CBOE则规定了报价价差的固定值，日内电子报价的价差不超过5美元。部分市场（如Eurex）对最大买卖价差的规定非常细，尤其是在期权方面，对于每个股票期权和每个股指期权都有不同的具体规定。例如，股指期权的最大价差有13个档次，每个股指期权需要根据价格水平和流动性水平来决定所落的档次。

2.3 做市商享有费用减免等优惠权利

期权做市商在履行义务的同时，也享有相应的权利，主要包括减免交易和结算费用、持仓限额豁免和保证金减收等。

（1）费用减免

对期权做市商减免相关费用是较为通行的做法。为促使做市商积极地、更好地履行做市商责任，为市场提供更加合理的双边报价，交易所一般会给予做市商适当的交易费用或结算费用上的减免或奖励。

费用减免的方式主要有按交易量递增减免和固定比例减免两种。台湾期货交易所的台指期权是交易量递增减免的典型，主要按做市交易量和连续报价时间进行阶梯递增式的优惠，做市交易量越大，连续报价的时间越长，获得的手续费折扣越高，而且两种优惠方式可以叠加。随着做市交易量的增加，其享受费用折扣比率在2%～20%不等；随着每日持续报价时间的增加，收费折扣比率在2.5%～10%不等。香港交易所和Eurex则是固定比例减免的典型。其中，香港交易所做市商的交易费用一般是标准费用的1/5，即减免80%的费用，例如恒生指数期权的标准费用为10元/张，做市商的费用只需2元/张。Eurex则根据不同的做市商类型给予不同的减免比例，一般是高级做市商享受的减免比例要大，高级做市商在股指期权、股票期权、ETF期权上依次可享受80%、80%和75%的费用优惠；一般做市商/永久做市商在这三类产品上享受的减免比率依次为55%、55%和50%。

此外，部分交易所规定做市商在共同相关股票指数产品上也可以获得一定的交易费用优惠。如，2007年后香港交易所采用了这一优惠措施，恒生指数期货、恒生指数期权、小型恒生指数期货和小型恒生指数期权属于共同相关指数产品，做市商只要在恒生指数期权上做市，即可以在其他三个产品上享受一定的费用优惠，即恒生指数期货的交易费用只需支付3.5元/张，而不是标准的10元/张，可节省近70%。2007年的这一改革大大地提高了做市商的优惠，增强了对做市商的激励。

（2）持仓限额豁免

除了手续费上的优惠外，考虑到做市商为管理其存货风险，通常需要在相关市场上进行套利交易，交易所一般给予做市商一定持仓限额豁免，避免做市商承担不必要的风险。例如，台湾期货交易所和 Eurex 均给予做市商特殊的持仓限额，台湾期权做市商的持仓限额一般为法人持仓限额的三倍。

（3）保证金减收

为了使做市商有效地安排现金流，交易所在确保履约风险的前提下，针对部分固定的套利组合，给予一定的保证金减收，以提高做市商的资金使用效率。例如，韩国 KRX 给予做市商保证金折扣，在对做市商账户的持仓按照净额计算保证金后，按照 80% 的比例收取。

2.4 做市商的监督与管理

由于做市商履行义务时必须用自有资金进行交易，因此做市商业务是一类自营业务，与其他自营业务并没有太大的区别。从境外市场的情况看，各国家或者地区的监管机构一般不直接对做市商进行监管，做市商的监管一般是以交易所自律监管为主。一般来说，交易所对做市商有着严格的监管要求，主要包括以下三个方面：一是对做市商的资格条件持续考评，如做市商是否严格按照相关要求开展业务，是否存在过大的风险暴露，其财务状况是否发生了变化，其股东、资本主要管理人员的变动是否会产生不利影响，是否涉及诉讼等。二是要考核其履行义务的实际情况。交易所一般要定期考核做市商的报价行为是否符合时间、数量方面的要求，对于无故不履行相关义务的做市商进行取消和更换，促进做市商更好地发挥作用。三是监控做市商是否存在违规行为，防止其利用自身的地位优势操纵扰乱市场。交易所往往对做市商采取重点、单独的实时监控，并要求做市商定期公布和报告其交易情况。

2.5 做市商制度的公平性分析

通过以上分析研究来看，交易所一般在要求做市商履行相关义务的同时，给予做市商交易费用减免、持仓限额豁免、保证金减收等优惠或者鼓励措施。对于做市商来说，这有利于促进做市商更好地提供合理报价、提高市场流动性，但另一方面也容易引发对做市商制度公平性的质疑。通过对境外做市商核心机制进行深入研究可以看出，做市商所获得的优惠或者鼓励与其所承担的市场义务是对等的，是做市商承担提供市场流动性义务的需要，是一种国际通行的市场化的交易制度安排。

（1）做市商提供了流动性，为市场提供“公共服务”，获得相应的优惠鼓励是必要的

在订单驱动的竞价制度下，如果市场流动性不足，投资者难以便利交易，即使成交也承担了较高的交易成本，而且市场价格会出现交易不连续的现象。流动性不足不利于市场的健康平稳运行，在一定程度上提高了市场的交易成本，使投资者的利益被动地受到侵蚀。从全球市场实践来看，要求做市商提供具有一定深度的买卖报价，为市场提供流动性，也是各市场做市商制度的核心。各个境外期权市场的做市商制度在细节上略有差异，但核心都是相同的。

为促使做市商积极履行相关报价责任，为市场提供更加合理的双边报价，尽可能地缩小双边报价价差，有必要降低做市商的交易成本，对做市商给予适当的交易费用减免是适当的，这有利于进一步改善市场流动性。此外，交易费用减免也起到了鼓励做市商在市场波动较大等特殊市场条件下仍然提供合理报价，或为流动性严重不足甚至无交易的深度实值和深度虚值期权合约提供报价的作用。

（2）做市商在交易、结算、监管等方面没有特殊性，且相应的资格与管理标准公开、透明

在交易、结算机制方面，做市商与其他投资者没有差异，且接受严格

的监管。目前在期权市场上，大多数市场均采取混合型竞争性做市商制度。这一制度同时采用了混合机制和竞争机制，最大限度地体现了市场公平性。同时，在混合机制下，做市商在交易时段以指令的方式向市场提供报价，按照市场通用的“时间优先、价格优先”撮合原则参与市场交易，做市商指令一般没有优先成交的权利。在竞争机制下，同一个合约可由多个做市商进行报价，市场的询价、报价信息均向全市场公开，打破了单一做市商对市场交易信息的垄断，有利于市场信息的共享与公开。境外做市商制度在具体实施中，做市商制度准入标准、考核标准和监管标准一般是公开透明的，且交易所牢牢把握做市商制度的主导权，实行“事前、事中、事后”全过程监管，监管标准公开透明，监管体系严密。

综上所述，在交易所的严密监管下，做市商制度的各个环节均公开透明，交易与结算机制没有特殊性，做市商通过双边报价向市场提供流动性，降低了整个市场的交易成本，而交易所给予费用减免或其他优惠条件，目的也在于促使做市商提供更优报价。

三、期权市场做市商制度的功能与作用

由于期权市场流动性具有分散和不平衡的特征，做市商制度对于促进期权市场健康发展具有重要作用，主要体现在提供市场流动性、维持价格的合理稳定和提升市场效率三个方面。

3.1 做市商制度是提供期权市场流动性的重要手段

流动性的核心含义是指金融资产以较低成本和较快速度变现的能力。市场流动性指标不仅包括反映市场活跃度的成交量、换手率等指标，还包括反映市场交易成本的买卖价差、市场深度、订单执行时间等重要指标。与证券、期货产品相比，期权产品的合约个数较多，市场流动性较为分散，期权市场选择交易机制过程中需要更多考虑市场流动性的因素。在竞

价交易机制中引入做市商制度可以改善期权市场买卖价差、市场深度、价格冲击成本和订单执行时间等流动性指标。

由于期权产品在设计上具有合约到期月份和执行价格两个维度，期权合约的个数较多。例如，2012 年 7 月 20 日，美国 S&P500 指数期权（CBOE）有 1700 个合约同时上市交易，印度 S&P CNX Nifty 指数期权（NSE）有 860 个合约同时上市交易，中国台湾地区台指期权（台湾期货交易所）也有 282 个合约同时上市交易。而在以上三个市场相同标的的股指期货产品的合约个数分别为 9 个、3 个和 5 个。因此，数量庞大的期权合约同时上市交易分散了产品的流动性，从而导致部分期权合约流动性不足，出现买卖双方在时间和数量上的不平衡。对印度市场的实证研究表明，期权相关流动性指标水平是相同标的期货的 1/3。①

做市商制度是增强期权市场流动性的重要手段，在竞价交易机制中引入做市商制度可以从两个方面来改善期权市场的流动性。首先，做市商承担一定的连续双边报价的义务，有效提高了市场深度和缩小买卖价差。交易所一般对参与期权市场的做市商有严格的报价义务规定：一方面，做市商必须满足最大双边报价价差和最小报价量的要求；另一方面，对做市商有一定总成交量的要求。这两个在报价和成交量方面对做市商的要求客观上起到缩小市场买卖价差和提高市场深度的作用。其次，做市商对投资者在极度缺乏流动性的合约中提出的报价请求有进行双边报价的义务。从全球期权市场的普遍实践情况来看，远月合约、极度虚值或实值合约往往缺乏投资者关注，交易较为清淡，在特定时间段内有可能出现没有任何对手方报价的情况。在这些期权合约上，如果没有做市商进行双边报价，投资者缺乏必要的价格信息并且需要较长时间来等待订单的成交。引入做市商

① 美国俄克拉荷马州立大学学者 Samarth P. Shah 在《期货与期权的流动性》（Essays on Liquidity Costs in Futures and Option Markets）系列研究报告中对印度期权和期货的流动性指标进行了分析比较，发现期权的流动性都要远低于相同标的的期货，期权相关流动性指标水平是相同标的期货的 1/3。

可以为流动性极度缺乏的期权合约提供必要的流动性，为投资者降低订单执行时间和提高交易的即时性。

大量的实证研究表明，做市商制度可以显著增强期权市场流动性。由于合约市场流动性过低，以色列特拉维夫证券交易所于 2004 年在锡克尔/欧元外汇期权上引入做市商制度。对引入做市商前后市场流动性的实证研究表明，做市商制度显著提高了期权的流动性，主要体现在日均成交量和日持仓量显著提高、买卖价差显著降低和市场深度增加。① 悉尼证券交易所（SFE）于 2005 年在其三年期的联邦债券期权市场引入了做市商制度，实证研究表明，做市商制度引入后，期权市场产生了买卖价差明显下降、成交量与市场深度显著增加的变化，流动性获得显著改善。② 台湾期货交易所关于台指期权做市商制度功能的实证研究（研究数据采样期间为 2002 年 1 月 ~2003 年 8 月）表明，做市商的参与显著提升了台指期权的各类流动性指标。

3.2 做市商制度有助于期权市场价格合理稳定

对于缺乏流动性的期权市场，在竞价机制中引入做市商制度不仅可以有效提升市场流动性，而且还有助于维护期权市场价格的合理稳定。

首先，交易所对做市商的严格监管和做市商双边报价义务客观上要求做市商进行合理报价。与普通投资者不同，做市商对交易所严密监控下和规定的价差范围内进行双边报价。如果做市商的双边报价高于（或低于）合理区间，则其买入指令（或卖出指令）将会成为市场套利的目标。因

---

① 以色列本—古里安（内盖夫）大学（Ben Gurion University of the Negev）管理学院 Rafi、Eldor 等四位教授在 2004 年完成的报告《电子市场中做市商对期权交易的流动性及效率所做的贡献》(The contribution of market makers of liquidity and efficiency of options trading in electronic markets）中认为，特拉维夫证券交易所首次引入做市商制度显著提高了期权的流动性，主要体现在日均成交量和日持仓量显著提高、买卖价差显著降低和市场深度增加。

② 悉尼大学的学者 Frino、Aspris 和 Lepone 分析比较了悉尼期货交易所在国债期权市场采用做市商制度前后的流动性情况，并在 2007 年 4 月发表了研究报告 *Does the Introductino of a Market Maker improve market quality：evidence from the SFE* 3 *year Treasury Bond Options Market*。

此，合理报价也是做市商长期生存的基本能力和要素，并且做市商作为期权市场专业报价机构，其报价信息对市场有指导性意义，在期权市场发挥了一定的价格发现功能。

其次，做市商的风险对冲交易操作有助于纠正价格不合理的偏离。通常情况下，做市商在进行双边报价后，有可能在该期权合约产生单边头寸，做市商会通过跨产品、跨市场交易进行风险对冲。从全球期权市场做市商实践情况来看，做市商普遍应用现货或期货市场来管理期权持仓的风险并利用多个市场的相关性进行操作。做市商在多个市场的跨市场、跨产品交易行为有助于及时纠正单个市场价格偏离或不平衡的现象，维护现货、期货和期权市场之间的价格平衡，提升资本市场整体的定价效率。

再次，做市商对期权合约连续双边报价有助于减缓市场波动。一方面，做市商的双边报价可以增加市场深度，缓解大额指令对市场价格的冲击，防范价格过度波动；另一方面，做市商在不同期权合约之间的价差交易有利于期权市场价格的合理稳定。做市商在不同执行价格和到期月份的期权合约提供连续双边报价，犹如编织出一张减缓市场波动冲击的价格网，使得期权市场价格更具有弹性。当某个期权合约出现异常价格偏离，做市商依据期权合约之间较为稳定的相关性，利用相近的合约对其进行价差交易。例如，如果该合约市场价格高于理论价值，做市商卖出该合约，买入相近合约，直到合约之间价差收敛，这样的组合策略操作可以防范市场波动对特定执行价格和到期月份的期权合约价格造成过大的冲击，有助于期权市场的价格稳定。

3.3 做市商制度有助于提升期权市场效率

期权市场效率体现在交易成本与定价效率两个重要方面。在流动性不足或不平衡的期权市场引入做市商制度，不仅可以改善产品的流动性，而且可以提升期权市场的效率，有效促进期权产品功能的发挥。

首先，做市商制度可以显著降低期权市场的交易成本。在订单驱动的竞价制度下，如果流动性不足或不平衡，投资者难以便利或者如愿成交，并会承担较高的交易成本，付出不必要的利益损失，不利于市场的健康发展。做市商通过向期权市场提供流动性，降低了期权市场交易成本，为投资者减小了买卖价差、价格冲击成本和执行时间。

其次，做市商制度有助于提升期权市场定价效率。市场定价效率是指市场价格反映信息的效率，即价格能迅速、准确、充分反映可得信息的能力。做市商制度有助于促进期权市场的机构投资者的专业化和多元化，形成一批在双边报价上比普通投资者更灵敏和准确的专业做市商机构。此外，做市商跨市场、跨合约的交易操作使得市场信息在期权价格上的反映更加及时与充分。Rafi 和 Eldor 等学者在 2004 年对特拉维夫证券交易所期权市场的实证研究显示，做市商制度推出后，期权市场定价效率明显提高，主要体现在买权卖权等价理论（Put-call Parity）偏离度显著缩小，期权隐含波动率随执行价格的变化而产生的偏离程度也同时降低。

四、我国期权市场引入做市商制度的必要性

从全球期权市场发展情况看，期权市场具有流动性较为分散的特点，有可能出现流动性不足的情况，大部分活跃的期权市场都引入了做市商制度。在我国境内市场上市期权产品，虽然我国资本市场投资者众多，但相比于证券、期货产品，期权产品具有不同的产品特性、交易方式、交易与结算制度，专业性强，投资者对其有一个熟悉的过程，期权市场也可能出现流动性不足的情况；即使期权市场部分合约没有交易量担忧，但由于我国个人投资者多以投机交易为主，市场定价在某些时段内可能会出现价格大幅偏离、期权市场定价不合理的情况。因此，适时在期权市场引入做市商制度有助于提升期权市场效率，促进期权市场平稳、健康发展。

4.1 我国境内期权市场引入做市商制度有助于降低期权市场交易成本和提升市场效率

从全球期权市场的普遍实践经验来看，由于期权产品的合约数量众多，期权市场流动性的分散程度远远高于证券、期货市场，因此，期权市场更易出现流动性不足和不平衡的现象。尽管我国境内资本市场投资者数量众多，且投资者具有“炒新”习惯，但由于初期的期权市场专业性强，投资者有个熟悉与渐入的过程，我国境内期权市场也可能出现流动性不足或者流动性不平衡的情况。例如，在竞价交易机制的期权市场上，对于深度虚值、深度实值、远月的期权合约会经常出现没有任何买卖指令的情况，投资者无法以合理的价格和时间成本交易这些期权合约。这种情况将会导致有意长期持有期权合约的套期保值者需要根据持有合约流动性的情况不断进行调仓和展期操作，这会大幅增加套期保值者的交易成本。期权市场流动性局部的不平衡将严重影响投资者的持仓信心，较高的交易成本将影响期权市场的整体效率，不利于期权市场功能的发挥。因此，我国境内期权市场有必要适时引入做市商制度，为交易不活跃的期权合约提供流动性保障，提升期权市场效率和促进期权市场功能的发挥。

4.2 我国境内期权市场引入做市商制度有助于防范价格异动风险，促进价格稳定

从目前发展状况来看，我国境内期货市场交易总体比较活跃，但是买卖价差、市场深度、价格冲击成本和执行时间等指标还与境外成熟市场有一定的差距。未来我国境内期权市场引入做市商制度可以有效减小买卖价差，增加市场深度，降低价格冲击成本和执行时间，从而进一步降低大单指令对市场价格冲击的影响，防范价格过度波动风险。此外，由于期权产品具有买方、卖方权利和义务不对等的特点，我国境内期权市场发展初期有可能出现个人投资者群体较倾向于买入期权的操作，容易导致期权市场

局部的短期买卖不平衡。引入做市商制度有助于承接期权市场局部短期的买卖不平衡，建立防范期权市场价格波动的第一道防线。

4.3 我国境内期权市场引入做市商制度有助于投资者理性参与交易

期权对于我国境内市场的投资者来说还是一个新产品，其产品特性及交易方式、交易制度等都与期货、证券产品有很大不同，专业性强，投资者对于期权的认识和熟悉需要一个过程，在期权产品上市初期适时引入做市商制度有助于引导广大个人投资者理性参与交易。首先，我国境内市场个人投资者众多，占市场交易量的比重较高，因此市场容易受到羊群效应的影响，出现价格在一定时间内非理性波动的现象。在期权市场中引入做市商，提供合理的买卖双边报价，有利于引导市场合理报价和理性参与交易。其次，引入做市商制度可以有效提升期权市场机构投资者的参与比例，改善期权市场投资者结构。再次，期权市场做市商在部分期权合约价格出现明显偏离的情况下及时进行跨市场、跨合约交易操作，可以促进价格迅速回归到合理范围之内。

五、我国境内期权市场实行做市商制度的可行性

从我国现行法律法规相关规则来看，引入做市商制度没有实质性障碍。由于做市商必须用自有资金从事做市商业务，从现实情况来看，有自营业务的证券公司、一般法人机构等机构投资者是期权做市商最重要的潜在主体。从做市商参与期权市场的形式来看，做市商既可以以会员身份参与，也可以以客户身份参与。从目前关于金融期货的相关业务管理以及中金所会员结构来看，做市商以客户身份参与股指期权更具有可行性。

5.1 期权市场引入做市商的法律问题分析

在我国期货市场上市股指期权、商品期权等产品，期权业务的监管与

期货产品一样，适用于《期货交易管理条例》（以下简称《条例》）等期货市场相关法律法规。从相关法律法规的规定来看，没有明确提到做市商制度，但也没有禁止引入做市商制度。因此，在期权市场上引入做市商制度没有实质性法律障碍。

5.2 期权市场做市商的潜在主体分析

从境外期权做市商的监管实践来看，投资者需要具备一定的资质才能申请做市商资格，条件主要包括：具有充足的资金运作能力；有相关市场的交易经验；风险管理与内部控制能力较强；拥有较好的技术条件和人才储备；经营规范。另外，做市商应以自有资金开展做市商业务，且做市商业务与经纪业务进行隔离，资产管理或信托资金和自然人投资者一般不参与做市商业务。

与我国境内期货市场的主体相同，境内期权市场的主体除了包括交易所、期货公司外，还包括自然人投资者、一般法人投资者以及证券公司等特殊法人机构投资者。其中，由于目前《条例》尚未允许期货公司开展自营业务，因此期货公司目前不能从事做市商业务，而自然人投资者、一般法人投资者以及证券公司等特殊法人机构投资者理论上可以从事做市商业务。从境外市场期权做市商的主体来看，资产管理或信托资金和自然人投资者一般不参与做市业务。因此，从目前我国期权市场的潜在投资者主体来看，有自营业务的证券公司（包括证券自营部门、自营子公司、另类投资子公司等，以下简称证券自营）、一般法人机构投资者是潜在做市商主体。

（1）证券自营资金实力强、业务条件好、准备充分，是最主要的做市商潜在主体

目前，已有50多家证券自营参与中金所股指期货交易，交易较为积极，交易规模较大，相应的交易与风控制度已较为成熟，具备了开展期权做市商业务的基础。实际上，证券自营从事做市商业务的经验较为丰富，

已配置了相应的人才与系统。在沪深权证市场，证券自营作为主交易商或一级交易商，参与了权证活跃商；此外，证券自营一直充当沪深 ETF 市场的活跃商，即做市商。据了解，部分证券自营正积极参与上海证券交易所股票期权仿真交易做市商业务。证券自营参与期权做市商业务，在现有法律和法规上并无实质性的障碍，但是需要与相关监管部门协调，制定证券自营参与期权交易指引，并相应扩大证券自营业务投资范围。

从境外市场的做市商情况来看，商业银行和保险公司等机构投资者主要参与债券、利率和外汇衍生品的自营交易与做市商业务，较少参与股指期权的做市商业务。同时，我国商业银行和保险公司尚未进入股指期货市场，参与期权做市商业务尚需逐步推进，需要相对较长的时间。因此，商业银行与保险公司早期不是我国期权市场做市商潜在主体的考虑范畴。

（2）符合一定条件的一般法人也是做市商的潜在主体，必要时应循序渐进，逐步引入

相对于证券公司等特殊法人机构投资者来说，一般法人机构背景复杂，资质不一，专业业务能力及资金实力都有所不及，开展做市商业务的管理难度较大。在期权市场引入期权做市商制度的初期，应当采取审慎选择、择优引入的原则，在已引入证券自营做市商之后，适时选择符合一定条件的一般法人机构投资者参与做市商业务，可以成熟一家，发展一家，宁缺毋滥，并加强监管。

5.3 期权做市商的参与模式分析

做市商业务是一类自营业务，证券自营参与期权做市商业务需要中国证监会出台其可以参与期权交易业务范围的相关规定，允许参与期权做市商业务；无论证券自营，还是一般法人机构投资者参与期权做市商业务，一般来说，交易所都需要将做市商的资格标准、义务要求及监管内容等予以明确，要么制定相应的做市商管理办法及操作指引予以明示，要么以协议的方式与相关做市商予以明确。

目前，国内期货交易所有两种会员结构：三家商品期货交易所为全面结算会员结构，即交易所的所有会员都交易结算会员，同时分为经纪会员与自营会员，自营会员主要是机构投资者；中金所为分级结算会员结构，即会员有全面结算会员、交易结算会员、交易会员（目前尚没有特别结算会员），但只有经纪会员，没有自营会员。从以上分析来看，证券公司或者一般法人机构投资者以客户身份参与期权做市商业务没有任何障碍，是现实可行的；但如果以会员身份参与做市商业务，商品期货交易所是可行的，中金所目前是不可行的，除非允许证券公司或者一般法人机构投资者可以申请中金所会员资格，而且如果中金所会员不限于期货公司，证券公司或者一般法人机构理论上是可以申请中金所交易会员或者交易结算会员的，特别是允许证券公司成为中金所交易会员从事做市商业务、自营业务具有现实需求，也是可行的。

（1）证券自营等机构投资者以交易会员身份参与做市商业务，是最优的方式

允许证券公司以交易会员身份参与做市商业务，具有以下优点：一是会员的技术系统可以直连交易所，这对做市商报单、应答以及行情传递等期权做市商业务保障有积极作用；二是会员与交易所联系紧密，交易所对会员实行直接管理，交流方便，流程简洁；三是做市商主体资金单独管理，不与客户资金混合在一个资金账户中，有利于交易所监管；四是对做市商实行手续费减免、保证金减收等政策时比较便利、直接，操作简单。目前，中金所每日公布当月合约成交量、持仓量前20名的结算会员，交易会员相关的成交量与持仓量信息不被直接披露。因此，证券自营等机构投资者以交易会员身份参与做市商业务是最优的方式。

（2）在目前条件下，证券自营等机构投资者以客户身份参与做市商业务是现实可行的

从以上分析来看，目前证券自营等机构投资者以客户身份参与期权交易比较现实可行，这类机构也是以客户身份参与股指期货套期保值和套利

交易的。中金所对投资者的套期保值、套利、投机交易实行专户管理，可参与这种方式对做市商客户亦实行专户管理，分配单独的做市商交易编码，这样即可将做市商业务纳入现有监管框架，以实现对做市商客户的做市商业务进行单独管理。在这一方式的实现上，做市商客户的相关业务需要通过所在期货公司会员进行协调，交易所需要同时协调做市商及其所在期货公司会员，明确会员与做市商客户的权责，避免因会员在交易、结算、行权、风险控制管理和技术支持等方面协调不好而对做市商业务产生不利影响，但这不构成实际障碍，具有现实可行性。

5.4 期权做市商的风险防范

单纯的做市商业务不判断市场方向，通过在期权合约上双边报价，并根据交易情况即时在相应的其他合约与产品上进行跨品种、跨市场对冲风险交易，保持交易头寸的风险中性，且做市商一般不留隔夜持仓。从境外市场来看，做市商业务是一项相对成熟、风险较低的业务，其主要风险包括操作风险、技术风险、市场风险及交易策略失效风险等。

每一类风险可以通过适当的风险管理措施来防范或降低：操作风险是指在操作过程中发生错误所产生的风险，做市商需要加强对操作过程和操作人员的管理，尽量避免和降低操作风险所带来的损失；技术风险是指由于计算机系统崩溃、程序出错、通讯失败、病毒侵袭等造成的风险，防范技术风险主要是加强对计算机系统的监管，定期对系统进行检查，对各种可能出现的特殊情况做好应急准备；市场风险是指做市商期权持仓因市场价格变化或者因特殊情况不能即时对冲而产生的风险，做市商需要具备优异的风险管理系统，实时监测持仓风险，并及时对冲，尽量避免大量未对冲持仓的出现；交易策略失效风险即定价风险，如果做市商使用不合理的模型或参数，则定价会发生偏差，导致交易损失，防范这一风险需要提高建模人员的专业素质，建模人员不仅应具备期权、期货方面的专业理论知识，还要有在各种情况下应对市场变化的经验和手段。在现有的监管框架下，机构开展做市商业务也可纳入净资本监管体系，只要机构谨慎操作、规范交易、应急充分，其从事做市商业务的风险是可控的、可防范的。

此外，做市商制度本身引发风险的可能性较小。期权市场通常采用混合型竞争性做市商，在做市商之间引入竞争，采用市场机制防范做市商的操纵或其他市场滥用行为；同时，交易所通常对做市商采用“单独监管、重点监管”的全过程监管措施，对于其异常交易、违法违规行为会与其他客户一样进行实时动态监控，及时发现，及时查处，实践强势监管，防范市场操纵等风险。

5.5 无做市商机制下提升期权市场流动性的措施

在股指期权发展初期，可能不会同步推行做市商制度。从境外市场来看，部分合约如交割月份的平值合约及浅度虚值合约，市场需求较大，成交较为活跃，流动性较为充分，但大部分期权合约可能流动性不足，呈现流动性两极分化的局面。因此，有必要研究在未实行做市商制度的情况下，如何采取相应的措施提升期权市场流动性。通过借鉴境外期权市场的成功经验，可以采取以下措施来改善股指期权市场的流动性：

（1）加宽期权合约执行价格间距，适当减少挂盘期权合约数量

相近执行价格的期权合约的风险收益特征类似，风险管理功能有一定替代效应，期权合约间的执行价格过于接近会导致流动性分散。通过加宽期权合约执行价格间距，同时适当减少挂盘期权合约数量，可以促使流动性进一步集中和合并，使有限的流动性集中在少量合约上，提高单个期权合约的流动性。

（2）提高权利金最小变动价位。最小变动价位对市场流动性、交易成本、市场效率及市场价格发现功能有较大影响

最小变动价位增大，增加了买卖价差，但增加了订单厚度，有利于机构投资者及大额订单交易。美国期权监管机构要求各期权交易所将权利金最小变动价位从 5 美分或 10 美分逐渐降到 1 美分，以吸引个人投资者入

市，但从实际效果来看，市场流动性反而有所下降。因此，在期权合约流动性不足的情况下，可酌情提高权利金最小变动价位来提升交易活跃度，提高合约流动性。

（3）在风险可控的情况下，降低期权卖方投资者的保证金，提高资金使用效率

由于期权买方不缴纳保证金，保证金的水平仅对卖方产生影响。为解决买卖双方不平衡，促进买卖双方成交，应当降低卖方的成本，将卖方保证金维持在合理水平。采取的措施可包括适当降低期权合约保证金调整系数和最低保障系数、推出常用策略的组合保证金计收规则等，但采取这些措施的前提是确保风险可控。

（4）降低投资者的手续费成本

从境外市场特别是韩国市场的发展经验来看，手续费的高低对市场活跃度产生重要影响。为提高市场流动性，可采取以下措施：降低交易手续费率和执行手续费率，或改为按比例方式收取手续费；对于当日开平仓交易和远月合约交易，适当降低手续费。

（5）适当缩小合约规模

从境外股指期权市场的经验来看，流动性与合约规模的大小呈现一定的反向关系。因此，应修订设置适当的合约规模，采取适当的程序，逐步、适当缩小合约规模，以提升期权合约的流动性。

（6）加快行业培育，加强投资者教育，引导投资者有序入市

相对于期货，期权合约与交易都较为复杂，市场运用的难度更高。从韩国、我国台湾地区等亚太市场的经验看，交易所与行业协作，各司其职，加强宣传与培育，能有效提升市场的影响力与活跃度。交易所应加大投资者教育力度，指导期货公司等机构创新培训形式，打造便捷的交易通道与系统，加大市场服务力度，正确引导投资者理性参与期权交易。

从全球期权市场发展情况来看，做市商对于提高期权市场流动性起到了重要作用，是期权市场的重要制度之一，但不是推出期权产品的必要前

提条件。目前我国境内期权市场尚未起步，境内投资者对期权产品的认识和熟悉需要一个过程，在期权市场发展初期很可能会出现部分期权合约流动性不足、定价效率较低的情况，可以适时引入做市商制度，并实施严格管理，这对于我国境内期权市场的平稳健康发展将具有积极作用。

附 件：

1. 全球各主要股指期权市场做市商制度
2. 特拉维夫证券交易所引入做市商制度的案例研究

（何志伟、王琦、李小晗、曾健、王卓、孙陶然）

附件 1 全球各主要股指期权市场做市商制度

为了深入研究全球主要期权市场的做市商制度，本文有针对性地选取了香港交易所、台湾期货交易所、韩国交易所、芝加哥期权交易所、欧洲期货交易所、伦敦国际金融期货交易所六个期权产品较为活跃的市场。这六家交易所的指数期权成交占据了全球大部分的市场份额，具有良好的代表性。

一、香港交易所的期权做市商制度

1.1 中国香港市场期权做市商发展历史与现状

我国香港交易所于 1993 年推出了恒指期权，随后于 1995 年推出了股票期权。香港交易所在推出期权交易时即引入了做市商制度（Market

Maker)，采用了竞价和做市商混合的交易机制，在股票和指数期权市场起到了明显的作用，推动了我国香港地区期权市场的稳步发展。2010 年香港交易所衍生品成交量达到 1.16 亿手，个股期权和指数期权分别成交 6100 万手和 1192 万手，其中恒生指数期权、小型恒生指数期权以及 H 股指数期权分别成交 852 万手、48 万手以及 291 万手。

根据香港交易所对 2009 年 7 月—2010 年 6 月衍生品市场成交情况的统计显示，我国香港指数期权市场是一个以机构投资者为主、个人投资者有限参与的市场。在上述交易时段内，恒生指数期权做市商成交占比为 39%，H 股指数期权的做市商交易占总成交的 23%，均超过了其他机构投资者和个人投资者。做市商作为指数期权市场成交量占比最高的参与者类型，为市场提供了充分的流动性。

1.2 中国香港地区期权做市商分类

香港交易所针对不同的产品类别，将其做市商分为回应报价做市商和连续报价做市商两大类。目前，在香港交易所上市的股指期权产品主要包括恒生指数期权、小型恒生指数期权和 H 股指数期权三项，而这三项股指期权全部设有做市商。其中，恒生指数期权的回应报价做市商有 4 家，连续报价做市商有 14 家；小型恒生指数期权的回应报价做市商有 2 家，连续报价做市商有 12 家；H 股指数期权的回应报价做市商有 1 家，连续报价做市商有 11 家。

1.3 中国香港地区期权做市商申请

做市商制度在中国香港地区称为“庄家制度”，交易所的参与者可以填写申请表格，经过香港交易所批准并注册后，才能正式成为期权市场的做市商。申请成为做市商至少应满足以下条件：

①交纳 500 万港元；

②具有一定的交易经验；

③内部控制和风险管理体系完善；

④具备充分的资金运作能力等。

经香港交易所批准后，每个做市商被分配为不少于两个期货合约和八个期权合约系列做市，另外，参与者也可向交易所申请为某一类别的期权合约做市。

得到批准的交易所参与者将获得市场做市执照，该执照不可转让或采用非交易所指定的形式。除香港交易所另有规定外，每张做市执照的授权期限最少为 1 年。如果做市商在执照到期前 30 日不通知交易所中止相关协议，那么做市商的做市执照将按已有的条款自动延期 1 年。

1.4 中国香港地区期权做市商的义务

获交易所批准注册后，相应的注册做市商必须履行其回应问价或持续报价责任。以股指期权为例，做市商的主要义务如下：

一是对所有期权系列回应报价。做市商收到开价要求后才进行报价，按要求对报价进行回应。每个月做市商最低的回应比率为 70%，每次报价的最低合约数量为 5 张，在 20 秒内完成报价回应，并且维持时间最少 20 秒。(见表 9-1)

表 9-1　香港交易所做市商报价义务

报价类型	报价对象	回应比率	报价时间	报价单位	报价价差
回应报价	所有期权	70% 比率	20 秒内回应，20 秒内维持	至少 5 手	1）近三个月： 权利金为 1～750 点，最大价差为 30 点或买价的 10%（以较高者为准）；权利金在 750 点以上者，最大价差为 75 点 ②远月的三个月份： 权利金为 1～750 点，最大价差为 30 点或买价的 20%（以较高者为准）。权利金在 750 点以上者，最大价差为 150 点
持续报价	负责期权	70% 时间	20 秒内维持	至少 5 手	

二是对部分期权系列持续报价。不论有无开价要求，做市商都要主动为所负责的期权系列（而非全部）进行持续报价，使其价差符合交易所的要求。每个月份做市商最少要在70%的时间内持续报价，每次报价的最低合约数量为5 张，并且维持报价时间最少20 秒。

香港交易所规定每日早上开市时前五分钟及合约到期日，做市商不需要为做市合约提供报价。提供持续报价的期权庄家，需从以下40 个期权系列中选择不少于24 个期权系列（小型恒生指数期权则为12 个期权系列），以提供买入、卖出价的持续报价。（见表9–2）

表9–2　香港交易所指数期权做市商指定的期权系列

合约月份	期权价位	可选择的期权系列	
		认购期权	认沽期权
当月	虚值期权	5	5
	实值期权	3	3
第二个月	虚值期权	6	6
	实值期权	2	2
第三个月	虚值期权	3	3
	实值期权	1	1
小计		20	20
合计		40	

1.5 中国香港地区期权做市商的权利

香港交易所对做市商的奖励主要体现在交易费用优惠方面，针对不同的产品提供了不同的优惠方案，具体的交易费用优惠如表9–3 所示。

表 9-3　做市商手续费优惠

产品	做市商交易费用（港币 $）	做市商在其他股票指数产品中的交易费用（港币 $）	标准费用（港币 $）
恒生指数期货（HSIF）	不适用	3.50（HSIO，MHIF 或 MHIO）	10
恒生指数期权（HSIO）	2.00	3.50（MHIF 或 MHIO）	10
小型恒生指数期货（MHIF）	0.50	1.00（HSIO 或 MHIO）	3.50
小型恒生指数期权（MHIO）	0.40	0.70（HSIO 或 MHIF）	2.00
H 股指数期货（HHIF）	0.50	1.00（HHIO）	3.50
H 股指数期权（HHIO）	0.50	1.00（HHIF）	3.50
小型 H 股指数期货（MCHF）	不适用	0.70（HHIF 或 HHIO）	2.00
恒指股息点指数期货	0.60	不适用	3.00
恒生国企股息点指数期货	0.30	不适用	1.50
恒指波幅指数期货	2.00	不适用	10.00

根据表 9-3 中的数据可以看出，我国香港交易所除了规定做市商在交易其指定的做市品种时可以享受一定手续费优惠外，在交易其他部分产品时还将有进一步的优惠措施，例如，H 股指数期权做市商在交易 H 股指数期货时，手续费由 3.5 元优惠为 1 元。另外，由于做市商执照并不适用于自订条款期权系列，所以做市商买卖自订条款期权时并不获取或享有交易费用折扣。

交易所的做市商必须符合期权做市商的报价义务，如果当月参与者不符合做市商的规定，那么该名做市商不会获得该月份的做市奖励，须按交易有关合约细则所指定的收费支付全数交易费用。例如，做市商若未能达到每个月份成功回应最少 70% 的报价要求或最少 70% 的时间提供持续报价，交易所将收回相关的费用优惠。

1.6 中国香港地区期权做市商的监管

香港交易所规定做市商的做市交易必须使用自有账户，不得使用做市商账户接纳任何客户的报单与交易。

香港交易所如果认定参与者存在做市义务的市场或其他市场已出现异常情况，可能对做市商有效对冲其持仓的能力构成不利影响时，可以决定暂停或修订做市商的部分或全部做市规定。

若做市商连续两个月未能达到报价要求，交易所有权取消其做市的资格。若交易所认定存在其他违反交易所规定的情况，交易所也有权收回其相关的做市资格。

二、台湾期货交易所的期权做市商制度

2.1 中国台湾市场期权做市商发展历史与现状

台期所在 2001 年 12 月推出台指期权时，为了防范台指期权流动性不足的问题，同步推出了期权做市商制度。股指期权合约数量较多，且流动性在各个合约上的分布极其不均匀，大部分合约的流动性较差。因此，台期所与期货行业一致认为，做市商制度既有利于价格的平稳和合理，又提供了流动性，活跃了市场，是台指期权成功的重要因素之一。根据台期所提供的数据，目前做市商在股指期权产品上的交易量占比约为 40%，在自营类别账户的交易中大约有 75% 的交易量来自做市商账户。由此可见，做市商已经是中国台湾地区期权市场上举足轻重的主要参与者。

台期所对做市商在交易委托上有一定的要求，同时也给予了其相应的交易费用减免和持仓限制上的豁免。在做市商制度实行的初期，台期所对做市业务的要求并不高（例如，买卖报价的价差可以达到 10%），给予做市商的交易费用减免也较为优惠，费用减免的比例曾在初期达到 100%。台期所在初期制定较为宽松和优惠的做市商管理制度，是为了吸引更多的机构从事做市业务，提高期权市场的流动性。在做市商制度刚起步时，台湾地区期权市场有 6 ~ 7 家做市商。随着市场的快速发展，我国台湾地区曾

一度有24家做市商同时活跃在期权市场。台期所在市场发展过程中不断提高做市商的进入门槛，提高做市义务要求和降低交易费用减免的比例，这直接导致一部分资质较差的做市商无利可图并自动退出市场。目前，我国台湾地区期权市场日趋完善并且竞争激烈，做市商的个数减少至11家（中信银、元大期货自营、宝来曼氏期货自营、澳帝华、法兴证券、永丰金证券自营、大华证券自营、元富证券自营、凯基证券自营、宝来证券自营、元大证券），其中宝来证券、澳帝华与法兴证券三家做市商在市场上占据主导地位。

单纯的做市商业务本质上是金融市场的一种中介性质的业务，做市商通过向市场提供流动性服务来收取较低比例的服务费。因此，单纯的做市商业务不参与市场方向性的投机，而是通过买卖差价和低风险（或无风险）的套利来获取微利，做市商业务其实是“薄利多销”的中介性业务。在我国台湾地区市场上做市商业务竞争的重点并不在于对市场预测的准确度，而在于先进交易系统和完善的风险管理体系。目前在我国台湾地区市场上三家占主导地位的做市商都在交易系统和风险管理方面拥有较大优势。而那些被淘汰出局的做市商失败的原因主要有三种：一是技术系统落后；二是风险管理薄弱；三是没有坚持做市商的业务模式，进行过多的投机操作。

由于做市商主要获得盈利的来源为大量期权或期货交易的买卖价差，做市商的盈利能力与交易成本以及台期所给予的交易费用减免政策密切相关。目前，台期所给予做市商交易费用减免的程度与做市商的交易量和做市业务覆盖的期权产品数量成正比，因此，市场规模领先的做市商占据明显的竞争优势。例如，市场份额较为领先的澳帝华在我国台湾地区市场上是所有期权产品的做市商，其手续费的优惠可以达95%。这种费用减免政策抬高了目前我国台湾地区市场做市商的进入门槛，一些资金、技术和专业实力不足的做市商被淘汰出局或难以进入市场。

2.2 中国台湾地区期权做市商分类

台湾期货交易所并没有对其做市商进行明确分类，各个做市商在权利义务等方面均没有明显区别。目前，其代表性股指期权产品——台指期权的做市商有九家，包括中信银、元大期货自营、澳帝华、法商兴业证券、永丰金证券自营、大华证券自营、元富证券自营、凯基证券自营和元大证券。

2.3 中国台湾地区期权做市商申请

中国台湾地区期货自营商（专营或兼营）及特定法人机构可以申请成为台期所的做市商，经交易所审核同意后从事做市业务。期货自营商申请成为台期所做市商，应经其董事会同意，并在公司内部控制制度中增加做市业务，同时提交以下的材料：

①申请书；

②董事会会议记录；

③实施做市业务的内部控制制度；

④实行计算机系统自动应答报价的申请者，提供计算机系统安全的声明书；

⑤其他交易所规定需要提交的材料。

特定法人机构申请成为台期所做市商时，也应提交上述相关材料，另外还需要提交法人机构的证明文件。

台期所规定做市商应于取得交易所的做市商资格核准后两个月内开展做市业务。在没有正当理由的情况下，做市商如果在规定时间内未进行做市业务，将丧失其做市资格。做市商如果对于未能按时开展做市业务有正当理由，在期限届满前可以向台期所申请延展，但是做市商资格期限只能延展一次，期限不得超过两个月。

做市商如果要申请注销或暂停其做市资格，应在做市合约到期前一个月通知台期所，并提供相关书面材料给交易所。做市商经台期所注销做市资格，应自公告日下一交易日起终止执行做市业务，并自终止日起三个月内不得再向台期所申请做市业务。

2.4 中国台湾地区期权做市商的义务

在获得台期所的批准后，做市商必须按照交易所的要求进行报价。台期所针对不同的品种设置了不同的报价要求，下面以成交量最大的台指期权为例说明中国台湾地区指数期权做市商的报价要求：

①做市商需要在交易时段按规定进行报价；

②当交易市场出现询价消息后，做市商必须在收到询价要求的 20 秒内进行双边报价；

③每次回应报价必须维持 20 秒以上；

④报价时的买入和卖出申报数量不少于 20 手；

⑤每月按规定回应询价的报单笔数，应达到当月总询价笔数的 70%以上；

⑥每月做市商账户所有成交量应达 20 000 手以上；

⑦报价之买价及卖价间价差，不得高于表 9-4 中的要求。

表 9-4　台指期权做市商报价要求

申报买价	最近到期月份 契约最大价差	非最近到期月份 契约最大价差
未达 50 点	3 点	5 点
50 点以上，未达 100 点	5 点	8 点
100 点以上，未达 250 点	8 点	15 点
250 点以上	15 点	25 点

台期所其他期权产品也有类似的做市报价要求，只是根据具体的品种情况，对要求的报价参数做了一些调整。

2.5 中国台湾地区期权做市商的权利

做市商的持仓限制比自然人和法人宽松，一般为法人持仓限额的三倍。

如果做市商每月的响应报价请求比率、有效报价累计时间及做市交易量符合交易所的规定，台期所将减免其当月应缴的交易手续费、结算服务费或视市场状况予以奖励。

做市商为台指期权提供做市业务，可以根据做市成交量和每日报价持续时间享受双重手续费优惠，即由成交量产生的手续费优惠可以和由报价持续时间产生的手续费优惠进行累加。具体的交易费用与结算费用的优惠比例如表 9–5 所示。

表 9–5　台指期权做市商费用优惠

类别	成交量做市优惠		报价时间优惠	
	台指期权做市成交量	费用折扣比例	平均每日报价时间	费用折扣比例
1	20 000 ~ 59 999 手	2%	1 小时	2.5%
2	60 000 ~ 89 999 手	4%	2 小时	5%
3	90 000 ~ 119 999 手	6%	3 小时	7.5%
4	120 000 ~ 199 999 手	8%	4 小时	10%
5	200 000 ~ 279 999 手	10%		
6	280 000 ~ 359 999 手	15%		
7	360 000 手以上	20%		

做市成交量指的是以报价成交的交易量及其非报价成交的交易量合计，但是做市成交量的计算以报价成交量的 1.6 倍为上限。同一做市商，其做市账户自行成交或与其所属其他账户相互成交的交易量不计入做市交易量，并且关联账户交易不能涉及利益输送和不公平竞争。

台期所对于做市商每日报价持续时间的计算有严格的规定，在合格的报价持续时间内，台指期权做市商需要在近月合约及次月合约平值上下各5档共计40个序列中，至少为24个序列提供持续报价（其中平值以台指期货最近月份合约的实时价格为基准）。

以上说明了一个做市商仅为台指期权做市的费用优惠情况，根据台期所规定，如果还为其他品种担任做市商，那么该做市商还会另有手续费优惠累加。

2.6 中国台湾地区期权做市商的监管

台期所规定，做市商从事做市业务时，应本着诚信原则开展业务。做市商应开立做市账户用于开展相关做市业务，并不得使用该账户从事做市业务以外的交易。特定法人机构担任做市商，应于开展做市业务五个营业日前，向台期所申报做市账户，该做市账户变更时，应于变更前五日向交易所申报。

当交易市场发生巨幅波动或因突发事故影响正常交易时，经台期所宣布特别情况后，做市商可以暂停做市业务。

如果做市商未按照规定开展做市业务，台期所有权视情节轻重暂停其开展部分或全部做市业务，或注销其做市合约的做市商资格。

三、韩国交易所的期权做市商制度[①]

3.1 韩国市场期权做市商发展历史与现状

韩国交易所先后推出了 KOSPI200 和 KOSDAQ50 两个股指期权产品。其中，KOSPI200 指数期权于 1997 年 7 月 7 日上市，迅速成长为全球最活

① 由于韩国股指期权市场未采用做市商制度，此处提及的韩国期权市场做市商制度主要指的是股票期权市场采用的做市商制度。

跃的衍生品合约，单个产品年成交量曾超过全球衍生品成交总量的1/4。韩国期权市场推出时并没有建立做市商制度，也没有“专家”或者做市商存在。2006 年 12 月 18 日，韩国交易所开始在 KOSPI200 股指期货和个别流动性不好的股票期权中引入做市商制度，但韩国股指期权市场至今尚未引入做市商制度。

2010 年韩国交易所衍生品成交量达到 26.7 亿手，其中 KOSPI200 指数期权成交量为 25 亿张，约占交易所总成交量的 97%，是全球最活跃的股指期权产品。根据韩国交易所网站的统计数据显示，KOSPI200 股指期权市场早期以个人投资者为主，2007 年个人投资者成交量还占市场总成交的 70%。而随着市场的逐步发展，韩国 KOSPI200 指数期权的机构投资者的成交逐年增加。目前，韩国指数期权个人投资者和机构投资者成交占比大致相同，分别为 49.84% 和 49.1%，另有其他类型投资者占比 1%。在机构投资者中，证券公司成交占据大部分，达到了 46.54%。

3.2 韩国期权做市商分类

韩国交易所同样没有对其做市商进行明确分类，各个做市商在权利、义务等方面均没有明显区别，处于完全竞争状态。

3.3 韩国期权做市商申请

申请成为韩国交易所的做市商，需要首先获得自营资格和结算会员资格，与韩国交易所签订有关做市的协议后，才能成为做市商。韩国交易所会员申请做市商须满足以下要求：

①从事投资交易业务；

②成为交易所的清算成员；

③符合法规的要求；

④指定一个管理人员及员工负责做市商的工作；

⑤如果指定或更改工作人员负责的市场庄家，庄家须预先通知交

易所。

会员申请做市商时，必须事前同意交易所提供的做市协议，列明做市的品种以及相关规定。交易所有权在下列情况下调整产品做市商的数量或拒绝做市商进入：

①做市商集中在特定的产品情况；

②从金融条件判断产品的做市商数量过多；

③做市商的评估表明可能影响公平交易等。

做市商协议的合约期限以季度单位，如果成为做市商的相关合约所属日期不在季度第一个月（例如，如果做市商开始日期属于季度的第二或第三个月，那么做市商期限将包含下一个季度的三个月），那么做市商可以选择从合约开始日或者在下一个季度开始执行做市义务。如果做市商在合约到期前七天内不通知交易所终止协议，根据相关条款，合约期限将自动延续至下一季度。

3.4 韩国期权做市商的义务

为了减小最优买卖价差，做市商必须在连续竞价期间持续提出报价，报价时间和间隔要求如下：

①当现有的最优报价与最佳的买家报价差异超过要求时，做市商必须在五分钟内提供报价，缩小各种情况的最优报价；

②如果最佳的报价差异包括大多数最新的执行价格，最优报价差异必须降低最优报价；

③报价至少有十个报价间隔（在最佳买价和卖价报价之间连续十个报价）；

④如果市场条件突然改变或需要采取必要的市场管理措施，交易所可能更改报价时间和报价间隔的要求。

韩国交易所还对做市商的报价方法提出了要求：

①做市商报价必须使用做市商账户；

②做市商只能使用限价单；

③对买卖报价进行了一定的约束；

④每次报价至少五手。

韩国交易所对做市商的报价要求相对比较宽松，做市商只能在交易所认定的流动性不足的产品上做市，在存在买卖价差过大时，做市商需要提供报价缩小最优买卖价差。

3.5 韩国期权做市商的权利

韩国交易所主要通过保证金折扣与手续费优惠两种方式奖励做市商。

（1）减少或免除做市商的会员保证金

根据韩国交易所的规定，做市商账户的持仓按照净额进行计算，包含期权保证金、价格波动保证金、期货扩展保证金、实物交割保证金等。交易所根据上述规定计算保证金后，按照80%的比例收取做市商的保证金，从而减少了做市商会员的保证金负担。

（2）奖励做市商交易费用

根据交易所对做市商的评估结果，做市商可以获得不超过被收取服务费用（包括交易、结算费用）80%的补偿。如果根据评估结果做市商获得的奖励低于特定的数额（例如做市商的成本、100%的参与率或少于100万韩元），交易所可以适当调整补偿数额。交易所在季度的月末支付对做市商的补偿，交易所如果认为必要或已经支付，可以改变对做市商的补偿比率。韩国交易所对做市商补偿的评估方法，包括执行成交量义务的评估标准、符合支付的做市商的做市成本等内容。

3.6 韩国期权做市商的监管

根据韩国交易所规则的规定，每季度要对做市商的做市品种进行评估。评估做市商表现的主要依据为是否按照规定的义务进行报价以及是否通过做市商账户达到规定的成交量。交易所按要求独立决定评估标准、公开方法和其他关注的做市商评估，交易所可以向市场公布做市商的评估排名。交易所可以要求做市商提交其认为必要的评估材料，在这种情况下做市商须按要求提交材料。

如果交易所对做市商的评估表明该做市商的做市业务可能影响公平交易等，可以暂停交易所有权或终止做市商的资格。一旦交易所通知做市商资格终止，那么在合约到期前做市商应完成所有持仓平仓。在做市商协议到期的时候，做市商必须将做市商账户的持仓转移到其自营账户。

四、芝加哥期权交易所的期权做市商制度

4.1 CBOE 期权做市商发展历史与现状

1973 年芝加哥期权交易所（CBOE）成立之初，主要交易 16 个股票标的买权，直到1977 年6 月3 日才推出卖权。1983 年3 月，芝加哥期权交易所推出第一个 S&P100 指数期权，同年 7 月，基于 S&P500 的指数期权开始上市交易。据相关资料记载，芝加哥期权交易所（CBOE）是最早在期权衍生品市场实行专门的做市商制度的期权交易所。早在 1987 年，芝加哥期权交易所（CBOE）在原有的普通做市商基础上实行了指定做市商制度（Designated Primary Market-Maker，DPM），这一制度是以一种更加明确的制度形式对其以往普通做市商作用的强化。2003 年，其电子远程报价系统的综合交易平台（CBOE Hybrid）上线，CBOE 又引入了电子交易指定做市商（E-DPM），以更好地对场内和场外的订单进行撮合。

芝加哥期权交易所（CBOE）2010 年衍生品总成交为 11.2 亿手，其中期权成交量达到 2.08 亿手，占交易所所有产品交易量的 99.61%。CBOE 主要的股指期权产品是标普 500 指数期权，2010 年总成交为 1.75 亿手，占交易所期权成交量的 84%。根据相关资料显示，CBOE 市场的指数期权以机构投资者为主，其中包含数目众多的做市商会员。

4.2 CBOE 期权做市商分类

芝加哥期权交易所（CBOE）实行指定做市商（DPM）与普通做市商（MM）相结合的做市商制度，因而按照上文所述，其做市商主要可以分为指定做市商（DPM）、电子交易指定做市商（E-DPM）和普通做市商（MM）三类，各类做市商具有不同的权利和义务。

普通做市商一般指在交易所登记的以个体形式存在的交易许可持有者，他们以专业交易者的角色参与市场做市。

DPM 是交易所直接指定机构形式的交易许可持有者做市商，同时要求其遵守交易所做市商规则。一般来说，DPM 指在交易大厅工作（On-Floor DPM），当然，DPM 也可以要求交易所授权他们在交易大厅外通过电子盘 Hybird 做市（Off-Floor DPM）。因此，通常 CBOE 的 DPM 包括 On-Floor DPM 和 Off-Floor DPM。

Electronic DPM（e-DPM）指交易所间接分配协助 DPM 履行某些特定义务的机构做市商，场内经纪商和官方义务除外。这些特定的义务包括：提供充足资源（资金、技术、人才），做市历史的稳定性，卓越的业务能力，特定证券的专业做市能力，不同市场的流动性互动能力，流动性的承诺等。一般情况下，一个（或多个）e-DPM 会和 DPM 一起做市同一个（或多个）期权序列。

4.3 CBOE 期权做市商申请

CBOE 设有一个专门的委员会（MTS 委员会）来审批指定做市商。这个委员会由交易所副总裁、市场运作委员会主席及由会员选举产生的九位会员代表组成。

交易所会员可以填写申请表格，申请成为指定做市商（DPM）。交易所将根据市场情况选择最适合执行指定做市商（DPM）的申请人，主要通过以下因素做出选择：

①是否有足够的资金；

②业务能力；

③申请人的交易经验和规则的执行情况，申请人指定行使指定做市商（DPM）权力代表人的能力；

④申请人执行 DPM 业务人员的数量和经验；

⑤申请人、关联人以及业务代表人的监管记录和遵守交易规则记录；

⑥意愿且有能力提升交易所交易能力的申请人等。

对于会员提出的指定做市商（DPM）申请，芝加哥期权交易所可以批准全部或部分做市品种，以及在场内或场外执行做市操作。指定为市场一揽子合同的 DPM 必须保持至少 10 万美元的可用净资本。

每个 DPM 必须遵守交易所的要求，除非交易所按照规定免除义务或终止资格。如果会员申请终止 DPM 或被限制交易，那么交易所有权执行一项或两项操作：

①执行 DPM 临时性情况，等待要求审批新 DPM；

②分配临时的义务给另一个 DPM。

临时批准或分配的决定都不应被视为对最终批准或分配的标准。

4.4 CBOE 期权做市商的义务

芝加哥期权交易所（CBOE）按照不同类型做市商规定了不同的做市义务。交易所规定每一个期权合约都有其固定的 DPM，DPM 要负责组织指定合约的交易，而普通做市商则无需对某个合约负责。CBOE 做市商的报价义务如表 9-6 所示。

表 9-6 CBOE 做市商的报价义务

报价阶段	普通做市商的报价责任	DPM 的报价责任	e-DPM 的报价责任
开盘报价	开盘阶段无报价责任	需要确保通过开盘报价，所有的做市期权能立即开始交易循环	同 DPM
开盘循环报价（Opening Rotation）价差要求	报价价差要符合法规要求	同普通做市商	同普通做市商
日内报价价差	必须提供双边报价，电子报价的价差不超过五美元	同普通做市商	同普通做市商
连续报价	对于指定做市期权中剩余期限小于九个月的，做市商必须给其中 60% 的期权提供连续的电子报价	对于有多个做市商指定做市期权，DPM 必须给其中至少 90% 的期权提供连续电子报价； 对于只有一个做市商的指定做市期权，即只指定了该 DPM 作为做市商的期权，该 DPM 必须 100% 提供连续电子报价	对于指定的做市期权，E-DPM 必须要给其中至少 90% 的期权提供连续电子报价
应对报价请求的开盘人工喊价	必须回应开盘时所有的口头报价请求，报价价差要符合法规要求，对于客户的报价请求回应的最小报价规模为 10 张合约，对于经纪商的报价请求回应的最小报价规模为 1 张合约	同普通做市商	无
报价规模	初始报价至少为 10 张合约，当报单已被消耗至 0 时，做市商必须补充报单至少到 10 张合约	同普通做市商	同普通做市商
1 张合约的报价规模（1 Up Quote Size）	1）对普通做市商、DPM、E-DPM 要求相同的责任； ②日内：当标的物的市场报单量小于 100 股时，则挂钩该标的物的期权的报单量可以为 1 张合约。如果标的物的市场报单不再低于 100 股时，则相应期权的报价规模必须自动回复到至少 10 张合约； ③Hybrid 开盘循环报价阶段：当标的物的市场报单量小于 1000 股时，则挂钩该标的物的期权的报单量可以为 1 张合约		

芝加哥期权交易所（CBOE）认为 DPM 是管理市场的重要一环，除了

上述做市商的报价义务外，CBOE 还要求 DPM 在交易过程中履行以下义务：

①解决分配给 DPM 的交易纠纷，服从管理；

②维持交易所的竞争市场，努力提供交易所品种的流动性；

③DPM 有义务及时告知交易所发生的重大情况；

④监督 DPM 的相关人员遵守规则；

⑤以适当的方式隔离 DPM 业务与其他业务；

⑥持续满足交易所的各项规定。

4.5 CBOE 期权做市商的权利

芝加哥期权交易所（CBOE）在成交撮合方面并没有给 DPM 特殊的权利。和其他市场参与者一样，DPM 只有在报价最优的情况下才可能成交。

CBOE 对做市商手续费的优惠体现在两方面：第一，做市商相对于其他交易者的优惠；第二，随着成交量的增加，做市商的手续费有部分额外的减免。

CBOE 做市商与经纪商交易手续费的对比总结如表 9-7 所示。

表 9-7　做市商与经纪商手续费对比

	做市商（普通、DPM/e-DPM）	经纪商
股票类期权	$0.20	手工：$0.25 电子：$0.45
指数类期权	$0.20	OEX、XEO、SPX 和波动率指数：$0.40 其他手工：$0.25 其他电子：$0.45
信用类期权	$0.20	手工：$0.25 电子：$0.45

针对做市商的标准费率 $0.20，CBOE 在此基础上根据成交量的大小提供进一步的手续费减免。除了基于 SPX、VIX 和其他相关波动率指数

(如 OEX 和 XEO) 的期权外，做市商在交易过程中的手续费按以下标准减免（见表 9-8)。

表 9-8 CBOE 做市商手续费减免标准

等级	每月合约数（张）	费率
1	前 51 000	20 美分
2	51 001 ~ 810 000	18 美分
3	810 001 ~ 2 055 000	15 美分
4	2 055 001 ~ 3 285 000	10 美分
5	3 285 001 ~ 6 300 000	3 美分
6	高于 6 300 000	1 美分

4.6 CBOE 期权做市商的监管

芝加哥期权交易所至少每年对 DPM（含 e-DPM）的相关规则进行检讨，内容包含 DPM（含 e-DPM）规定的义务是否合理、分配给 DPM 的证券是否有利于与其他市场竞争等。DPM 及其人员有义务提交相关信息，供交易所进行审查与评估。交易所可以根据 DPM（含 e-DPM）的规则对其做市的绩效进行评价，并可以与 DPM 的其他职能进行综合评价。

普通做市商有义务提供和保留连续的 Hybird 交易系统的电子报价记录。交易所通过报价风险监控系统（QRM）对做市商的确定交易、同一期权序列的最大合约数量、占用时间等进行测量。

需要说明的是，做市商并不是必须对所有报价都做出相应回复。当出现特别偏离的报价时，做市商可以不做回复或不以最优报价回复，此时做市商也不能享受相应的权利。交易所主要是通过一定时间内对做市商的成交量和回复率的要求来督促、控制做市商主动回复报价和提供连续报价。

五、欧洲期货交易所的期权做市商制度

5.1 Eurex 期权做市商发展历史与现状

Eurex 市场主要指数期权产品为 Euro Stoxx 50 指数期权和 DAX 指数期权，Eurex 的期权产品上市之初即实行做市商制度。2010 年欧洲期货交易所（Eurex）指数期权成交量达到 3.68 亿手，其中 Euro Stoxx 50 指数期权和 DAX 指数期权成交量分别为 2.84 亿手和 7500 万手，最活跃的两个指数期权成交量占总成交的 97% 以上。

根据 Eurex 交易所网站对 2011 年 5 月数据的统计情况，指数期权参与者成交量分为代理、做市商与自营三种类型统计，这三种类型参与者的成交量占当期总成交的比例分别为 31.5%、57.8% 和 10.7%。对比 2006 年的数据，代理、做市商和自营的指数期权的成交量占比分别为 35.7%、56.5% 和 7.8%。由此可以看出，欧洲期货交易所（Eurex）指数期权的做市商成交量一直超过一半以上，为提供市场流动性和市场发展发挥了巨大的作用。

目前，有超过 30% 的 Eurex 会员具有做市商的身份，其中一些只为指数期权做市；还有一些不仅为指数期权做市，还为其他产品做市。例如，成交量较大的 Euro Stoxx 50 指数期权的做市商一共有 24 家。

5.2 Eurex 期权做市商分类

Eurex 针对不同的产品类别，将其做市商分为一般做市商、永久做市商和高级做市商三种类型，各类做市商具有不同的权利和义务。

一般做市商（Regular Market Maker，即 RMM）：适用于指定的股指期权、股票期权和部分货币期权产品。一般做市商需要为询价提供回应报价。

永久做市商（Permanent Market Maker，即 PMM）：适用于所有股指期权、股票期权和固定收益期权产品。永久做市商需要为预先制定的产品提供连续报价。对于股指期权产品，永久做市商需要为一部分具有不同到期期限和执行价格的合约提供连续报价，同时还需要为所有指定的合约提供回应报价。

高级做市商（Advanced Market，即 AMM）：适用于预先制定的由股指期权、股票期权和固定收益期权组成的产品包。高级做市商需要为预先制定的产品包提供连续报价。对于股指期权产品，与永久做市商类似，高级做市商需要为一部分具有不同到期期限和执行价格的合约提供连续报价，同时还需要为所有指定的合约提供回应报价。

5.3 Eurex 期权做市商申请

一般而言，Eurex 任何交易会员都可以成为期权产品的做市商，只要该会员通过做市商账户（M 账户）报单。Eurex 会自动检查每一个交易会员，看是否满足做市商的要求。一旦满足，即可获得费用方面的优惠。交易所参与者可以向交易所提出申请，为某个或多个交易所认定可以做市的期权做市，交易所在审核时主要考虑申请者是否具有作为做市商所必需的交易知识以及必备的技术设备。

5.4 Eurex 期权做市商的义务

Eurex 为不同做市商类型规定了不同的做市要求，这些做市要求根据品种存在一些差异，下面以股票指数期权为例说明 Eurex 市场期权做市商的义务。

（1）一般做市商（RMM）的义务

一般做市商（RMM）需要至少回应所有报价的 50%，但是一天最多要求回应 150 个报价，1 分钟时间内回应至少持续 10 秒钟。

在异常市场，最大的报价差距可以增加 100%，最小的报价大小减少 50%。

Eurex 对于不同的指数期权产品设定了不同的最小报价单位。以 Stoxx Europe 50 指数期权为例，对于到期月不超过八个月的，最小报单数量为 50 手。对于最活跃的 Euro Stoxx 50 指数期权，对一般做市商没有最小报单数量的要求。

（2）永久做市商（PMM）的义务

永久做市商（PMM）在交易时段 08:50—17:30 连续报价 85% 以上的时间（每月平均计算）。PMM 有义务在每一个交易月份，在当前价格距离七个执行价格的基础上，选择不低于五个买权或卖权报价；可以进行不对称报价。例外情况是，若 PMM 是多头，超过一定数量的执行价被报价，执行价格窗口将被修正。目前，永久做市商（PMM）不是必须要对报价进行回应。

在异常市场，最大的报价差距可以增加 100%，最小的报价大小减少 50%。

Eurex 对于不同的指数期权产品设定了不同的最小报价单位。以 Stoxx Europe 50 指数期权为例，对于 PMM 来说，所有合约的最小报价单位为 20 手。对于最活跃的 Euro Stoxx 50 指数期权，PMM 最小报单数量的要求为 100 手。

此外，Eurex 针对不同的期权产品对 PMM 规定了不同的最大价差。以 Euro Stoxx 50 指数期权为例，PMM 的最大价差在 0 ~ 5.3 时为 1%，在 5.4 ~ 53.3 时为 20%，大于 53.5 时为 10.7%。

（3）高级做市商（AMM）的义务

高级做市商（AMM）需在交易时段 08:50—17:30 连续报价 85% 以上的时间（每月平均计算）。PMM 有义务在每一个交易月份，在当前价格距离七个执行价格的基础上，选择不低于五个买权或卖权报价；可以进行不对称报价。目前，高级做市商（AMM）不是必须要对报价进行回应。

在异常市场，最大的报价差距可以增加 100%，最小的报价大小减少50%。

高级做市商（AMM）的最小报价单位要求和PMM一样。以Stoxx Europe 50指数期权为例，对于AMM来说，所有合约的最小报价单位为20手。对于最活跃的Euro Stoxx 50指数期权，AMM最小报单数量的要求为100手。（见表9-9）

表9-9　Eurex指数期权做市商义务

做市商类别	回应报价	报价义务	最小报价单位	异常情况
一般做市商（RMM）	必须回应	至少回应50%，1分钟内回应，持续10秒，最多要求回应150个报价	Stoxx Europe 50至少50手，Euro Stoxx 50最小手数无要求	最大的报价差距可以增加100%，最小的报价大小减少50%
永久做市商（PMM）	不要求回应	持续报价85%以上时间，七个最近的合约至少报价五个，一定情况下可以修正报价	Stoxx Europe 50至少20手，Euro Stoxx 50至少100手	
高级做市商（AMM）	不要求回应	持续报价85%以上时间，七个最近的合约至少报价五个	Stoxx Europe 50至少20手，Euro Stoxx 50至少100手	

5.5 Eurex期权做市商的权利

Eurex做市商主要的权利在于两个方面：一方面是可以有交易费用的优惠，另一方面是可以超过一般投资者的持仓限制。

（1）Eurex做市商的交易费用优惠

如表9-10所示，Eurex对符合要求的做市商的交易费用有较大的折扣。例如，指数期权RMM和PMM的折扣为55%，而符合AMM的折扣更是高达80%。

表 9-10 Eurex 期权做市商交易费用优惠

产品/产品系列	符合 RMM 和 PMM		符合 AMM	
	报单或执行	场外	报单或执行	场外
股票指数期权	55%	40%	80%	60%
股票期权	Options	55%	40%	80%
黄金期权/白银期权	75%	n. a.	n. a.	n. a.
ETF 期权	50%	50%	75%	75%
利率期权	80%	80%	n. a	n. a
Xetra-Gold 期权	50%	n. a.	n. a.	n. a.

（2）Eurex 做市商持仓限额优惠

对于交易所的做市商参与者，交易所管理者可以指定特殊的持仓限额。在交易过程中，做市商的持仓被授权可以暂时超过持仓限制，但是在交易结束时，做市商必须满足持仓限制的要求。

如果作为做市商的结算会员没有对交易费用进行折扣或者是交易会员作为做市商，那么做市商账户的成交量必须计入总的成交量。

5. 6Eurex 期权做市商的监管

由于 Eurex 市场的做市商制度比较简单，任何通过做市商账户的报单，如果符合交易所做市商的报价要求，就可以获得相应的奖励。在这种宽松的监管环境下，Eurex 的主要监管工作是降低做市商的操作风险和市场风险。Eurex 为做市商提供了一定的保护措施，“做市商保护工具”可以有效阻止做市商过度成交；“做市商连接监视器”用来监视做市商与 Eurex 系统的连接情况，一旦连接出现问题，系统将自动删除该会员 ID 下的所有报价；“Market-Making Heartbeat”可以有效限制连续报价做市商的操作风险等。

六、伦敦国际金融期货交易所的期权做市商制度

6.1 LIFFE 期权做市商发展历史与现状

伦敦国际金融期货交易所（LIFFE）对其期权产品实行做市商制度。2010 年，LIFFE 的衍生品总成交为 12.22 亿手，其中指数期权总成交 5718 万手。而 LIFFE 主要的股指期权产品是 AEX 股指期权和 FTSE100 股指期权，2010 年总成交分别为 2615 万手、2344 万手，占指数期权总成交的 86%，其他股指期权合约交易量很小。其中，AEX Stock Index Options（AEX）的成交量在全球指数期权产品中排名第十位。

6.2 LIFFE 期权做市商分类

纽交所集团公司（NYSE-Euronext）下辖多个跨国市场，专门针对不同市场的需求制定了做市商制度，确保能为市场提供充分的流动性。NYSE-Euronext 称做市商为“流动性提供者”，并把做市商分为以下五类：

①主做市商（PMM）：对一个合约的所有指定到期的系列有报价义务；

②主流动性提供者（PLP）：对指定系列的实值或虚值期权有报价义务；

③竞争做市商（CMM）：有义务对实值附近的一些合约提供报价，并响应报价请求；

④响应做市商（RMM）：有义务对询价做出回应报价；

⑤指定做市商（DMM）：与响应做市商类似，有义务对询价做出回应报价。

作为 Euronext 集团旗下的一家交易所，LIFFE 也对其上市的不同产品采用了不同的做市商制度。例如，LIFFE 对 FTSE100 指数期权采用的做市商类型主要为主流动性提供者（PLP）、竞争性做市商（CMM）和指定做

市商（DMM），而对 FTSE100 分红期权则采用主做市商（PMM），对股票期权一般采用 PLP 和 CMM，对 Topix 指数期货采用 PMM 等。目前，LIFFE 市场存在数百家各种类型的做市商。

6.3 LIFFE 期权做市商申请

交易所规定所有会员均有资格申请 PLP 和 CMM 做市商，但是只有具有适当交易权利的会员才能申请 PMM 做市商。

会员申请成为 PLP 和 CMM，必须填写交易所要求的申请表格，提交至衍生品市场质量管理部门，交易所将按照会员以往的交易情况和人员、技术资源进行审核，并按照 PLP 和 CMM 的数量要求批准申请。

会员申请成为 PMM，同样需要填写交易所要求的申请表格以及 PMM 的计划资料等，提交至衍生品市场质量管理部门，交易所将按照会员以往的交易情况和人员、技术资源进行审核。每个产品的 PMM 不超过四个，如果期限内的 PMM 不到 4 个，会员可以随时申请。

交易所选取 PLP 和 CMM 基于以下两点：第一，之前的交易所做市商工作经验；第二，技术和人力资源对做市的支持。

6.4 LIFFE 期权做市商的义务

LIFFE 针对不同的产品有不同的做市要求，下面以 FTSE100 指数期权和个股期权为例，说明 LIFFE 市场期权做市商的义务。FTSE100 指数期权的做市商有 PLP、CMM 和 DMM，其中 PLP 又根据做市期权的期限分为短期 PLP 和长期 PLP；个股期权包括目标组和非目标组，目标组包括英国流动性最好的 30 个股票期权，非目标组是目标组以外的股票期权，PLP、CMM 做市商分为目标组和非目标组。具体的做市义务如表 9-11 所示。

表 9-11　LIFFE 指数期权和个股期权做市商义务

	FTSE 100 指数期权				个股期权			
类型	短期 PLP	长期 PLP	CMM	DMM	目标组 PLP	非目标组 PLP	目标组 CMM	非目标组 CMM
报价对象	3 个月内，前 2 个实值和前 8 个虚值；13 个月内，前 1 个实值和前 4 个虚值系列	13 个月以上，第一个实值期权和前 4 个虚值期权	13 个月以内，规定数量的平值期权附近的系列	所有品种与系列	3 个月内，前 2 个实值和前 8 个虚值；13 个月内，前 1 个实值和前 4 个虚值系列	9 个月内，前 1 个实值和前 4 个虚值系列	13 个月以内，规定数量的平值期权附近的系列	9 个月以内，规定数量的平值期权附近的系列
报价要求	90% 的交易报价	80% 的交易报价	90% 的交易报价	通过电话或系统 90% 的询价提供报价，通过系统必须在 20 秒内回应报价，60 秒内回应认可的策略	90% 的交易报价	80% 的交易报价	90% 的交易报价	80% 的交易报价
数量限制	最多 5 个短期 PLP	最多 3 个长期 PLP	最多 10 个 CMM	无	最多 5 个 PLP	最多 5 个 PLP	最多 5 个 CMM	最多 5 个 CMM
其他	不能与其他类型的做市商同时享受优惠							

除了对做市商的报价义务做出规定，LIFFE 还对做市商报价最大价差规定了详细的要求，并要求每次最小下单数量不低于十手。

表 9-12　LIFFE 期权做市商报价要求

期限（月）	期权报价					
	0 ~ 2.50	2.51 ~ 5.00	5.01 ~ 10.00	10.01 ~ 25.00	25.01 ~ 50.00	50.01 ~ 100.00
0 ~ 3	1.5	1.5	2	2.5	3	4
4 ~ 12	1.5	2.5	3	4.5	6	7
> 12	4	5	7	8.5	10	13
期限（月）	100.01 ~ 200.00	200.01 ~ 300.00	300.01 ~ 400.00	400.01 ~ 500.00	500.01 ~ 600.00	> 600
0 ~ 3	5	6	7	8	9	10
4 ~ 12	8	9	10.5	12	13.5	15
> 12	14	14	14	16	18	20

6.5 LIFFE 期权做市商的权利

LIFFE 市场做市商的奖励主要为手续费用的折扣，并根据做市商的类型制定了不同的奖励。

（1）PLP 和 CMM 的奖励

每个 PLP 和 CMM 的奖励为交易所交易费用折扣，折扣比例由会员的做市义务和做市期权数量决定，表 9-13 显示了不同表现类型的做市商评价。

表 9-13　LIFFE 期权做市商 PLP 和 CMM 评估类型

	指数		个股	
评估	短期富时期权	长期富时期权	目标组	非目标组
1 级	≥90%	≥80%	≥90%	≥80%
2 级	≥70%，<90%	≥65%，<80%	≥70%，<90%	≥65%，<80%
3 级	≥50%，<70%	≥50%，<65%	≥50%，<70%	≥50%，<65%
4 级	<50%	<50%	<50%	<50%

如果会员拥有短期和长期、目标组和非目标组多个角色，那么其表现评估将按平均计算。富时期权的长期做市商只有在认为改善了整体市场时才被计入账户。根据评估级别，PLP 和 CMM 可以得到不同的手续费优惠，如表 9–14 所示。

表 9–14　LIFFE 指数期权做市商 PLP 和 CMM 费用优惠

类型	评估级别			
	1 级	2 级	3 级	4 级
PLP	15%	20%	25%	25%
CMM	15%	20%	25%	25%

做市商如果还有其他证券做市义务，则可以得到更加优惠的手续费，例如，PLP 同时为 20 个以上的证券做市，那么达到一级的可以有 4% 的折扣。目前，FTSE100 指数期权标准手续费是每手 25p，个股期权是每手 37p。

（2）DMM 的奖励

DMM 交易费用折扣主要考虑其成交量情况，根据成交量的大小确定不同的优惠比例。交易所规定只有符合要求的成交量才计入做市商的成交量，如果做市商使用的做市操作没有使用自营账户，那么会员必须向交易所提供相关的业务说明，通过交易注册系统作为非客户交易。

表 9–15　LIFFE 指数期权做市商 DMM 费用优惠

成交量	费用折扣
0 ~ 50 000	25%
50 001 ~ 100 000	20%
100 001 ~ 350 000	15%
350 001 以上	10%

LIFFE 计算 DMM 的手续费使用边际方法。例如，某个 DMM 做市商的成交量为 15 万手，那么该 DMM 的第一个 5 万手按照 25% 的手续费收取，第二个 5 万手按照 20% 的手续费收取，第三个 5 万手按照 15% 的手续费收取。

6.6 LIFFE 期权做市商的监管

与 Eurex 交易所类似，LIFFE 交易所做市商的申请非常简单，只需要符合基本条件即可，因此 LIFFE 对于做市商的监管主要对 DMM 进行，设有专人对做市商进行管理。如果 DMM 不符合交易所的规定或不利于市场，交易所有权采取一个或多个下列操作：

①将不能收取进一步的回扣；

②收回部分或全部打折的交易费用；

③即日起通知终止 DMM 协议。

不过，为了保护做市商，交易所又制定了一些豁免条款：做市商的买卖报价价差必须低于特定指标，但是当市场现有买卖报价的价差已经小于或者等于上述最大价差时，免除做市商的报价义务；而且，当市场状况使做市商无法正常履行其义务时（如价格发生剧烈波动），做市商可以暂停报价，但暂停时间不能超过 15 分钟。

附件2　特拉维夫证券交易所引入做市商制度的案例研究

2004年，鉴于锡克尔—欧元外汇期权的流动性过低，以色列特拉维夫证券交易所首次引入做市商制度。以色列本·古里安（内盖夫）大学（Ben Gurion University of the Negev）管理学院的四位教授 RafiEldor、Shmuel Hauser、BatiaPilo、ItzikShurki 针对做市商制度推出前后各四个月的数据做了一系列的测试研究，评估做市商制度对市场的作用和影响，并于2004年完成了报告《电子市场中做市商对期权交易的流动性及效率所作的贡献》(The contribution of market makers of liquidity and efficiency of options trading in electronic markets)。此报告的研究内容较全面，影响面较广，特作为附件以供参考。

一、特拉维夫证券交易所引入做市商制度的案例是研究混合型做市商制度推出前后的市场对比的典型案例

2004年，鉴于锡克尔—欧元外汇期权的流动性过低，以色列特拉维夫证券交易所首次引入做市商制度。特拉维夫证券交易所于1993年8月首次推出TA-25股指期权交易，于随后的1994年4月又推出锡克尔—美元外汇期权以及其他一系列衍生品。其中，TA-25股指期权和锡克尔—美元外汇期权的流动性较好，达到日均成交量160 000手合约。其他期权品种则流动性稀少。2001年推出的锡克尔—欧元外汇期权在推出做市商制度之前日均成交量仅1962手。鉴于此，特拉维夫证券交易所首次对其引入做市商制度，以求保持这一期权产品的生命力。

以色列排名第一的本·古里安（内盖夫）大学（Ben Gurion University of the Negev）管理学院的四位教授 RafiEldor、Shmuel Hauser、BatiaPilo、ItzikShurki 针对做市商制度推出前后各四个月的数据做了一系列的测试研究，评估做市商制度对市场的作用和影响。他们在 2004 年完成的报告《电子市场中做市商对期权交易的流动性及效率所作的贡献》（The contribution of market makers of liquidity and efficiency of options trading in electronic markets）于 2006 年 7 月在国际著名金融类期刊 *Journal of Banking and Finance* 上发表。此篇报告是分析研究引入做市商制度对市场的作用的同类报告中研究较为全面、影响较为深远的一篇。本文所讨论的研究方法、结论都以此篇报告为依据。

报告认为，特拉维夫证券交易所首次引入做市商制度是研究混合型做市商制度推出前后的市场对比的典型案例。这主要是基于几个原因。第一，在 2004 年 3 月推出做市商制度之前，市场上没有任何形式的做市商机构，即没有主动提供流动性的市场机构。另外，当时特拉维夫证券交易所有四个期权在交易，即 TA-25 股指期权、TA-25 金融板块股指期权、锡克尔—美元外汇期权和锡克尔—欧元外汇期权。做市商制度仅在锡克尔—欧元外汇期权这一个市场被引入。第二，不同于纳斯达克等其他交易所，做市商不享受特殊的成交量权利，只是作为一类特殊的客户参与全市场撮合，即混合型做市商制度。第三，在做市商制度推出前后共计八个月的时间段内，没有其他重要事件发生或市场结构改变，即相对控制了其他干扰因素，对于研究引入做市商制度这一事件本身对市场的影响和变化是一个绝佳的案例。

二、特拉维夫证券交易所的做市商制度的概况

特拉维夫证券交易所要求做市商在一定时间内连续提供双边报价。做市商必须在交易日至少 80% 的时间对期权进行双边报价。每一次报价必须

在最近到期日系列合约中至少选择十个，下一到期日系列合约中至少选择五个进行报价。最近到期日系列合约的买卖差价不得超过八个最小价格变化单位（Tick），下一到期日系列合约的买卖差价不得超过十个最小价格变化单位。从执行价格来说，做市商必须选择平值以及平值附近的实值、虚值各三个合约，即共七个合约中的四个来进行报价。

特拉维夫证券交易所同时给予做市商费用减免。这包括交易和清算费用的减免。具体对于交易所来说，交易所每月的费用减免中固定支出约1800美金。对于每月交易量超过6000手的合约，交易所额外给予每笔交易五美分的补助，条件是交易的对手方不是做市商。

三、报告的数据及方法

报告选取做市商制度推出（2004年3月）前后各四个月（共计八个月）中的12 910笔交易进行了研究。其中，做市商制度推出前的四个月有3311笔交易，做市商推出后的4个月有9599笔交易。报告根据这些交易的成交价格、成交数量等市场数据进一步计算以下数值来检验市场流动性和定价效率。

3.1 用来检验市场流动性的

隐含波动率：即通过市场期权成交价，由Black and Scholes模型导出的波动率。

买卖价差=（卖价－买价）/［（买价＋卖价）/2］

报告认为，如果做市商制度提高了市场的流动性，那么成交量会提高，买卖价差会缩小。另外，Black and Scholes定价模型的基本假设是期权与标的资产都具有较好的流动性。如果至少其中的一者流动性提高，那么期权价格中由非流动性造成的额外溢价部分（Illiquidity Premium）就会降低，隐含波动率也会降低（期权价格与隐含波动率成正比）。

3.2 用来检验市场定价效率的

买权卖权等价理论（Put-call Parity）偏离度：即通过市场期权成交价和买权卖权等价理论导出的理论标的价格（S＊）和实际价格（S）的价格偏离百分比：S/S＊ -1。

期权隐含波动率随执行价格变化的偏离程度：德尔塔值（Delta）是-0.25的期权的隐含波动率-德尔塔值是0.25的期权的隐含波动率。

报告认为，如果做市商制度提高了市场的定价效率，期权价格就会更加稳定。市场上的期权价格如果出现了买权卖权等价理论的偏离，说明存在套利机会，或者说市场效率不够高。当市场足够有效率，市场会在极端的时间内捕捉这种机会，偏离则会立即消失。因此，要验证做市商制度推出后市场定价效率是否提高，就要看买权卖权等价理论偏离度是否降低。

期权隐含波动率偏离现象指的是处于同一到期日、执行价格不同的期权的隐含波动率不同的现象。报告认为，随着流动性的增加、市场效率的提高、定价的日趋稳定，这种差异会减小，不同德尔塔值（Delta）的期权的隐含波动率之间的差值会降低。

四、报告的结论认为做市商制度显著提高市场流动性和定价效率

报告的主要结论是：做市商制度推出后，期权市场的流动性显著提高。具体来说，这主要体现在日均成交量、日换手量、日持仓量显著提高，买卖价差显著降低，市场深度增加，隐含波动率增加。此外，期权市场定价效率明显提高。报告研究发现，买权卖权等价理论（Put-call Parity）偏离度显著缩小；期权隐含波动率随执行价格的变化，偏离程度也同时降低。

4.1 期权市场流动性显著提高

①日均成交量从1962手大幅上升60%，至3165手。对于近期合约，

实值、平值、虚值期权的成交量均显著提高。这里的“显著”指其变化程度达到具有统计意义，以下同。远期合约成交量提高，但不显著。这说明做市商的活动主要集中在近期合约。

②日换手量从46次上升3倍，至141次。这一点在所有期权合约上都有体现。

③日持仓量从18 278手上升至27 136手。值得注意的是，同时间段内市场上并未发生可能引起此种变化的其他事件。不同标的资产的期权的日持仓量并未上升。同时间段内，TA-25股指期权的日持仓量从136 000手下降至130 000手。锡克尔—美元外汇期权的日持仓量从32 000手下降至30 500手。

④买卖价差从10.96%显著降低至7.15%。这一现象在所有期权合约上都十分明显，实值、平值期权买卖价差的下降程度要高于虚值期权。

⑤市场深度增加。报告通过计算成交价格变化与成交量比值来衡量市场的深度。市场深度越深，一笔大的交易越难以影响市场的成交价格，该比值就越小。报告发现，虚值和实值期权的市场深度显著提高。平直期权的市场深度不显著提高。

⑥隐含波动率从11.4%下降至10.5%。相比之下，同时间段内，其他期权的历史波动率几乎没有变化。Black and Scholes定价模型的基本假设是期权与标的资产都具有较好的流动性。因此，报告认为，隐含波动率越低，意味着期权价格中由非流动性造成的额外溢价部分（Illiquidity Premium）越低，即流动性越好（期权价格与隐含波动率成正比）。

⑦如果仅局限于比较非做市商之间的交易，以上结论依然成立。调查发现，以做市商为对手方的交易只占所有交易的15%。做市商与做市商之间的交易只占所有交易的4%。如果把这些交易数据剥离来比较做市商制度推出前后的市场变化，依然会发现与之前一致的结论，成交量显著提高37%，买卖价差显著下降35%。报告认为，这是因为做市商的参与不仅通过成为交易的对手方而直接提高了流动性，而且间接使得市场投资者之间

的交易流动性增加了。这主要是因为做市商本身更多地担任了被动回应市场的角色，但是提高了一些在做市商做市之前没有参与交易的投资者加入市场的积极性。

4. 2 期权市场定价效率显著提高

①买权卖权等价理论（Put - call Parity）偏离度从 0. 176% 缩小至 0. 155%。报告发现，平值期权的买权卖权等价理论偏离度显著缩小，其他则不明显。

②期权隐含波动率随执行价格变化的偏离程度从 0. 0024 下降至 0. 0017。报告认为，买权卖权等价理论偏离度和期权隐含波动率随执行价格偏离程度的下降，都意味着定价稳定性的提高、套利机会的减少和市场效率的上升。

（何志伟、王琦、李小晗、曾健、王卓、孙陶然）

第十篇　股指期权市场保证金模式比较研究

保证金制度是衍生品交易与结算的核心制度，也是衍生品市场风险管理的基石。我国已经开展商品期货及股指期货交易，市场健康发展，功能逐步发挥。目前我国在期权产品方面还未有突破，而市场对于期权的需求日趋强烈。因此，加快推出期权产品的步伐已是我国期货市场产品创新的一项重要任务。作为股指期权的核心制度之一，股指期权保证金模式研究对于我国境内的股指期权产品设计具有重要意义。

一、股指期权保证金模式概述

期权保证金与期货保证金存在显著差异，期货的买卖双方均需缴纳一定数额的保证金来保证期货的到期履约。而期权交易中，期权买方通过支付权利金获取相应的权利而不承担履约义务，因此无需缴纳保证金；期权的卖方在收取权利金的同时承担履约义务，因此需要缴纳保证金。

股指期权的保证金制度可以分为传统保证金模式和投资组合保证金模式。传统期权保证金模式以交易所事先公布的单一合约（或特定组合）的保证金计算方法为基础进行计算。投资组合模式则考虑不同产品种类、不同期限合约间的相关性，以投资组合为单位，综合衡量该组合的风险，并依此计算所需的保证金数额。

从股指期权传统保证金模式和投资组合保证金模式之间的演变过程来

看，两者并非互为排斥的关系。包括芝加哥期权交易所（CBOE）和中国台湾期货交易所在内的一些交易所，在股指期权的上市初期均采用了形式简约、原理简单的传统保证金作为市场各结算层级间的保证金计算模式。随着市场的不断发展以及市场上产品品种的不断丰富，出于结算会员和一些规模较大的机构对于提高资金利用效率的需求，交易所开始引入投资组合保证金模式，并将其主要应用于交易所和结算会员间的保证金收缴计算。在有些市场中，结算会员对规模机构客户也采用投资组合保证金模式，而结算会员对于其他一般客户则仍采取传统模式计算保证金。

1.1 股指期权传统保证金模式

股指期权传统保证金模式的主要特点是简单、静态。传统保证金制度把投资组合中的每个合约（或特定组合）独立看待、分开处理。这种保证金模式不考虑合约之间的相关性以及不同合约之间风险的相互抵消。传统保证金制度主要分为固定比例/数额模式及Delta模式。

1.1.1 固定比例/数额模式

固定比例/数额保证金模式指按事先设定好的固定比例或数额来计算期权保证金。固定比例和数额通常是根据历史数据和经验进行设定的。依照固定比例/数额模式计算的期权保证金水平往往相对较高，例如目前CBOE及台湾期货交易所结算会员向客户收取保证金时，对单一的期权头寸采用此类模式计算其保证金。

（1）固定比例模式

CBOE所采用的传统保证金模式中的单一头寸计算公式为：

买权保证金=权利金+max（标的指数价格×合约乘数×15%－虚值，标的指数价格×合约乘数×10%）

卖权保证金=权利金+max（标的指数价格×合约乘数×15%－虚值，执行价格×合约乘数×10%）

其中：买权虚值=max（执行价格-标的指数价格，0）×合约乘数；卖权虚值=max（标的指数价格–执行价格，0）×合约乘数。保证金计算公式中的15%和10%即为固定比例值。

上述公式对买权和卖权分别计算其保证金。其中：买权保证金的max项下限以标的指数为基础进行计算，卖权保证金的max项下限以执行价格为基础进行计算。对于买权的卖方来说，随标的指数价格的升高，其所承担的损失是无限的，因此对于买权保证金公式max项中的下限需要以标的指数作为计算基础；而对于卖权的卖方而言，当标的资产价格下跌至趋近于0时，其所承受的最大损失在数额上等于卖权的执行价格，因此对于公式max项中的下限应以执行价格作为计算基础。若以标的指数作为卖权保证金的计算基础，卖权的虚值程度随着标的指数的升高而增加，所需要的卖权保证金额度也随之增加，这显然与风险的实际情况不符。以卖权执行价格作为下限的计算基础不仅可以确保卖权保证金额度有效覆盖风险，还可以使保证金额度与实际风险的匹配更为合理。

（2）固定数额模式

台湾期货交易所采用的“AB值”法中单一头寸的计算公式和CBOE的单一头寸的计算公式在本质上较为相似，可以将其看作CBOE单一头寸计算公式的发展和改进。“AB值”法中单一头寸的计算公式为：

期权保证金=权利金市值+max（A值–虚值，B值）

其中，权利金市值是指期权盘中交易的实时市场价格。“A值”为标的指数价格、合约乘数及风险价格系数的乘积，“B值”数额为“A值”的1/2。

所谓固定数额，是指“A值”和“B值”的大小在一段时间内固定，并非每日变动。根据目前台湾期货交易所“结算保证金收取方式及标准”的相关规定，仅在当日计算的“A值”数额变化超过10%，或在市场需要的情形下，才对“A值”和“B值”进行调整。

1.1.2 Delta模式

Delta模式根据股指期权的Delta值将股指期权合约转换为相应的股指

期货合约，并按照股指期货合约的保证金来计算股指期权的保证金水平。

Delta 是指衍生产品价格对于标的资产价格的敏感度，即一单位标的资产价格变化所导致的衍生产品价格变化。期货的 Delta 近似为 1，期权的 Delta 值在-1 与 1 之间变化，其中买权 Delta 的变化范围为 0 ~ 1，卖权 Delta 的变化范围为 0 ~ -1。Delta 模式主要以 Delta 为媒介来考虑标的价格波动对期权合约价值的不利影响。采用 Delta 模式的交易所相对较少，如新加坡国际金融交易所曾采用 Delta 模式。

此外，在传统模式下期权交易的保证金占用一般较高，为适度降低保证金需求，部分交易所还会预先公布一系列常用的期权交易策略，通过组合内合约风险的相互抵消，对特定的期权策略组合制定相对较低的保证金标准（策略保证金模式）。但就本质而言，上述方法仍属于传统模式的范畴。

1.2 股指期权投资组合保证金模式

投资组合保证金模式反映的是各市场参数变化对整个资产组合在特定时间段内造成的最大潜在损失。不同于传统保证金制度把单个合约或交易策略独立看待、分开处理，投资组合保证金制度以整个投资组合作为考虑基础，融汇综合了所有头寸风险，考虑到各投资成分的波动性以及各合约策略间的相互作用。相对于传统保证金制度，投资组合保证金制度可以更精确地反映整个投资组合的实际风险和保证金数额。

由于投资组合保证金模式可以在有效管控风险的同时较大程度地提高复杂产品头寸持有者的资金利用效率，因此一般被应用于交易所对结算会员层级的保证金计算；而对于引入了投资组合保证金模式的市场，在结算会员和客户层级往往仍采用传统模式计算保证金额度。

目前，国际成熟市场中普遍使用的投资组合保证金模式主要包括 SPAN、TIMS、STANS 等。

1.2.1 SPAN

SPAN（Standard Portfolio Analysis of Risk，标准组合风险分析系统）通过模拟一系列不同的市场变化情况下空头期权投资组合的价值变化来计算保证金。具体来说，SPAN 制度把可能的市场情况分为 16 种情境，以这 16 种情境下可能的最大损失计算保证金。这 16 种情境分别考虑到标的资产价格的变化、标的资产波动率的变化、时间的流逝、不同到期月份间基差的变化及各标的资产间互动关系的变化等。SPAN 除了可以精确地计算整个投资组合的总风险以外，还具有操作简便、方便运用的特点。随着全球衍生品市场的发展，SPAN 的兼容性也得到不断升级。该系统目前可以支持十类期权定价模型，所支持的产品种类已经基本囊括现代金融交易市场上的绝大部分产品。实际上，SPAN 是目前全球市场计算保证金的主流系统，包括 CME、印度国家证券交易所、台湾期货交易所和香港交易所等在内的许多市场均采用 SPAN 作为交易所和结算会员间的保证金计算系统。

1.2.2 TIMS

TIMS（Theoretical Inter-Market Margin System，理论跨市场保证金系统）模式的保证金按产品群和产品集来计算。产品集的保证金须覆盖整个产品集的总风险，即该产品集内各产品群的最大亏损之和。一个产品群的最大亏损即保证金又分为权利金、风险保证金、价差保证金和交割保证金。TIMS 模式起源于股票市场，因此其结构和设计思路对于股权类衍生品有很强的针对性，但对其他种类衍生品的适应性不足。另外，TIMS 只考虑了产品群内资产的相互关系，而没有从整个投资组合的高度去考虑所有资产间的相互关系。这些原因在一定程度上限制了该模式的发展。TIMS 由从 CBOE 分离出来的美国期权清算公司（OCC）推出，并逐步推广至如韩国交易所等美国之外的交易所和结算机构，用以进行交易所和结算会员间的保证金计算。但其由于产品设计上的缺陷，被 OCC 后续推出的 STANS 系统所取代。

1.2.3 STANS

OCC 在 2006 年推出了 STANS，以此来替代之前使用了 20 年的 TIMS 模式。STANS（System for Theoretical Analysis and Numerical Simulations，理论与数值模拟系统）模式运用蒙特卡罗（Monte Carlo）方法，通过大量的随机数据抽样，模拟投资组合在各种参数波动下可能出现的变化。蒙特卡罗模拟对包括期权在内的风险非线性金融资产有很好的效果，在足够次数的计算条件下可以得到非常精确稳定的结果。该模式站在整个投资组合的高度，可以对组合内任意资产间的相互关系进行分析。此外，STANS 的兼容性使其可以模拟计算目前所有的衍生品组合。另一方面，由于蒙特卡罗模拟需要对海量的随机数据进行大量复杂运算，它的计算时间较长，可能比 SPAN 慢好几倍，对系统的硬件要求也较高。这在一定程度上制约了它的推广。

1.3 传统保证金和投资组合保证金的优劣比较

1.3.1 传统保证金模式的优劣比较

整体来看，传统保证金模式主要具有以下优点：①计算方式简洁，计算原理简单，便于投资者理解和使用；②容易实现保证金收缴的事前（Pre-trade）控制；③具有较高的稳定性和安全性，能够较充分地覆盖风险；④易于实施，日常维护和管理简单方便。

传统保证金模式的缺点主要包括：①保证金水平往往较高，市场资金的利用效率较低；②较难精确地度量复杂产品组合头寸的风险，且对于市场风险变动无法进行动态调整。

1.3.2 投资组合保证金模式的优劣比较

与传统保证金模式相比，投资组合保证金模式的优点主要表现在以下几个方面：①可以精确地度量组合头寸的风险水平，并根据市场风险的变化动态地调整相应的保证金水平；②在有效管控风险的同时较大程度地提高市场资金的利用效率。

投资组合保证金模式的缺点主要包括以下几点：①由于投资组合保证金模式考虑组合头寸的整体风险，因此投资组合保证金模式的保证金计算过程更复杂，对于计算能力的要求更高，日常运营和管理成本更高；②投资组合模式对风险的计算精度较高，因此需要的时间也较长，这使得投资组合保证金模式较难实现交易的事前控制；③当市场出现风险极端情况时，投资组合保证金模式需要频繁地调整保证金水平，这对于交易所的风险管控能力提出了更高的要求；④当市场上产品种类较少时，投资组合保证金模式相对于传统保证金模式所表现出的优势并不明显。

二、当前各主要期权交易所保证金模式介绍

从全球股指期权市场保证金制度的演变来看，各交易所采用的保证金模式基本上都经历了从传统模式到投资组合模式的发展历程。在期权上市的初期，大多数市场对所有结算层级均采用较为简单的传统保证金模式；待市场成熟后，才由简入繁地对交易所和结算会员层级引入相对复杂的投资组合保证金模式，而在结算会员对客户层级依然沿用传统保证金模式。

如，CBOE 在市场发展初期仅采用传统保证金模式。在引入投资组合保证金模式之后，结算会员对其客户仍按照策略保证金模式进行结算，而交易所对结算会员则按照投资组合模式进行结算。

台湾期货交易所在期权上市初期也采用了传统保证金模式——“AB值”法，而随后在结算会员端引进了较为先进的 SPAN 系统，并逐步将其应用扩展至客户端。目前，台湾期货交易所并用“AB 值”法和 SPAN 两种模式，即：交易所对结算会员采取 SPAN 系统进行结算，而结算会员可以与其客户协商选取“AB 值”法或 SPAN 来进行保证金计算。

就当前全球市场的整体情况而言，主要市场交易所与结算会员层级间的期权保证金的计算多数已采用投资组合的模式，如表 10-1 所示。具体

而言，美国市场主要采用SPAN和STANS模式；欧洲交易所和北欧联合交易所均采用自主开发的基于投资组合的保证金计算模式；在亚洲市场，除韩国交易所经自主研发把传统与投资组合模式相结合外，其余主要交易所大多采用SPAN模式或在SPAN模式的基础上进行了本土化调整。

表10-1 全球主要市场交易所与结算会员层级的保证金模式

地区	交易所、清算所	保证金模式
美国	CBOE，期权清算公司（OCC）	STANS
	芝加哥交易所集团（CME）	SPAN
欧洲	泛欧交易所（LIFFE）	London SPAN
	欧洲交易所（EUREX）	自主研发的投资组合模式，和SPAN类似（EUREX模式）
	北欧联合交易所	OMS Ⅱ
亚洲	大阪证券交易所	SPAN
	韩国交易所	自主研发的传统与组合模式相结合
	香港交易所	SPAN（PRIME）
	特拉维夫证券交易所	SPAN
	印度国家证券交易所	Nsccl-SPAN
	台湾期货交易所	SPAN（部分实施）

图10-1是统计自全球84个有衍生品交易的交易所资料，从中可以看出，SPAN的市场份额已经上升到70.24%。近年来，很多交易所开始革新自己保证金收取的模式，如，日本中部大阪商品交易所、关西商品交易所等四家由日本商品结算所进行结算的交易所，在2011年新年开始的1月4日就抛弃了原有的固定比例保证金模式，而选择了SPAN这一国际标准。采用固定比例保证金模式的交易所仍然有七家，这七家都在亚洲，其中四家国内期货交易所，还有三家分别是迪拜国际金融交易所、韩国交易所、泰国农业期货交易所。采用TIMS保证金模式的交易所有六家。采用STANS保证金模式的交易所有五家，市场份额不到6%。原因主要是

STANS 采用大规模的蒙特卡罗模拟，对计算机系统要求高，单独的交易所很少能达到这个要求而建立结算系统，所以其必须完全交由期权结算公司（OCC）进行结算。在这种情况下，只有美国的五家交易所选择了 STANS。本文选取台湾期货交易所、新加坡交易所、香港交易所和芝加哥商品交易所四家交易所，对其所采用的保证金模式进行介绍。

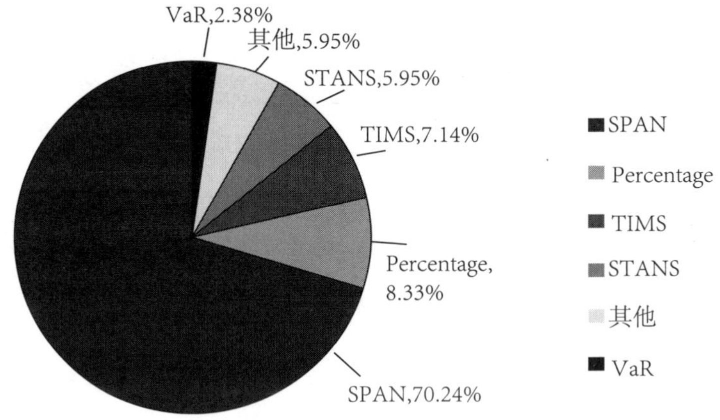

图 10-1　各保证金模式的市场份额（统计截止日期：2011 年 8 月）

2.1 台湾期货交易所——台指股指期权

2.1.1 保证金模式演变

台湾期货交易所（TAIFEX）早期采用传统策略保证金方式。为简化计算过程，其往往假设不同资产的价格风险具有独立性，甚至假设部位仅受单一风险因子影响等。然而随着投资产品的日渐复杂且交易账户的投资组合花样繁多，传统的保证金计算方式已无法合理地计算出各部位实际风险暴露下应收取的保证金，造成风险管理机制的漏洞。为增强我国台湾地区期货交易在全球衍生品市场的竞争力，提升 TAIFEX 的国际影响力，台湾期货交易所于 2007 年 10 月开始正式使用 SPAN 对衍生品保证金进行计算。按照 TAIFEX 的规定，结算会员的结算保证金按照总额计算，交易客户的交易保证金则采用净额制。因此，SPAN 应用实施后，由于部位可以多空互抵，客户的保证金大幅减少，虽然客户间的头寸不可以互抵，但结算会员对应的客户保证金总量仍然大大少于 SPAN 实施前。据统计，与传统方法相比，期货经纪商上缴 TAIFEX 的保证金可减少 13%，自营部分更是大幅下降 30%，平均计算交易保证金可下调将近两成。

2.1.2 当前保证金模式计算方法介绍

①保证金模式：SPAN，传统的策略模式。

②保证金确定方式：各类股指期权合约的结算保证金的计算，除权利金外，其风险价格系数是参考一段时间内标的股价指数波动及其他可能因素。

③风险价格系数：确定结算保证金标准时以涵盖市场风险为考量，所以特以风险价格系数计算。风险价格系数参考一段时间内标的股价指数波动及其他可能因素，估算至少可涵盖一日权利金变动幅度 99% 置信区间的值。

④保证金调整：调整标准——本公司于每日收盘进行保证金标准计算时，如发现与现行收取的保证金变动幅度达 10% 以上时，得适时调整保证金。保证金一经公告调整后，本公司自生效日起采用调整后的保证金标准。

⑤保证金计算：总额计算——对结算会员采用总额制收取结算保证金；依据每一结算会员下所有账户的未冲销部位总额计算应有保证金。应有保证金——结算会员每日未冲销部位所需的结算保证金称为应有保证金；依据各结算会员当日成交的部位余额总数计算其应有保证金。

采用的系统参数数值：①价格侦测全距：台指期货结算保证金×0.25（契约价值比例为 0.25）；②极端变动倍数：3，极端涵盖百分比：32%；③波动度侦测全距：4.9%；④跨月价差风险值：台指期货计算保证金×30%；⑤空方选择权最低风险值：确定方式为一个最小调动点，即新台币 5 元。

2.1.3 保证金模式分析

我国台湾地区在期货交易的发展初期采用传统的策略性保证金方式，为简化计算过程，往往假设不同资产的价格风险具有独立性，甚至假设部位仅受单一风险因子影响等。然而随着投资产品的日渐复杂且交易账户的投资组合花样繁多，传统的保证金计算方式已无法合理地计算出各部位实际风险暴露下应收取的保证金，造成风险管理机制的漏洞。

TAIFEX 认识到面对全球期货市场持续不断的发展，风险管理机制的完备性与保证金制度的合理规划已成为影响期货市场运作的重要因素。为了增强我国台湾地区期货交易在全球衍生品市场的竞争力，提升 TAIFEX 的国际影响力，采用全球期货业的保证金计算行业标准 SPAN 将会是一个明智的选择。经过多年的论证，TAIFEX 决定引进 SPAN，并从 2007 年 10 月开始正式使用。

按照 TAIFEX 的规定，结算会员的结算保证金按照总额制计算，交易客户的交易保证金则采用净额制。因此，SPAN 应用实施后，由于部位可以多空互抵，客户的保证金大幅减少，虽然客户间的头寸不可以互抵，但结算会员对应的客户保证金总量仍然大大少于 SPAN 实施前。据统计，与传统方法相比，期货经纪商上缴台湾期货交易所的保证金减少 13%，自营部分更是大幅下降 30%，平均计算交易保证金可下调将近两成。对台湾期货交易所来说，收取比过去更少的保证金就能涵盖同样的风险敞口。

在具体实施上，台湾期货交易所分两阶段来实现，第一阶段只应用于期货经纪商，第二阶段才推广到交易客户层。因此，在这两个阶段之间，交易所对结算会员与客户的保证金和经纪商对客户的保证金会分别采用两种不同的模式计算，客户只能继续依照传统策略性模式的结果支付保证金，并且也无法分享经纪商因 SPAN 的实施而从交易所节省的资金。但根据第一阶段市场的良好反映，TAIFEX 认为 SPAN 的全面应用将成为刺激交易量的有效措施之一，决定于 2008 年第四季度最终推广到交易客户端，以利于投资人资金的有效使用。

在 SPAN 参数文件的公布方面，TAIFEX 除了按协议每天向 CME 集团的 SPAN 网点提供一个 XML 格式的文件，以及向其结算成员发送相关文件外，并不对外提供。不过有关 SPAN 的基本参数，如价格扫描区间、极端情景变动倍数与极端情景覆盖百分比、波动率扫描区间、跨月价差风险值、跨商品价差折抵率、空头齐全最小值等，则每日在 TAIFEX 的网站上公布。

总体来说，TAIFEX 的成功源于保证金模式的选取，SPAN 的引入使得交易的资金成本大大降低，机构投资者纷纷用其进行对冲，交易成本下降使得中小投资者也能积极参与，刺激了台指期权的飞速成长。

2.2 新加坡交易所——日经 225 股指期权

2.2.1 保证金模式演变

新加坡交易所（SGX）早期采用了 Delta 模式。但 SGX 从建立之初就致力于成为世界性的交易所，一直紧跟市场的最前沿，并一直与 CME 有着密切的合作。CME 推出 SPAN 计算方法之后，SGX 不久即采用了 SPAN 模式。

2.2.2 当前保证金模式计算方法介绍

①保证金模式：SPAN，之前使用 Delta 模式。

②保证金确定方式：结算所按照合约的波动性来决定合适的保证金水平。衍生品交易署（SGX-DC）参考过去的价格变动决定保证金额，通常是以 30 天、90 天和 180 天价格波动的移动平均来决定每项合约的原始和维持保证金。

③风险价格系数：合约的波动性取决于其历史价格以及其他定性因素。每张合约设定的维持保证金需覆盖其最大的历史价格波动。历史价格波动按 1 个月、3 个月和 6 个月的样本计算。波动性的计算使用 GARCH 模型。此外，根据未平仓合约水平，每张合约的保证金所设的覆盖率为 90% ~99%。

④保证金调整：SGX-DC 定期研究波动性以确保设定的保证金水平真实反映了由近期市场走势所带来的波动性的变化。

⑤保证金计算：在计算未平仓部位时，新加坡交易所衍生品交易署（SGX-DT）对结算会员持有部位的保证金是采取总额制，总额制系指在计算结算会员保证金时，多头与空头部位不能相互抵消。目前订下的维持保证金足以应付各项合约的一天最高价格变动。

2.2.3 保证金模式分析

新加坡交易所的成功，一是因为它抢先推出了各国的指数期货、指数期权产品；二是因为它采用了国际上使用最广泛的保证金计算模式，从最开始的 Delta 模式，到 SPAN 模式的快速引用，使得国际上的机构投资者和广大中小投资者能快速适用，从而极大地发展了它的衍生品交易。除此之外，新加坡交易所的成功离不开与全球交易所的合作，它于 1984 年第一个与 CBOE 建立战略联盟，在 1989 年和 2002 年与伦敦东京交易所合作，极大地推动了其市场的发展。

2.3 香港交易所——恒生股指期权

2.3.1 保证金模式演变

香港交易所的清算所——香港期货清算所（HKCC）20 世纪 90 年代一直使用期货与衍生品结算系统 INTRACS/400，分别采用 TIMS 和 SPAN V3 为结算会员和客户计算期货期权保证金。从香港期货交易所与香港联合交易所合并为香港交易所（HKEx）之后，HKEx 于 2004 年 4 月推出了全新的电子化衍生品结算及交收系统 DCASS，取代原先采用的两套系统，分别采用 PRiME 和 SPAN V4 为结算会员和客户计算衍生品保证金。PRiME 是基于 SPAN V4 开发的保证金系统，不但解决了过去我国香港地区市场多种保证金计算方法并存的混乱局面，而且在计算上比原来的 TIMS 和风险矩阵模式更全面、更精确。例如，由于波动率扫描参数的调整，风险覆盖率从 85%提高到 95%；纠正了原来 TIMS 对市场极端变化处理得不合理的地方；

对敏感度风险因子 Delta、Gamma、Theta、Vega、Rho 的考虑与计算更加精确；减少了最低空头期权风险费用；调整了原来关于最低空头期权风险的总额计算的方法为总额或者最大风险。不过，其代价是结算成员保证金要求提高了。根据 HKEx 公布的统计数据，PRiME 根据新的风险参数标准计算的保证金比 TIMS 系统平均增加了 5% ~9%。

2.3.2 当前保证金模式计算方法介绍

①保证金模式：SPAN。

②保证金确定方式：保证金水平参考历史价格波动率和现行市场条件以及其他相关信息。

③确定公式：投资组合保证金 = ΣMax（商品风险，卖权最小费用）或 ΣMin（商品风险，买权价值）。

④风险价格系数：根据 PRiME 系统，保证金需要考虑价格波动、标的资产波动率、到期时间、无风险利率。

⑤保证金调整：保证金标准的调整情况根据结算公司计算的结果向市场公布，一般每月调整一次。每类产品的保证金标准为结算公司以 PRiME 计算参与人保证金要求的参数之一。保证金标准由结算公司董事会针对每一种产品制定，并保留对市场或个别结算参与人保证金标准进行调整的权利。

⑥保证金计算：香港地区期货结算公司对不同的账户均有不同的保证金计取方式，分为净额保证金制与全额保证金制。二者的主要区别在于是否允许持有人对同一类合约的长仓与短仓风险互抵，净额保证金制的保证金要求较低。

采用的系统参数数值：①波幅校验范围（VSR）；②极端波动乘数，极端波动涵盖分数——捕捉到对极端价格波动极度敏感的极虚值期权的风险（Gamma 风险）。超过合理预期波幅的极端价格波动或会令这类期权变成实值期权，招致较预期大的损失。

2.3.3 保证金模式分析

在中国香港地区市场，HKFE之前采用期货与衍生品结算系统（INTRACS/400），分别采用TIMS和SPAN V3为结算会员与客户计算期货与衍生品保证金；之后于2004年4月推出全新的电子化衍生品结算及交收系统（DCASS），取代了原先采用的两套系统，并将集中保证金计算模式一并统一为SPAN。DCASS系统的保证金计算功能由香港组合风险保证金系统（PRiME）实现。根据香港交易所公布的统计数据，PRiME根据新的风险参数标准计算的保证金比TIMS系统平均增加5%～9%，比风险矩阵平均增加28%。所以，中国香港地区市场的成功不是因为保证金的计算降低了交易成本，它的成功原因体现在：一是政府对金融衍生品市场的干预加强，引导衍生品市场的风险管理；二是行业内自律监管——1987年股灾后成立了证券业检讨委员会；三是国际金融合作。

2.4 芝加哥商品交易所——S&P500股指期货期权

2.4.1 保证金模式演变

芝加哥商品交易所（CME）在早期采用Dollars-at-Risk（DaR），与现在流行的VaR模式相似，从理论上来看可以胜任风险度量的重任，但受到20世纪80年代中期计算机能力的限制，在实际应用过程中人们发现DaR对于结算部门的业务处理来说过分复杂。于是，CME研究部的经济学家Jerry Roberts接手了保证金模式的研究，试图寻找更理想的解决办法，目的是既有先进性、前瞻性，又有实用性，最终导致标准投资组合风险分析系统（SPAN）于1988年的推出。

2.4.2 当前保证金模式计算方法介绍

①保证金模式：SPAN。

②保证金确定方式：在制定保证金水平时，结算所会参照目前和历史（通常包括短期、中期和长期的数据资料）价格变动数据制定，维持保证

金应至少足以覆盖上述天数中95%的最大单日价格变动幅度。实际保证金水平往往高于所制定的标准。

③确定公式：基于SPAN的总保证金金额=Σ各商品群的风险值-期权净收益。

④风险价格系数：风险价格的确定主要考虑以下几个因素：标的物价格的变动；标的物价格波动率的变动；时间风险；合约交割风险；不同到期月份合约之间价差的变动；各标的物之间价格相关性的变动。

⑤保证金调整：保证金水平因商品不同而异，并随时依市场状况做调整，以反映价格变动率及其他因素的变化。

⑥保证金计算：CME的保证金计算包括两种方式，即总额计算和净额计算。CME对结算会员的公司自营业务按净额方式收取保证金；对客户账户的保证金按所交易产品的不同采取不同的计算方式：对CME交易所的产品实施总额保证金制度（允许适当的对冲），而为了保持CBOT业务实践的连续性，对CBOT交易所的产品实施净额保证金制度。

采用的系统参数数值：这些参数是利用历史数据测算得出的。参考相应股指期货的SPAN参数为：风险扫描区间0.07；商品组合内跨月价差值初始为312USD，维持为250USD；无商品组合月交割风险值；商品间对冲风险保证金抵扣为50%~90%；空方选择权最低风险值，初始为250USD，维持为250USD。

以上四家交易所如今都采用了SPAN模式作为保证金收取的计算方式，SPAN的计算包括价格扫描风险（Scan Risk）、跨月价差风险（Inter-Month Spread Risk）、交割风险（Delivery Risk）、商品间价差抵扣（Inter-Commodity Spread Credit）以及最低空头期权风险（Short Option Minimum）。

（钟鸣）

第十一篇　我国台湾地区股指期权结算保证金“AB 值”法研究借鉴

我国台湾地区市场的股指期权保证金制度经历了从简单到复杂、从策略模式到组合模式的演变，其发展历程一直是我们研究的重点。尤其是我国台湾地区股指期权上市初期就采用的“AB 值”结算保证金计算方法，操作简单，便于理解，与国内保证金体系契合度较高，对境内股指期权产品研究和开发具有非常重要的借鉴意义。为此，本文对我国台湾地区股指期权结算保证金的“AB 值”计算方法展开了深入研究，初步测算了其收取的保证金水平，现将具体情况报告如下。

一、我国台湾地区市场保证金缴交方式

与成熟期权市场类似，我国台湾地区市场期权保证金可以分为两个层面：

第一个层面在我国台湾期货交易所（同时也是期货市场结算机构）与结算会员之间，根据“我国台湾期货交易法”相关规定，期货结算机构应向结算会员收取交易期货的结算保证金，具体计算方法由我国台湾期货交易所规定。按照相关业务规则，我国台湾期货交易所每日向结算会员追缴结算保证金至少四次，包括收盘一次和盘中追缴三次。

第二个层面在结算会员与投资者之间，根据相关法规，我国台湾地区市场结算会员需要投资者缴纳的保证金分为原始保证金和维持保证金两

种。其中，原始保证金是会员向投资者收取的交易用保证金，投资者下单前必须向会员预缴委托数量对应的原始保证金金额，如果投资者资金不足，会员可以拒绝相应的委托；维持保证金是投资者在“盘中洗价”后必须有的最低保证金标准，如果投资者的保证金余额低于维持保证金，会员一般将采取盘中实时追缴的方式进行处理，要求其补足至原始保证金水平。

根据台湾期货交易所股份有限公司结算“保证金收取方式及标准”的有关规定，结算保证金的计算公式由台湾期货交易所公布，维持保证金和原始保证金在结算保证金的基础上按一定比例（保证金结构比）放大，这项制度为结算会员向投资者收取的保证金额度在其结算保证金之上预留了空间，在一定程度上有利于结算会员的风险管理。保证金结构比由交易所根据需要调整，2008 年 6 月 12 日，台湾期货交易所宣布将 19 种合约的保证金结构比由先前的 1∶1. 15∶1. 5 调整为 1∶1. 035∶1. 35，此次调整使原始保证金额度较之前下降了约 15%。这一方面有利于提高资金使用效率，活跃市场交易；另一方面更贴近国际水平，有利于提高其国际竞争力。

二、结算保证金“AB 值”计算方法

2001 年 12 月 24 日台指期权上市时，台湾期货交易所就采取了“AB 值”方法计算其结算保证金。此后，台湾地区市场虽然全面引入 SPAN 系统，但交易所仍然规定客户可以自主选择采用“AB 值”方法或 SPAN 方法进行结算。而从实际使用情况来看，由于 SPAN 方法计算出来的投资者保证金一般偏低，大部分会员仍然采取“AB 值”法为客户计算保证金。①

① 根据台湾期货交易所 2010 年年报，截至 2010 年年底，自然人开户数为 1 335 028 户，法人开户数为 8257 户。而台湾期货交易所网站公告显示，截至 2011 年 1 月底，申请 SPAN 的自然人为 11 375 户，法人为 234 户。

2.1 什么是结算保证金“AB 值”法

结算保证金的“AB 值”法主要是指台湾期货交易所对期权卖出方的单一头寸结算保证金计算方法，具体公式如下：

结算保证金=权利金市值+风险保证金

=权利金市值+max（A 值-虚值额，B 值）

其中，看涨期权（Call Option）的虚值额为：max［（行权价格-标的指数价格）×合约乘数，0］；看跌期权（Put Option）的虚值额为：max［（行权价格-标的指数价格）×合约乘数，0］。

权利金市值是指期权盘中交易的实时市场价格，“A 值”和“B 值”是由交易所定期调整并公布的具体数值，根据“结算保证金收取方式及标准”的相关规定：“A 值”为标的股价指数、合约乘数和风险价格系数的乘积，在计算形式上与指数期货结算保证金相同；“B 值”数额为“A 值”的 1/2。[①]

从中不难看出，在标的股价指数和合约乘数确定的情况下，风险价格系数决定了“A 值”的大小。根据台湾期货交易所相关业务规则，期权风险价格系数的确定方式为：参考一段时间区间内的标的股价指数波动及其他因素，估算至少可以覆盖一日权利金变动幅度 99%[②]置信区间所需的数值。

2.2 “A 值”、“B 值”调整

需要注意的是，“A 值”和“B 值”的大小并非每日变动，根据目前台湾期货交易所“结算保证金收取方式及标准”的相关规定，仅在当日计算的“A 值”变化超过 10%或在市场需要的情形下，才对“A 值”和“B 值”进

① 由于“结算保证金收取方式及标准”第 3 条规定“新台币报价契约之收取标准以千元为整数，千元以下部分无条件进位至千元”，实践中期权保证金“B 值”取“A 值”的 1/2 后，再依照此条规则向上取整得出 。

② 2007 年 10 月 8 日，结算保证金计算公式中的置信区间由先前的 99.7% 降至 99%，此次调整使保证金额度向下调整了约 20%。

行调整。在实际操作中，台湾期货交易所每日计算股指期权的当日结算保证金金额，如果满足调整条件，则交易所将发布相关的保证金调整公告，宣布对“A 值”和“B 值”的调整，新的数值在第二日收盘后直接生效。

我们收集整理了历年来台湾期货交易所发布的保证金调整公告，2003 年 1 月 1 日至 2011 年 7 月 26 日间，台指期权的“A 值”和“B 值”共进行了 21 次调整。从保证金的调整频率来看，2007 年以前，保证金的变动频率较低；2007 年之后其变动频率较之前显著增加，在 2007 年至 2009 年三年间，台指期权保证金的调整共计 18 次；2010 年至 2011 年 7 月 28 日，“AB 值”仅调整 1 次。

从保证金额度的变动趋势来看，受“次贷危机”影响，2007 年 8 月 22 日台湾期货交易所收取的保证金达到峰值，随后整体呈现较大幅度的下降趋势，当前结算保证金“A 值”的额度为期内峰值的 46.15%。(见图 11-1)

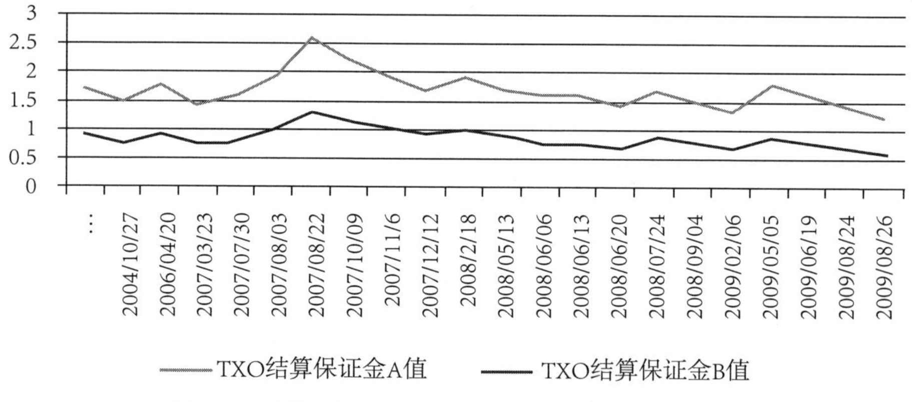

图 11-1　台指期权保证金调整情况（单位：新台币万元）

数据来源：根据台湾期货交易所网站公告及新闻稿整理。

此外，虽然“A 值”和小型台指期货在保证金算法形式上一致，但从我们收集的实际数据来看，两者在保证金数额上一直存在差别，这可能与台指期权和期货对于风险价格系数的定义存在差异有关。[①] 但从小型台指

① 台指期货保证金风险价格系数旨在覆盖一日股价指数变动幅度的 99%，而台指期权的覆盖目标为权利金。

期货保证金和“AB 值”的调整时间来看，大多数情况下[①]是同步的。（见图 11-2）

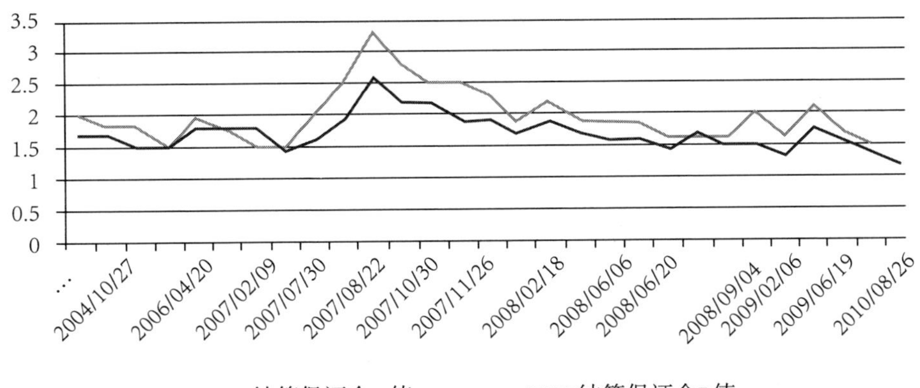

图 11-2 小型台指期货（MTX）和台指期权的结算保证金调整情况（单位：新台币万元）

数据来源：根据台湾期货交易所网站公告及新闻稿整理。

2.3 “AB 值”法与传统期权保证金计算方法比较

我国台湾地区市场采用的“AB 值”法与境内商品期货期权研究较多的传统期权保证金计算方法有一定的区别，我们对此进行了比较。

以大连商品期货交易所准备采取的传统期权保证金计算方法为例，其收取的期权卖出方单一头寸交易保证金为以下两者之较大者：

①权利金+期货合约保证金$-\frac{1}{2}$期权虚值部分；

②权利金$+\frac{1}{2}$期货合约保证金。

从中可以看出，传统方法与“AB 值”法的区别主要在于对期权虚值的扣减上：传统方法扣减期权虚值部分的一半；而“AB 值”法则扣减全部期权虚值，也就是说当期权价格向深度虚值变化时，“AB 值”计算公式

① 台指期货合约保证金在期内共计 22 次调整，其中和期权合约同步调整的共计 15 次，占期货合约保证金调整次数的 68.18%。

中的“A 值”部分会比传统方法更快地接近于 0。这意味着对于“AB 值”法来说，当期权虚值大于“A 值”的一半时，就会触发最低保证金限额；而对于传统方法来说，当期权虚值大于期货保证金时，才会使用最低保证金。[①] 由此可见，“AB 值”法对于实值期权收取的保证金与传统方法一致，但对于虚值期权的保证金要求相对更低。

三、股指期权“AB 值”法结算保证金水平

为了研究“AB”值法确定的股指期权结算保证金水平，我们以小型台指期权保证金水平作为比较基准，并分别选取最高值（2007 年 8 月 22 日）和近期（2010 年 8 月 26 日）的两个时点进行对比。

期权卖方结算保证金包含权利金部分，与期货保证金概念有较大区别，为了进行统一，我们定义期权的净保证金=期权结算保证金-权利金市值，并分别对保证金和净保证金水平进行了研究。

3.1 2007 年 8 月 22 日

2007 年 8 月 22 日，台湾指数期权和指数期货的保证金达到期内历史最高水平，当日台指指数的收盘价为 8493.46 点，对应一手小型台指期货的合约价值为 424 673 元，台湾期货交易所公布的结算保证金为 33 000 元，期货结算保证金比率为 7.7%。

（1）结算保证金水平

台湾期货交易所公布的台指期权结算保证金“A 值”为 26 000 元，“B 值”为 13 000 元。对于存续期 1 个月的台指期权，依照收盘价 8493.46 点最近的行权价位 8500 点，向上和向下分别各取 7 个价位作为期权的行权

① 对于“AB 值”法来说，当期权虚值等于“A 值”的 1/2 时，则利用“A 值”公式计算的保证金数额和“B 值”相等；对于传统方法来说，当期权虚值等于期货保证金时，则两个公式计算的保证金数额相等。

价格，并计算此 15 个不同行权价位对应的结算保证金绝对金额以及与小型台指期货保证金的比例。[①]

对于虚值看涨期权，在最高行权价位，台湾期货交易所收取的结算保证金仅相当于小型台指期货结算保证金的 40%；但对于实值期权，其结算保证金随着权利金市值的增加而逐步增大，最大值接近小型台指期货结算保证金的两倍。[②]（见图 11-3）

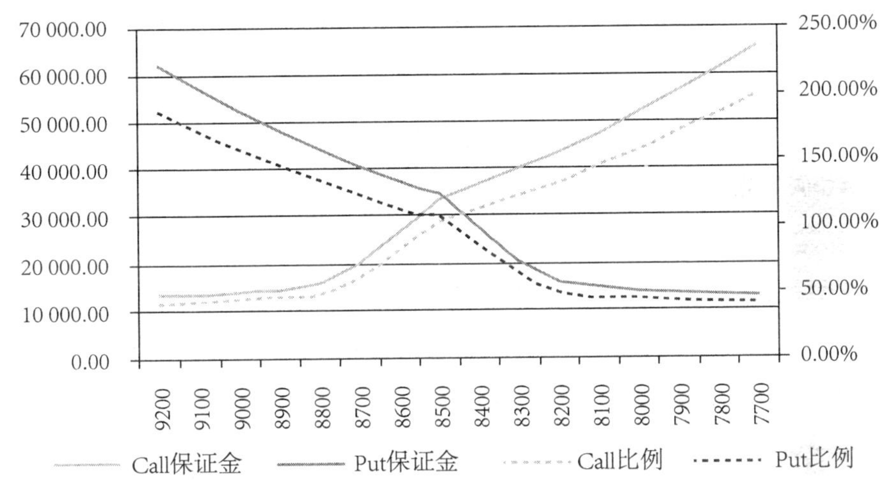

图 11-3　2007 年 8 月 22 日不同行权价格的台指期权保证金与小型台指期货保证金额度的比较

（2）净保证金水平

净保证金水平的计算方法与结算保证金类似。从中可以看出，无论看涨期权还是看跌期权，扣除权利金市值部分后的净保证金水平都在小型台指期货保证金的 0. 4 ~0. 8 倍间变动。[③]（图 11-4）

① 现货价格为 8493. 46，行权价格为 9200 ~7700 点，共计 15 个价位，年化无风险利率（台湾地区银行一年定存利率）为 2. 5%，期限内无风险利率为 0. 002083，波动率为 0. 1716，年化股息率为 3%，期限内股息率为 0. 0025，根据 BS 模型计算 Call 和 Put 的价值。

② 虚值看涨期权结算保证金占小型台指期货合约价值的 3%；实值看涨期权结算保证金占小型台指期货合约价值的 15. 5%。

③ 净保证金占小型台指期货合约价值的比例在 3% ~6% 变动。此处保证金倍数与理论值之间存在偏差，这是由于台湾期货交易所公布的“AB 值”和理论值间存在偏差所致。

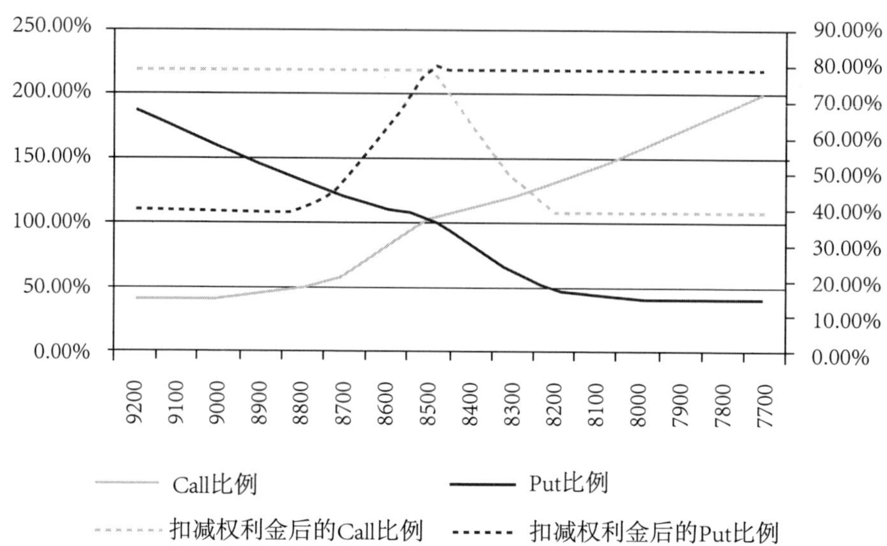

图 11-4　2007 年 8 月 22 日不同行权价格的台指期权净保证金与小型台指期货保证金额度的比较

3.2 2010 年 8 月 26 日

2010 年 8 月 26 日台指收盘点位为 7689.74 点，对应小型台指期货合约价值为 384 487 元，根据现行台湾期货交易所各类股票指数类保证金一览表，期货结算保证金比率为 3.06%。

（1）结算保证金水平

与 2007 年的算法类似①，我们发现，由于期货保证金绝对值下调较多，而权利金在期权结算保证金中占比变大，导致期权结算保证金较小型台指期货的比例明显增大，最高接近 4.3 倍。②（图 11-5）

① 现货价格 7689.74 点，行权价格 8400 ~ 7000 点共计 15 个价位，波动率 0.1772，年化无风险利率为 1%（台湾地区银行一年定存利率），期限内无风险利率为 0.0008，年化股息率为 3%，期限内股息率为 0.0025，根据 BS 模型计算 Call 和 Put 的价值。

② 虚值和实值看涨期权结算保证金分别占小型台指期货合约价值的约 1.65% 和 12.14%。

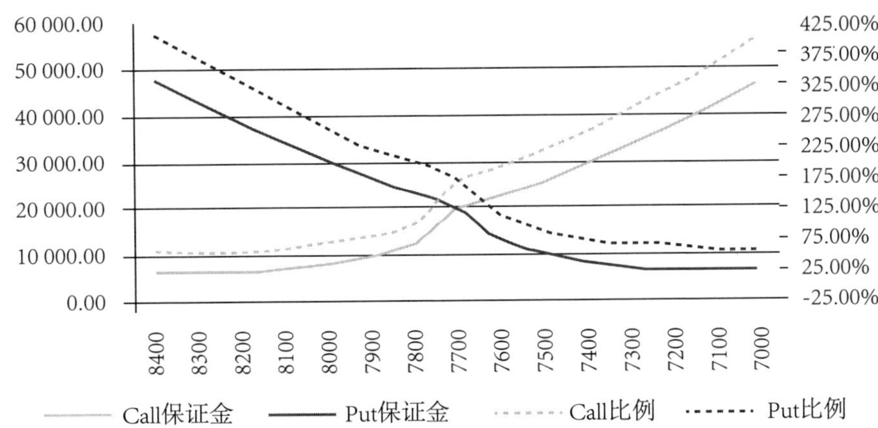

图 11-5　2010 年 8 月 26 日不同行权价格的台指期权保证金与小型台指期货结算净保证金额度的比较

（2）净保证金水平

期权净保证金水平在对应指数期货结算保证金的 50% ~100% 间变动[①]，与公式计算出的理论值基本接近。

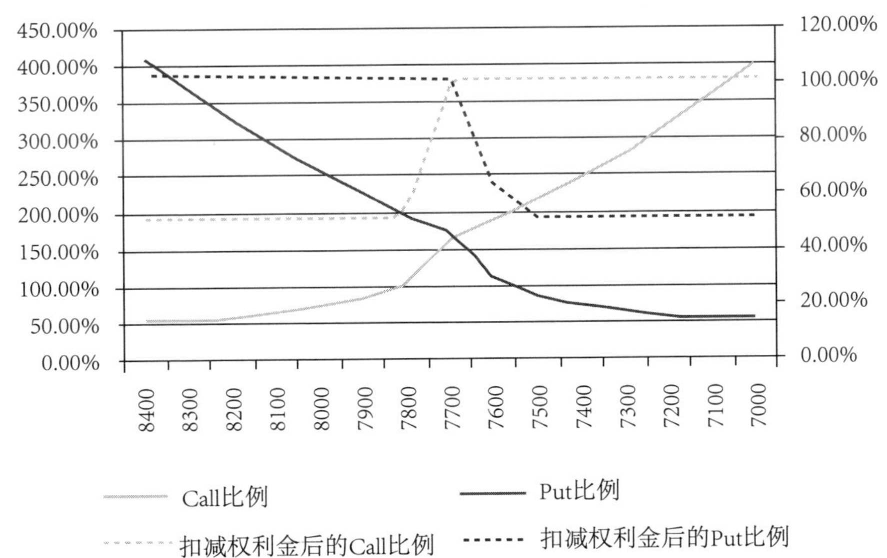

图 11-6　2010 年 8 月 26 日不同行权价格的台指期权保证金与小型台指期货净保证金额度的比较

① 净保证金占小型台指期货合约价值的比例在 1.5% ~3% 变动。

总体而言，2010 年 8 月 26 日指数期权保证金与指数期货保证金的比例水平较高，而 2007 年 8 月 22 日的比例水平较低。这主要有两方面原因：①近年来期权合约权利金在应收保证金中占比较大，对保证金额度起到了较强的支撑作用。②自台湾期货交易所引入 SPAN 以后，对台指期货合约的保证金的下调幅度大于对台指期权的下调幅度，2010 年 8 月 26 日调整后的台指期货保证金额度为 2007 年 8 月 22 日保证金调整后的 36.15%，而台指期权结算保证金“A 值”相应的比值为 46.15%。

四、对沪深 300 指数期权保证金收取方式的建议

4.1 我国境内股指期权保证金模式的选择

（1）股指期权合约买方无需缴纳交易保证金，卖方需要按照规定缴纳交易保证金

股指期权买方在支付权利金的同时获得相应的权利而不承担义务，不存在无法履约的风险，因此无需缴纳保证金；而卖方出售权利并承担相应的履约义务，因此需要缴纳一定数额的保证金作为其履约的保障。

（2）股指期权拟采用简单的固定比例保证金模式

基于我国市场的实际情况和投资者习惯，本着由简入繁、循序渐进、稳中求进的市场发展理念，我们认为在股指期权推出初期应采用固定比例保证金模式，并在其平稳运行一段时间后适时扩展基于特定期权策略组合的保证金扣减。当市场发展至交易品种较为丰富、投资者较为成熟时，再考虑引入投资组合保证金模式。

对我国境内推出股指期权初期暂不引入投资组合保证金模式主要是出于以下几点的考虑：首先，目前我国金融衍生产品的种类较为单一，利用投资组合保证金模式对市场资金利用效率的提升较为有限；其次，投资组合保证金模式的计算原理较复杂，保证金水平调整较频繁，投资组合保证金模式在股指期权产品推出之初不便于投资者的理解和接受；再次，投资

组合保证金模式对于计算能力和时间的要求较高，保证金收缴的事前控制较难实现，这使得投资组合保证金模式在我国境内市场的推广受到一定的约束；此外，从境外一些市场，特别是CBOE和亚洲几个较为成功的新兴市场的发展路径来看，在上市品种较为有限的市场发展初期，大多先采用较为简约并易于理解的传统保证金方法，随市场发展至品种较为丰富的阶段后，再开始引入能够兼容传统方法的投资组合保证金计算模式。因此，对于我国境内市场而言，在股指期权推出之初的一段时间内，可暂不采取基于投资组合的保证金计算模式；随着市场发展的逐步成熟，在市场品种较丰富、市场环境适宜时，可以考虑引入投资组合保证金计算模式。

在传统保证金模式中选择固定比例模式作为我国境内股指期权的保证金模式主要出于以下几点考虑：首先，Delta保证金模式计算精度不高且计算方式相对烦琐；其次，策略保证金模式往往和期权组合指令相结合，对于交易和结算系统的要求较高，且投资者也需具备熟练运用期权策略组合进行交易的能力；再次，我国境内市场投资者对于固定数额的保证金模式并不熟悉。相比之下，固定比例的保证金模式和境内期货产品的保证金收取方式较为类似，且计算方式简洁明了，能够较为稳妥地控制风险，易于在交易所和会员与会员和客户两个层级之间分层实施，同时也便于投资者理解和接受。

4.2 沪深300股指期权固定比例保证金模式设计

4.2.1 股指期权保证金计算公式设计

基于对股指期权保证金模式的研究与分析，结合我国市场的实际情况，借鉴CBOE使用了30年的策略保证金中单一头寸的固定比例保证金计算模式的相关经验，沪深300股指期权拟采用以下保证金制度。

（1）单一头寸的保证金具体计算公式

看涨期权卖方交易保证金=（股指期权合约当日结算价×合约乘数）+max（标的指数当日收盘价×合约乘数×保证金调整系数-虚值额，最

低保障系数×标的指数当日收盘价×合约乘数×保证金调整系数）

看跌期权卖方交易保证金＝（股指期权合约当日结算价×合约乘数）+max（标的指数当日收盘价×合约乘数×保证金调整系数–虚值额，最低保障系数×股指期权合约行权价格×合约乘数×保证金调整系数）

保证金调整系数、最低保障系数由交易所定期公布。看涨期权虚值额为：max［（股指期权合约行权价格–标的指数当日收盘价）×合约乘数，0］；看跌期权虚值额为：max［（标的指数当日收盘价–股指期权合约行权价格）×合约乘数，0］。

对看涨期权和看跌期权的保证金分别设置，可以使保证金水平较好地匹配看涨期权和看跌期权的风险特性，避免对虚值期权收取过高的保证金。

（2）股指期权采用分层结算体系

交易所对结算会员进行结算，而会员则对其客户进行结算。结算会员向客户收取保证金的标准不低于交易所向结算会员收取交易保证金的标准。结算会员可在交易所对其设定的保证金调整系数基础上酌情提高，并以此对客户加收保证金。

采用这样的固定比例保证金模式主要基于以下几点考虑：

首先，保证金公式形式简约，易于计算，便于投资者理解和接受。股指期权保证金计算公式从形式上来看包括两项：第一项是股指期权权利金的当日结算价；第二项是抵补下一个交易日权利金可能发生不利变动所需的资金，为了便于理解称其为风险保证金，其数额是根据交易所给出的保证金调整系数进行计算来确定的。该保证金公式计算简便，结构合理，便于实现。对于投资者而言，该模式的计算方式直观，便于投资者理解和接受。

其次，保证金水平能够有效控制风险，易于保证金分层加收地实施，确保市场安全运行。根据我国市场的风险特征以及现有期货市场的保证金收取惯例，股指期权的保证金应被设置在一个相对较高的水平，且保证金水平的调整不宜过于频繁。沪深 300 指数期权所采用的保证金计算公式和 CBOE 的股指期权传统保证金计算公式较为类似，而后者在提出后被沿用了相当长的一段时期（30 年），受到市场的认可，具有较高的稳定性。通过对"保证金调整系数"和"最低保障系数"的数值进行合理设定，不仅可以使股指期权保证金水平充分覆盖潜在的市场风险，还可以较容易地在不同层级收取不同保证金额度，确保市场的安全运行。

再次，保证金模式具有较好的可扩展性，能够适应市场未来发展的需要。从目前沿用传统保证金模式的股指期权市场来看，大多采用策略保证金模式，对于一些特定的风险水平较低的期权策略组合，相应地设定较低的保证金水平。沪深 300 指数期权当前所采用的保证金计算方法可以比较容易地扩展至策略保证金模式，同时对于基于投资组合的保证金模式也具有较好的兼容性。

4.2.2 保证金公式参数设定

就目前情况来看，我们建议将保证金调整系数设置为 15%，最低保障系数设置为 2/3。这主要基于以下两方面原因：

首先，股指期权和股指期货的保证金水平保持一致，能够保证股指期货和期权产品市场结构的平衡，便于对市场保证金水平的统一调节；较高的风险保证金下限有利于虚值期权的风险防范。当期权保证金调整系数设置为 15% 时，实值和平值期权风险保证金的计算方法实质上和股指期货现行的保证金计算方法相同；而虚值期权的保证金数额相对于实值和平值期权应有所降低，故需要扣减相应的虚值部分，但对于深度虚值期权，为了规避其保证金额度过小带来的风险，需要通过最低保障系数来对深度虚值期权设置其保证金的下限。这样的设置方式既考虑到期权产品非线性的特点，又使得股指期权与股指期货的保证金水平基本保持一致，防止投资者分流，在一定程度上有利于维持这两个产品市场资金结构的平衡和稳定。此外，期权保证金调整系数和期货保证金标准一致的设定还便于对股指期货和期权的保证金水平进行统一调节，方便投资者的理解和使用。

最低保障系数为 2/3 的设定，实际上是以 10% 为基础计算股指期权风险保证金的下限。相对较高的风险保证金下限旨在防范深度虚值期权的风险，同时也有利于抑制虚值期权的非理性交易行为。

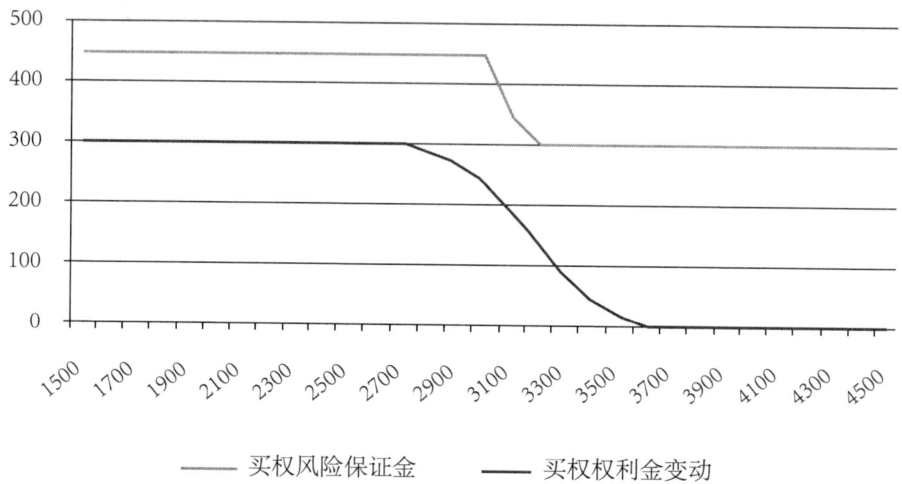

图 11-7　看涨期权理论值最大变动情况下的风险保证金覆盖情况

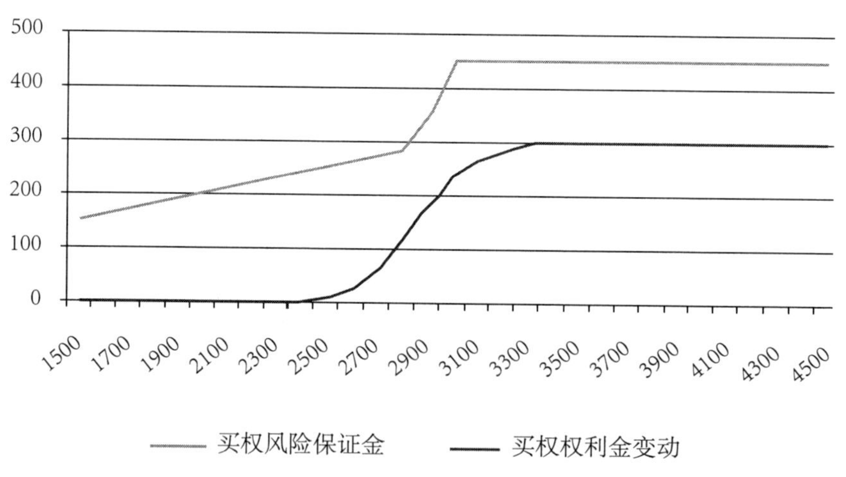

图 11-8　看跌期权理论值最大变动下的风险保证金覆盖情况

其次，该参数设定能够较好地覆盖标的指数单个交易日最大波动情况下期权权利金理论价值的变动风险。如取一年期定存利率 3. 5% 作为年化无风险利率，到期期限为 30 个日历日，最近 1 年的沪深 300 指数历史年化波动率为21%，以此作为期权的波动率，年化股息率按照2%近似计算，参考CBOE使用了近30年的参数设置，将保证金调整系数和最低保障系数分别设置为15%和2/3，期权的风险保证金可以较好地覆盖指数价格上下波动10%[①]所造成的期权权利金理论价值的不利变动，如图11-7和图11-8所示。

（刘炜亮）

① 其他指标不变。

第十二篇　股指期权行权方式和行权流程的比较

期权执行是期权交易特有的制度安排之一，也是期权交易与期货交易最根本的区别之一。期权执行是指期权买方有权在规定的执行期限内下达执行指令，要求卖方根据合约规定，向其支付一定数量标的资产或现金的过程。期权执行的核心在于可执行的时间区间和执行清算方法，不同的可执行时间区间和执行清算方法构成了不同的期权执行方式，也决定了期权的类型。从境外市场实际情况来看，指数期权的执行方式可以有较多种类，而不同的指数期权执行方式将会导致指数期权在投资者交易策略、适用理论定价模型和市场效率等方面的重大区别，因此有必要对境内外相关市场的期权执行方式进行深入对比分析。此外，不同市场的期权具体执行流程也不同，这些做法背后的逻辑和是否能直接适用于境内指数期权市场还需要进一步研究。为夯实指数期权业务准备基础，防范可能存在的风险，我们对境内外相关市场的执行方式和具体执行流程进行了深入的对比分析，以便结合国情找到适合境内市场特征的指数期权执行方式。

一、指数期权执行方式的选择

期权的执行方式决定了期权的类型，投资者选择交易不同的期权类型时，实际上是选择了不同的期权执行方式，即由不同可执行时间区间和执行清算方法构成的组合。

根据执行方式不同，期权可以大致分为普通期权和奇异期权。普通期权（Plain Vanilla Option）是目前场内市场主流品种，根据可执行时间不同可以分为普通欧式期权和普通美式期权两种；在执行时，卖方应向买方支付指定标的物的市场价格与约定价格的差价（即“内在价值”）。奇异期权（Exotic Option）则是比普通期权更为复杂的衍生品，长期活跃在场外市场，其可执行时间区间和执行结算方式可以由负责发行的投资银行根据买入方的实际需要进行设计，较普通期权复杂得多。

为研究指数期权的执行方式，我们对指数期权的可执行时间区间和执行清算方法分别展开了研究。

1.1 指数期权的可执行时间区间选择

期权可执行的时间区间是指期权买入方能向交易所发出执行指令，要求期权卖出方履约的时间区间。目前境内外期权市场常见的可执行时间区间类型主要为欧式和美式，但境内权证市场主流为百慕大式。所谓欧式是指期权买方必须在期权到期日当天才能执行的期权；美式是指期权买方可以在成交后至到期日之间的任何一天执行的期权；百慕大式的执行时间区间只限于期权买方在买入后至到期日之间的几个特定日期或特定时间区间，例如到期日前的一段时间。

1.1.1 境外指数期权市场以欧式为主

从境外成熟市场经验来看，期权的可执行时间与标的类型有较大关系，一般而言，指数期权与利率期权多采用欧式，股票期权市场与债券期权市场多采用美式。

（1）指数期权多为欧式期权

境外成熟市场的指数期权多为欧式期权。从各个国家场内交易的指数期权情况来看，欧洲以及亚洲新兴市场上市交易的指数期权均为欧式。目前美国市场的指数期权也以欧式期权为主，大多数交易所的主流指数期权品种均为欧式。但芝加哥商品交易所（CME）推出的多个指数期货期权采取了美式，这与其采用期货指数而非现货指数作为期权的标的有关。（见表 12-1）

表 12-1　境外市场指数期权的可执行时间区间类型

地区	市场	品种	类型
美国	CBOE	S&P 500 指数期权	欧式
		mini S&P 500 指数期权	欧式
		SPX 季月期权	欧式
		XSP 季月期权	欧式
		S&P 500 指数期权	欧式
		S&P 100 指数期权	美式
		S&P 100 指数期权	欧式
		S&P 100 LEAPS	美式
		S&P 100 LEAPS	欧式
		S&P 100 指数季月期权	欧式
		DJIA 指数期权	欧式
		Nasdaq 100 指数期权	欧式
		mini Nasdaq 100 指数期权	欧式
		Russell 2000 指数期权	欧式
	ISE	Nasdaq 100 指数期权	欧式
		mini Nasdaq 100 指数期权	欧式
		Russell 2000 指数期权	欧式
		mini Russell 2000 指数期权	欧式
	CME	S&P 500 期货期权	美式
		E-mini S&P 500 期货期权	美式
		NASDAQ 100 期货期权	美式
		E-mini Nasdaq 100 期货期权	美式
欧洲	Eurex	DJ Euro Stoxx 50 指数期权	欧式
		Dax 指数期权	欧式
		SMI 指数期权	欧式
	LIFFE	CAC 40 指数期权合约	欧式
		富时 100 指数期权	欧式

续表

地区	市场	品种	类型
亚洲	KRX	KOSPI 200 指数期权	欧式
	TAIFEX	台指期权	欧式
		金融期权	欧式
		电子期权	欧式
	HKEX	恒生指数期权	欧式
		小型恒生指数期权	欧式
		恒生中国企业指数	欧式
	特拉维夫交易所	TA-25 指数期权	欧式

（2）欧式指数期权明显较美式期权活跃

从目前全球最活跃的指数期权情况来看，欧式期权明显较美式期权更为活跃，2011 年全球成交量排名前十位的指数期权均采取了欧式。（见表 12-2）

表 12-2　2011 年全球成交量排名前十位的指数期权

排名	交易所	品种	2011 年	类型
1	KRX	Kospi 200 Options	3 671 662 258	欧式
2	NSE of India	Options on S&P CNX Nifty	868 684 582	欧式
3	EUREX	Euro Stoxx 50 Index	369 241 952	欧式
4	CBOE	S&P 500 Index Options（SPX）	197 509 449	欧式
5	Taifex	Taiex Options（TXO）	125 767 624	欧式
6	TEL-AVIV STOCK EX	TA-25 Index Options	87 133 824	欧式
7	EUREX	Dax Options	67 616 997	欧式
8	OSE	Nikkei 225 Options	45 192 519	欧式
9	CME	E-mini S&P500	36 130 942	美式
10	RTS	Option on RTS index	35 389 828	欧式

（3）标的相同但执行方式不同的指数期权，美式近年来活跃度逐级

下降

一般而言，各交易所针对同一个标的指数仅会推出一种类型的期权，但芝加哥交易所（CBOE）于1983年3月推出了全球首个标普100指数美式期权产品后，又在2001年再次针对标普100指数推出了欧式期权。后者除执行方式为欧式外，其余合约条款均与之前的美式产品完全一致，这为我们研究指数期权的可执行时间区间提供了一个非常好的研究对象。我们对两个标的相同但执行方式不同的合约月度交易量及持仓量数据进行了分析，发现了一些规律。

从历史成交量数据来看，标普100指数美式期权由于推出时间较早，投资者认知程度更高，成交量一直比欧式期权更大，但近年来其成交量呈明显回落趋势。相反，欧式期权上市至今成交量一直保持稳定，仅在2006年短时间内略有放大。从欧式期权对美式期权的影响来看，欧式期权推出初期对美式期权的冲击非常有限，甚至在欧式期权推出当年，相同标的的美式期权成交量还一度放大。（见图12-1）

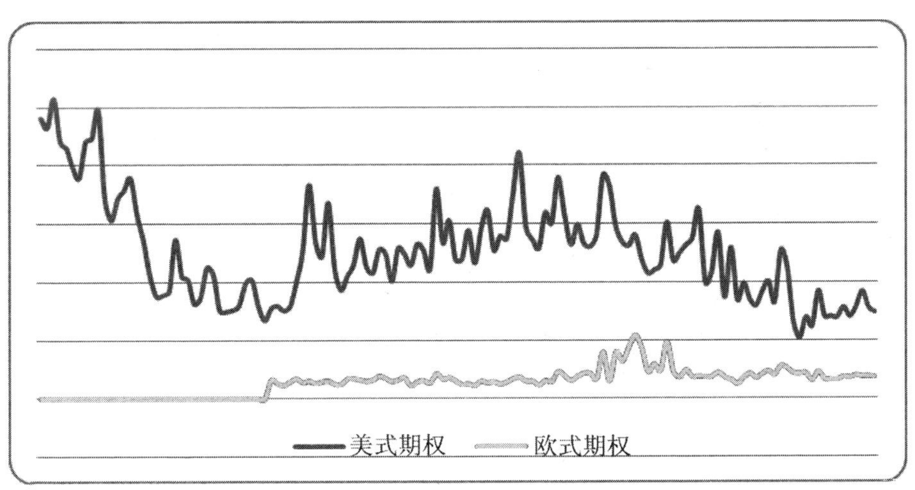

图12-1　标普100指数美式和欧式期权的月度交易量

从持仓量数据来看，美式期权的持仓量也是逐渐回落，欧式期权的持仓量则明显呈逐年放大趋势，到2009年年底已经基本接近美式期权的持仓量。尤其值得注意的是，2008 年金融危机期间，美式期权持仓量迅速下降，而欧式期权持仓量却稳步攀升，甚至一度超过了美式期权。出现这种现象的原因在于欧式期权对期权卖方来说更为稳定，投资者更能准确和有效地控制自身投资风险，在行情出现较大波动时，投资者更倾向于选择欧式期权。(见图 12-2)

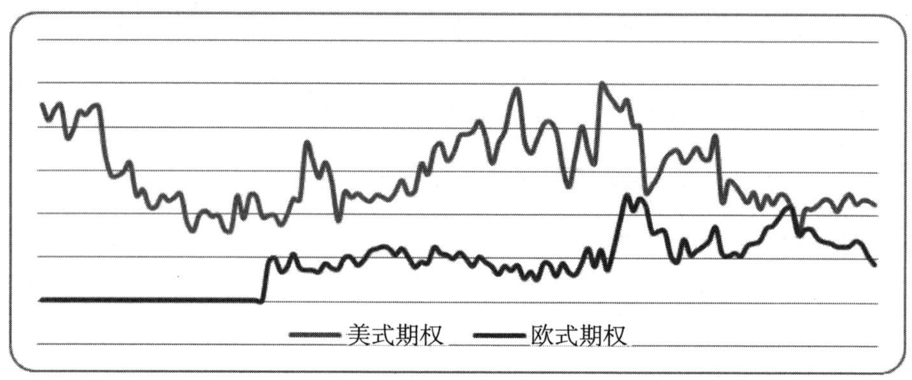

图 12-2　标普 100 指数美式和欧式期权的月度持仓量

1.1.2 境内市场情况

这里所指的境内市场主要包括商品期货交易所和权证市场。商品交易所研究的期权品种多为商品期货期权，与未来以现金结算的指数期权存在一定的差别。

(1) 境内商品期货交易所研发的商品期权多采取欧式期权

根据我们前期的调研，境内商品期货交易所设计的期权合约方案中，执行时间也多为欧式，其原因与商品期权的期货期权产品特点直接相关。一方面，商品期货期权的结算较为复杂，较难实现每日结算；另一方面，商品期货期权执行后转换至期货的过程较为复杂，牵涉统一报价单位和乘数等多方面的因素。

目前，郑州商品期货交易所以及上海期货交易所均采用欧式期权，而大商所采用美式期权，具体选择及理由如表 12-3 所示。

表 12-3　境内商品交易所研发的商品期货期权执行方式对比表

交易所	期权类型	选择理由
郑商所	欧式	执行方式设计为欧式，主要是考虑到减少期权卖方风险，有利于期权客户进行策略交易。从郑商所模拟交易情况看，欧式期权较适合境内初期的期权交易，有利于提高期权交易流动性
上期所	欧式	没有滚动交割制度，不希望太灵活；技术系统亦不支持
大商所	美式	根据投资者需求来选择

（2）境内权证市场执行方式以百慕大式为主

权证与期权在可执行的时间区间上较为类似，也可分为欧式、美式和百慕大式三个类型。境内权证市场上市的权证多采取百慕大式执行。截至目前，境内共上市了 55 只权证，其中 1 个为美式，5 个为欧式，49 个为百慕大式。究其原因，与权证执行以实物交割为主有关。从百慕大权证的具体可行权的时间区间来看，大部分百慕大权证的可行权时间都是临近停止交易日 5 ~7 个交易日的时间区间内，从某种意义上说和普通的欧式期权差别不大。(见表 12-4)

表 12-4　境内权证市场可执行时间区间情况

权证	行权类型	最后交易日	停止交易日	行权起始日期	最后行权日期	可行权区间
鞍钢 JTC1	百慕大式	2006-11-28	2006-11-29	2006-12-01	2006-12-05	5
五粮 YGC1	百慕大式	2008-03-26	2008-03-27	2008-03-27	2008-04-02	7
侨城 HQC1	百慕大式	2007-11-16	2007-11-19	2007-11-19	2007-11-23	5
钢钒 GFC1	百慕大式	2008-12-04	2008-12-05	2008-11-28	2008-12-11	14
深发 SFC1	百慕大式	2007-12-21	2007-12-24	2007-11-19	2007-12-28	40
深发 SFC2	百慕大式	2008-06-20	2008-06-23	2008-05-16	2008-06-27	43
国安 GAC1	百慕大式	2009-09-17	2009-09-18	2009-09-11	2009-09-24	14
中兴 ZXC1	百慕大式	2010-02-05	2010-02-08	2010-02-01	2010-02-12	12
阿胶 EJC1	百慕大式	2009-07-10	2009-07-13	2009-07-13	2009-07-17	5

续表

权证	行权类型	最后交易日	停止交易日	行权起始日期	最后行权日期	可行权区间
钢钒 PGP1	欧式	2007-04-24	2007-04-25	2007-05-08	2007-05-08	1
万科 HRP1	百慕大式	2006-08-28	2006-08-29	2006-08-29	2006-09-04	7
华菱 JTP1	百慕大式	2008-02-22	2008-02-25	2008-02-27	2008-02-29	3
五粮 YGP1	百慕大式	2008-03-26	2008-03-27	2008-03-27	2008-04-02	7
深能 JTP1	百慕大式	2006-10-19	2006-10-20	2006-10-20	2006-10-26	7
中集 ZYP1	百慕大式	2007-11-16	2007-11-19	2007-11-19	2007-11-23	5
钾肥 JTP1	百慕大式	2007-06-22	2007-06-25	2007-06-25	2007-06-29	5
宝钢 JTB1	欧式	2006-08-23	2006-08-24	2006-08-30	2006-08-30	1
武钢 JTB1	百慕大式	2006-11-15	2006-11-16	2006-11-16	2006-11-22	7
包钢 JTB1	百慕大式	2007-03-23	2007-03-26	2007-03-26	2007-03-30	5
邯钢 JTB1	百慕大式	2007-03-28	2007-03-29	2007-03-29	2007-04-04	7
首创 JTB1	百慕大式	2007-04-16	2007-04-17	2007-04-17	2007-04-23	7
万华 HXB1	百慕大式	2007-04-19	2007-04-20	2007-04-20	2007-04-26	7
雅戈 QCB1	百慕大式	2007-05-14	2007-05-15	2007-05-17	2007-05-21	5
长电 CWB1	百慕大式	2007-05-17	2007-05-18	2007-05-18	2007-05-24	7
国电 JTB1	百慕大式	2007-08-28	2007-08-29	2007-08-29	2007-09-04	7
伊利 CWB1	百慕大式	2007-11-07	2007-11-08	2007-11-08	2007-11-14	7
马钢 CWB1	百慕大式	2008-11-14	2008-11-17	2007-11-15	2008-11-28	380
中化 CWB1	百慕大式	2007-12-10	2007-12-11	2007-12-11	2007-12-17	7
云化 CWB1	百慕大式	2009-02-20	2009-02-23	2009-02-23	2009-03-06	12
武钢 CWB1	百慕大式	2009-04-09	2009-04-10	2009-04-10	2009-04-16	7
深高 CWB1	百慕大式	2009-10-22	2009-10-23	2009-10-23	2009-10-29	7
日照 CWB1	百慕大式	2008-11-18	2008-11-19	2008-11-19	2008-12-02	14
上汽 CWB1	百慕大式	2009-12-30	2009-12-31	2009-12-31	2010-01-07	8
赣粤 CWB1	百慕大式	2010-02-05	2010-02-08	2009-02-16	2010-02-26	376
中远 CWB1	百慕大式	2009-08-18	2009-08-19	2009-08-19	2009-08-25	7
石化 CWB1	百慕大式	2010-02-24	2010-02-25	2010-02-25	2010-03-03	7
上港 CWB1	百慕大式	2009-02-27	2009-03-02	2009-03-02	2009-03-06	5
青啤 CWB1	百慕大式	2009-10-12	2009-10-13	2009-10-13	2009-10-19	7

续表

权证	行权类型	最后交易日	停止交易日	行权起始日期	最后行权日期	可行权区间
国电 CWB1	百慕大式	2010-05-14	2010-05-17	2010-05-17	2010-05-21	5
康美 CWB1	百慕大式	2009-05-18	2009-05-19	2009-05-19	2009-05-25	7
宝钢 CWB1	百慕大式	2010-06-25	2010-06-28	2010-06-28	2010-07-02	5
葛洲 CWB1	百慕大式	2009-12-31	2010-01-04	2010-01-04	2010-01-08	5
江铜 CWB1	百慕大式	2010-09-21	2010-09-27	2010-09-27	2010-10-08	12
南航 JTP1	欧式	2008-06-13	2008-06-16	2008-06-20	2008-06-20	1
茅台 JCP1	欧式	2007-05-22	2007-05-23	2007-05-29	2007-05-29	1
海尔 JTP1	百慕大式	2007-05-09	2007-05-10	2007-05-10	2007-05-16	7
雅戈 QCP1	百慕大式	2007-05-14	2007-05-15	2007-05-17	2007-05-21	5
万华 HXP1	百慕大式	2007-04-19	2007-04-20	2007-04-20	2007-04-26	7
原水 CTP1	百慕大式	2007-02-05	2007-02-06	2007-02-06	2007-02-12	7
包钢 JTP1	百慕大式	2007-03-23	2007-03-26	2007-03-26	2007-03-30	5
沪场 JTP1	欧式	2007-02-27	2007-02-28	2007-03-06	2007-03-06	1
招行 CMP1	百慕大式	2007-08-24	2007-08-27	2007-08-27	2007-08-31	5
机场 JTP1	美式	2006-12-15	2006-12-18	2006-03-23	2006-12-22	275
武钢 JTP1	百慕大式	2006-11-15	2006-11-16	2006-11-16	2006-11-22	7
长虹 CWB1	百慕大式	2011-08-11	2011-08-12	2011-08-12	2011-08-18	7

1.1.3 欧式、美式和百慕大式期权比较

欧式、美式和百慕大式期权各有特点，很难说某个类型一定优于其他类型。我们从以下四个方面对这三类期权进行了对比分析。

（1）投资者交易策略的差异

欧式期权由于可执行时间区间固定，对于期权卖出方来说，进行套期保值或实现其前期制定的风险管理策略更为稳定，不可能出现由于对手方提前执行期权导致自身投资组合不能完全覆盖风险，从而无法实现有效风险管理的情况。

美式期权由于可执行时间区间较长，对于期权买入方而言更为方便，投资者在特定情况下可以通过提前要求执行实现特定的投资目的。

百慕大期权对投资者交易策略的影响主要与其可执行时间区间有关。一般而言，百慕大期权执行时间区间应介于欧式和美式期权之间，对期权买卖双方各有优缺。

（2）期权定价方法和效率的差异

欧式期权的定价方法最为成熟，有明确的公式供投资者使用，便于投资者理解。然而就定价效率而言，欧式期权只有在到期日才能通过执行确保理论价格与实际交易价格的收敛；在此之前，市场价格与理论价格的偏离主要靠市场套利力量保证，每日定价效率相对较低。

美式期权的定价方法不但与到期日的标的物价格有关，还具备路径依赖的特性，在许多情况下没有办法直接用公式求解，只能通过近似方法求出美式期权的理论价格。但从定价效率上来说，美式期权由于每天都能执行，当其实际交易价格与理论交易价格有较大偏差时，市场将通过执行进行强制的收敛，每日定价效率相对于欧式期权更为有效。

百慕大期权的定价方法与其实际对可执行时间区间的规定有关，计算方式远远较普通的欧式和美式期权复杂。从定价效率上来说，百慕大期权只能定期保证期权理论价格与实际价格的收敛，定价效率介于美式期权与欧式期权之间。

（3）投资者资金占用的差异

随着市场价格的不断变动，期权合约的数量在存续期内会不断增长，不同的执行时间区间将导致对投资者资金占用的不同影响。

由于欧式期权无法提前执行，如果市场流动性不足，前期在虚值期权合约上持仓的投资者将无法平仓，从而无法释放资金，并进而导致市场总流动性的下降。

美式期权可以提前执行，确保了虚值期权持仓客户可以释放资金，让其重新集中到个别活跃的期权合约交易上。

百慕大期权介于前两者之间，定期可以释放投资者在不活跃合约上的资金。

（4）风险的差异

欧式期权的风险主要体现在最终结算价格的确定和日常交易价格的偏离上。最终结算价格关系到期权是否有价值，对期权买卖双方的影响极大。从韩国市场的经验来看，历史上曾多次出现投资者故意操纵最终结算价，从而在期权市场上获利的情况。产生日常交易价格偏离的主要原因是没有随时执行的约束，期权卖方可以在到期前压低权利金报价，从而使得期权与对应的期货不同步变化。

美式期权的执行风险主要体现在每日执行价格和集中执行上。每日执行价格与欧式期权最终结算价格一样，影响到期权执行方是否能获利，是买卖双方关注的焦点。美式期权集中执行主要体现在指数期货期权上，对于采用实物交割的指数期货期权，执行将导致投资者期货市场持仓增加，美式期权的集中执行将显著加大市场风险。

百慕大期权的执行风险与前两者基本类似。

1.1.4 初步考虑中金所指数期权设计选择欧式执行方式

从境外成熟市场经验可以看出，欧式期权是指数期权市场的主流，同时结合境内金融市场现状和期权上市初期的实际情况，我们建议中金所未来上市的指数期权应选择欧式期权。这主要有以下三个方面的考虑。

（1）从市场功能发挥来看

首先，欧式期权有助于投资者管理风险和实现特定的交易策略，充分发挥期权市场的功能。期权与期货一样，都是投资者管理风险的重要工具。一般而言，从事风险管理或实现特定交易策略的投资者需要进行多个方向的交易。如果其在某个方向的持仓有可能被提前执行，将会导致投资者投资组合的整体风险暴露，从而降低投资者应用期权的意愿，进而不利于期权市场功能的发挥。例如，标普100美式期权和欧式期权在2008年金融危机中表现迥异，美式期权持仓量迅速下降，投资者普遍转为利用相同标的的欧式期权进行套期保值，就是为了防止自身风险管理策略被打乱而出现风险暴露的情况。

其次，根据我国目前资本市场实际情况，期权上市初期应选择欧式期权。一方面，欧式期权的定价更为简单，投资者能精确计算其投资组合的实际价值，可以更为有效地管理好整体的风险；另一方面，欧式期权相对更容易理解，便于投资者迅速掌握，能让更多的投资者真正参与进来，用好期权这个风险管理的利器。

最后，欧式期权可以提升投资者作为期权卖出方的积极性，完善市场结构。欧式期权卖方可以获取权利金，在一定程度上降低期权卖出方的风险，提升投资者的积极性。考虑到未来指数期权推出初期可能不采用做市商制度，从而出现期权卖出方不足的情况，就更有必要采用欧式期权，以完善市场整体结构，实现期权市场的功能。

（2）从风险控制和管理来看

欧式期权的风险控制和管理相对更容易，更符合我国金融市场实际情况。一方面，美式期权和百慕大期权的理论价格难以计算，会导致理论价格与实际价格的偏差难以及时和准确度量，进而增加交易所实时价格风险监控工作难度；另一方面，由于美式期权和百慕大期权均可提前执行，需要交易所对每个期权合约的提前执行结算价进行监管，防止有人利用部分不活跃的合约进行利益输送，监管压力较大。

（3）从交易所制度设计和技术实现来看

与境外市场不同，境内期货和期权市场采用了强行平仓、强制减仓等更为复杂和多样的风险控制措施，如果采取美式期权，其对应的执行规则将与这些风险控制措施互相影响，增大交易所期权相关制度设计和具体落实监管措施的难度。

此外，美式期权每日均可执行，每次执行都需要对全部客户进行较为复杂的计算，增加了交易所系统的负荷，降低了效率，因此从期权上市初期的实际情况出发，有必要选择欧式期权作为中金所未来上市的期权类型。

需要注意的是，即使采用欧式期权作为指数期权执行方式，交易所仍需做好日常市场交易价格的监控、不活跃合约客户平仓及防范最终交割结算价操纵等一系列风险控制工作。

1.2 指数期权执行清算方法

普通期权与奇异期权在执行清算方法上有较大差别。普通期权在执行时，根据标的物在执行当日在某段时间或时点的绝对价格与约定价格的价差，即“内在价值”对期权买卖方进行清算；奇异期权则更为复杂，可以根据标的物价格在一段时期的价格平均值、最大最小值、是否达到某个特定水平等多个维度，采取固定金额支付、内在价值支付与按平均价格与约定价格之差支付等多种类型的支付手段。目前，除个别交易所的个别产品外，境内外相关市场普遍采取了普通期权的执行清算方法。

1.2.1 奇异期权的执行清算方法

奇异期权能比普通期权带来更高的收益率，被不少投资银行所重视。奇异期权多用于场外市场，其执行结算价格往往是由期权发行方根据期权购买方的实际需要进行有针对性地设计，目前常见的奇异期权主要有以下几种类型。

（1）亚式期权（Asian Options）

亚式期权是当今金融衍生品场外市场上最活跃的奇异期权之一，其到期回报依赖于标的物在一段特定时间内的平均价格，根据平均价格计算方法的不同，又可以分为算术平均亚式期权和几何平均亚式期权。

（2）二项式期权

这种期权投资者根据标的指数到期时的结算价格确定是否能获得利润。如果结算价格等于或超过约定数值，投资者能获得一个固定金额的收益；反之，则投资者将一无所获。

（3）回溯期权（Lookback Options）

回溯期权的收益根据标的物在某个特定时期（回溯时段）达到的最大或最小价格（回溯价），按照回溯价格进行对期权买方最有利的交易，即在价格最高点卖出，或在最低点买进。

（4）彩虹期权（Rainbow Options）

彩虹期权是指标的物有两种以上的期权，又称篮子期权（Basket Options）。最终期权的回报取决于一揽子标的资产的价值，这些标的资产可以是个股、指数或者外汇。

（5）障碍期权（Barrier Options）

障碍期权是指期权的回报依赖于标的物的价格在一段时间内是否达到了某个特定的水平即障碍水平。障碍期权可以分为敲出障碍期权（Knock-out Options）和敲入障碍期权（Knock-in Options），两者区别在于达到障碍水平后，敲出障碍期权不再存在，而敲入障碍期权才生效。目前我国香港地区市场较为活跃的牛熊证产品就是敲出障碍期权的一个变形。

实际交易中，场外期权发行方可以通过设定是否可以提前执行、是否有障碍水平等特殊交易条款，与不同的期权执行时间区间进行组合，形成更为复杂的各类奇异期权。（见图 12-3）

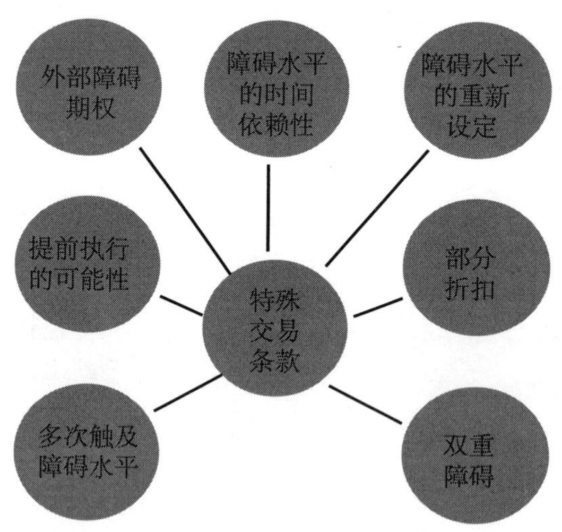

图 12-3　常见的场外期权特殊交易条款类型

1.2.2 境外指数期权市场的执行清算方法

除 CBOE 的二项式期权外，境外指数期权市场普遍采取了普通期权的

“内在价值”清算方法。由于约定价格在期权合约上市时就已经明确，该清算方法的核心在于执行结算价（Exercise-settlement Value）的确定。从具体规定来看，美式的提前执行结算价格一般根据当日期权合约结算价确定；美式和欧式期权的到期执行结算价一般相同，由期权合约的最终结算价确定。但各个交易所在最终结算价的确定方式上还有一定差异，主要可以分为按收盘价、开盘价以及收盘价的算术平均三种方法。

（1）芝加哥期权交易所（CBOE）

CBOE 指数期权产品较为丰富，不同的指数期权产品执行结算价的确定方式也有所不同，主要是根据指数成分股的收盘价或开盘价进行计算。（见表 12-5）

表 12-5 CBOE 指数期权执行清算情况

产品	到期日及最后交易日	执行结算价
标普 100 指数期权（美式）	到期日：到期月第三个周五后的周六； 最后交易日：到期日前一交易日	根据提前执行当日或到期日前一交易日的指数成分股最新或收盘价计算
标普 100 指数期权（欧式）		根据到期日前一交易日的指数成分股最新或收盘价计算
RUSSELL 2000 指数期权		“RLS”，同标普 100 指数期权（欧式期权）
标普 500 指数期权	到期日：到期月第三个周五； 最后交易日：执行结算价格计算日的前一个交易日	“SET”，根据到期日前一个交易日的所有成分股的开盘价计算
纳斯达克 100 指数期权		“NDS”，同标普 500 指数期权

值得关注的是，CBOE 还推出了标普 500 指数二项式期权和 CBOE 波动率指数二项式期权，其对应的执行结算价格与普通欧式和美式期权完全一致，主要差别在于投资者在执行期权时获得的利润只能是“all or nothing”，即只有在执行当日，期权合约的执行结算价格超过执行价格，

期权买入方才能获得一些固定金额的现金，否则期权买入方将一无所获。

（2）欧洲期货交易所（EUREX）

Eurex 以欧式期权为主，执行结算价一般为当日的最后交易价，但由于 Eurex 产品覆盖了若干个国家，上市了不同的现货市场的指数期权，随着现货市场交易方式和交易时间的不同，最后结算价的计算方式有所不同。

（3）英国国际金融期货交易所（LIFFE）

LIFFE 也以欧式期权为主，执行结算价的确定方法与相同标的的股指期货计算方法一致，均为取现货指数在最后 20 分钟或 30 分钟交易时段每分钟价格的算术平均值。

（4）台湾期货交易所

台湾期货交易所的期权均为欧式期权，执行结算价采用收盘价格的算术平均值。2011 年 5 月 18 日，台湾期货交易所为了进一步提高最后结算价的公平性，调整了最后结算价的具体计算方式。调整前，最后结算价是最后交易日证券市场当日收盘前 30 分钟的指数算术平均价，并一律向下取至最接近各期货合约最小波动价位的整数倍。调整后，最后结算价取位方式改为按“四舍五入”的原则取最接近各期货合约最小波动价位整数倍的数值。

（5）香港交易所

香港交易所的指数期权均为欧式期权，执行结算价与对应的指数期货基本一致，具体计算方法为：在到期日当天持续交易时段开始后的 5 分钟起直至持续交易时段完结前的 5 分钟止期间每隔 5 分钟所报的指数点与收市时指数点的算术平均数，计算结果向下调整至最接近的整数指数点。

1.2.3 境内市场执行清算方法

境内商品期货交易所拟上市的均为商品期货期权，与指数期权存在较大差别，执行时期权买卖双方将分别获得对应的期货多头和期货空头持仓。

境内权证市场的执行清算包括实物交割和现金结算两种方法。实物交割与商品期货期权基本一致；现金价格的权证则需要根据沪深交易所权证管理暂行办法的有关规定确定执行结算价格，具体为行权日前10个交易日标的证券每日收盘价的平均数。从权证市场实际交易情况来看，仅有南航JTP1采取了现金结算的方式。该权证为欧式，即最终的执行结算价格为到期日前10个交易日的标的证券每日收盘价的算术平均值。

1.2.4 指数期权的执行清算方法选择

考虑到普通期权的“内在价值”清算方法是市场主流，同时其计算简单的特点也较为符合开展期权交易初期的市场特征，建议中金所未来指数期权也选择普通期权的执行清算方式。

假定未来指数期权采取欧式，我们还建议最终的执行结算价格确定方式应与现有指数期货的最终结算价相同，即最后交易日标的指数最后两小时的算术平均价。这主要基于以下两点理由：

（1）此类结算价格确定方式较为成熟，也是当前市场主流

相关新兴市场的运行情况可以提供最好的正反面案例。我国台湾地区市场的制度变迁可以作为最好的成功案例。我国台湾地区市场的结算价方式一度采取第二天的开盘价，但这之后出现了多次疑似操纵的案例。我国台湾期货交易所于是采用了新的结算价确定方式，与目前中金所采用的方式较为类似，有效杜绝了市场操纵行为。反之，一直采用收盘价作为最终结算价的韩国市场曾多次发生风险事件。尤其是2010年11月11日，韩国正式认定德意志银行操纵KOSPI200指数成分股价格，进而操纵对应指数期权的交割结算价。该事件在韩国市场造成了恶劣的影响，非常值得中金所引以为戒。

（2）此类结算价确定方式能降低到期日效应

采取平均值作为欧式指数期权的执行结算价格，能部分降低股指期货及期权结算带来的到期日效应。我国台湾地区市场的实证研究表明，在采取了新的以平均值作为最终结算价近一年后，在原最后交易日和结算日不

同日的情况下，结算日存在显著的到期日效应；而调整后结算日（与最后交易日相同）虽仍存在一定的到期日效应，但程度已大为降低。

二、期权执行流程设计的要点

期权执行流程是指交易所收取和处理期权执行指令的一系列完整制度安排，具体可以分为接受期权买方的执行指令、选择履约的期权卖方、进行清算交割和执行信息公开等步骤。（见图 12-4）

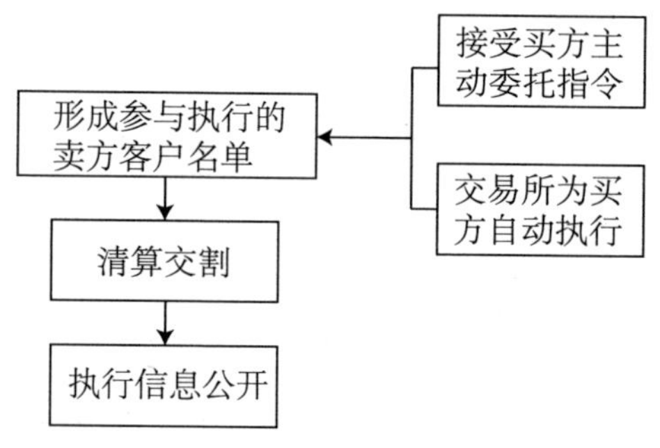

图 12-4　场内期权执行的一般流程

虽然大致做法一致，但从收集的资料来看，即使对于同一类型指数期权，不同市场的具体执行流程也存在较大差异。境内权证市场上曾经多次因具体执行流程的安排而引发纠纷，因此有必要对指数期权的具体执行流程进行仔细的梳理，找出所有可能出现的规则疏漏和风险，防患于未然。

经过对境外指数期权市场、境内商品期货期权市场以及境内权证市场的初步对比分析，我们总结了指数期权执行流程中存在的五个重点问题，并结合实际案例，对指数期权合约和规则设计中可能存在的潜在风险做了初步的思考。

2.1 到期日交易所是否代客户自动执行

期权市场发展初期，投资者对期权产品可能并不了解，往往容易在期权合约到期时未及时对实值期权要求行权，导致事后引发投资者和会员公司之间的纠纷。事实上，我国权证市场上就曾多次出现此类情况。

为避免上述情况，部分交易所选择在到期日代替持有实值期权的所有客户自动执行，但在实际操作中又引发了如何判断实值期权的问题，即由于会员对客户一般会加收一部分手续费，从而可能出现交易所认为的实值期权对于投资者而言是虚值期权的问题。

2.1.1 境外期权市场做法

境外期权市场发展时间更长，投资者普遍比较理性。为方便投资者，各交易所普遍采取了交易所代客户自动执行为主、投资者自行手工修正为辅的混合执行模式。

（1）芝加哥期权交易所（CBOE）

在期权合约到期日，交易所对有0.25点以上实值的指数期权合约采取自动执行的方式。此外，期权买入方也可以先向所属会员公司提出执行要求，并经会员内部汇总后，将执行要求转至清算所执行。

（2）欧洲期货交易所（EUREX）

欧洲期货交易所规定由会员负责代客户处理期权行权相关事宜，但对会员自身自营账户和做市商账户，交易所风险管理委员会可以根据规定的标准决定自动行权。

（3）伦敦国际金融期货交易所（LIFFE）

伦敦国际金融期货交易所规定，提前到期的期权合约的执行由人工操作或自动通过CPS系统（Clearing Processing System）执行。欧式期权部位只有在到期日时才会被自动执行。若会员要对虚值期权执行或进行非自动执行的动作，则必须以人工方式输入指令。

（4）韩国交易所

韩国市场对实值超过0.01的期权合约实现自动行权的处理方式，客户可以向会员申报进行手工调整。

（5）台湾期货交易所

每一交割月份的最后交易日收盘后，交易所将于下一交易日，以最后结算价进行期权的自动执行，产生买方执行参考名册。期权自动执行的执行对象为实值合约（即到期结算价与期权执行价差额为正）且需达某一点数以上者。

交易所产生了买方执行参考名册后，期货商通过结算子系统查询其参考名册，并通知客户。客户可以在指数期权合约达到自动执行标准的情况下放弃执行，或在没有达到自动执行标准时要求执行，但出现这两种情况时客户须通知其期货商，由期货商在交易所规定时间内，通过结算子系统进行增删执行申报。

（6）香港交易所

期权到期日来临时，根据持有的期权情况不同，交易所可自动执行或自动作废。目前香港交易所规定，如果在到期日会员未在事前发出相反的指令，实值达到1.5%或以上的未平仓期权合约将于到期日被自动执行。

2.1.2 境内各市场做法

（1）商品期权市场

考虑到境内各个商品期货品种的手续费有较大差异，同时各个会员加收的交易费用也不统一，难以给出一个统一的自动执行标准，境内商品期货市场对于拟开展的商品期权的执行采取了与境外市场不同的做法。对于到期的期权合约，要求相应的期权买入方必须向交易所下达执行指令，否则一律不予执行，未下达指令的期权买入方被视为自动放弃相关权利。

（2）权证市场

境内权证市场的做法与权证的结算方式密切相关。根据《上海证券交易所权证业务管理暂行办法》第37条、《深圳证券交易所权证业务管理暂行办法》第39条的有关规定，对于采取现金结算方式行权且到期具有内在价值的权证，发行人应自动支付现金差价；但对于采取证券给付结算方式行权且到期具有内在价值的权证，代为办理权证行权的会员应提前五个交易日提醒相关持有人，或按照事先约定代为行权。（见表12-6）

从实际情况来看，已经执行的54只权证中仅有南航JTP1采取了现金结算的方式，其余53只权证均采用证券给付结算方式。可见，权证市场主要采取会员提醒客户执行或由会员代客户行权的方式。这些权证在实际执行中，虽然交易所和会员会进行多次提醒，并持续公布多份行权通知及公告，但权证市场上仍先后多次出现鞍钢认购、五粮液认购和伊利认购等深度实值期权未行权导致亏损的情况，引起了媒体的强烈关注，也导致了客户与会员之间的一些纠纷。

2.1.3 不同执行方式的区别与选择

从理论上来说，对于理性投资者，自动行权和手动行权两种方法不存在差异。然而如果投资者在到期日忘记申报执行，两种申报执行方式将会产生不同的后果。自动行权可能使得持有实值金额较小的期权多头客户的盈利无法覆盖相关的交易、执行费用，从而产生亏损。手动行权可能使得持有深度实值期权合约的客户未能到期执行，从而产生亏损。

2.1.4 对我国指数期权执行方式的建议

根据我国市场的实际情况，我们认为未来的指数期权采用类似于境外市场的以自动执行为主的混合执行模式更为合理。主要理由有以下两点。

（1）实值期权自动执行能在特定条件下保护投资者利益

在实际交易过程中，期权投资者可能由于联系地址变更、内部流程复杂以及期权账户被其他机构暂时冻结等多种特殊原因导致无法行权的情况，自动执行方式可以保障投资者在这些情况下的实际利益，降低发生矛盾的可能性。

（2）指数期权具备自动执行的条件

对于采取实物交割的期权来说，在投资者实际执行前，需要执行方做好相应的准备工作，买入方需存入保证金，卖出方需要准备现券，难以真正采取自动执行方式。而指数期权采取现金结算模式，不涉及相应的前期准备，完全可以采用自动执行的方式。

2.2 客户是否可以下达明显不合理的执行指令

对于普通期权，在期权合约到期时，其最终的执行清算价格已经确定，期权合约内在价值的大小范围也能大致明确。如果此时期权买入方放弃执行实值期权或要求执行虚值期权，就可以视为下达了明显不合理的执行指令。

境外市场投资者较为理性，交易所一般不对客户的具体交易行为进行干涉，客户可以随意报入各种类型的执行指令。在研究分析境外交易所相关经验时，我们仅发现韩国交易所在规则中明确规定了虚值期权不得执行。

境内商品期货交易所拟开展的商品期权交易也没有对客户的执行行为进行干涉，投资者可以根据自身意愿下达执行指令。

境内权证市场同样没有限制投资者的执行指令。从54只已经执行的权证的总行权数量上来看，投资者总体较为理性，多数实值期权到期基本全部执行，而多数明显虚值的期权到期没有参与执行。但是我们也注意到，类似鞍钢认购、五粮液认购和伊利认购等深度实值期权也曾经出现投资者未行权的情况，同时还有部分投资者在茅台认沽等深度虚值的权证上行权。

表 12-6　境内已执行的权证内涵价值大小估算与实际行权数量

证券简称	执行方式	行权类型	类型	内涵价值大小	累计行权数量（份）
江铜 CWB1	认购权证	百慕大式	实值	30.4	1 759 615 512
马钢 CWB1	认购权证	百慕大式	实值	0.4	1 245 381 186
长电 CWB1	认购权证	百慕大式	实值	8.9	1 224 318 916
邯钢 JTB1	认购权证	百慕大式	实值	3.8	907 552 748
钢钒 GFC1	认购权证	百慕大式	实值	5.2	799 603 271
包钢 JTB1	认购权证	百慕大式	实值	3.7	698 392 929
武钢 JTB1	认购权证	百慕大式	实值	1.2	465 987 601

续表

证券简称	执行方式	行权类型	类型	内涵价值大小	累计行权数量（份）
葛洲 CWB1	认购权证	百慕大式	实值	7.0	300 666 004
五粮 YGC1	认购权证	百慕大式	实值	14.5	297 105 281
深发 SFC1	认购权证	百慕大式	实值	19.6	206 648 800
国电 JTB1	认购权证	百慕大式	实值	11.8	183 105 486
中化 CWB1	认购权证	百慕大式	实值	12.5	179 895 821
康美 CWB1	认购权证	百慕大式	实值	2.0	165 570 052
伊利 CWB1	认购权证	百慕大式	实值	19.1	149 568 028
侨城 HQC1	认购权证	百慕大式	实值	49.0	149 338 821
阿胶 EJC1	认购权证	百慕大式	实值	13.3	130 257 923
鞍钢 JTC1	认购权证	百慕大式	实值	5.5	110 601 666
首创 JTB1	认购权证	百慕大式	实值	6.1	99 159 846
深发 SFC2	认购权证	百慕大式	实值	0.4	95 388 057
雅戈 QCB1	认购权证	百慕大式	实值	22.7	94 754 712
青啤 CWB1	认购权证	百慕大式	实值	14.8	85 529 792
万华 HXB1	认购权证	百慕大式	实值	32.5	56 438 173
云化 CWB1	认购权证	百慕大式	实值	6.9	53 771 012
石化 CWB1	认购权证	百慕大式	实值	1.7	188 292
中兴 ZXC1	认购权证	百慕大式	实值	3.4	2 334 859
国电 CWB1	认购权证	百慕大式	虚值	−3.9	29 081 107
宝钢 JTB1	认购权证	欧式	虚值	−0.1	5 542 559
上汽 CWB1	认购权证	百慕大式	虚值	−2.8	3 925 647
日照 CWB1	认购权证	百慕大式	虚值	−9.7	296 020
武钢 CWB1	认购权证	百慕大式	虚值	−1.9	152 333
宝钢 CWB1	认购权证	百慕大式	虚值	−0.1	113 785
上港 CWB1	认购权证	百慕大式	虚值	−4.1	106 602
雅戈 QCP1	认沽权证	百慕大式	虚值	−22.3	74 598
深高 CWB1	认购权证	百慕大式	虚值	−7.7	70 326
原水 CTP1	认沽权证	百慕大式	虚值	−2.2	65 328
武钢 JTP1	认沽权证	百慕大式	虚值	−1.0	60 433

续表

证券简称	执行方式	行权类型	类型	内涵价值大小	累计行权数量（份）
机场 JTP1	认沽权证	美式	虚值	-0.7	56 047
海尔 JTP1	认沽权证	百慕大式	虚值	-10.5	50 521
赣粤 CWB1	认购权证	百慕大式	虚值	-11.7	36 028
包钢 JTP1	认沽权证	百慕大式	虚值	-3.2	33 375
深能 JTP1	认沽权证	百慕大式	虚值	-0.2	32 182
中远 CWB1	认购权证	百慕大式	虚值	-8.9	23 410
万科 HRP1	认沽权证	百慕大式	虚值	-3.3	15 953
茅台 JCP1	认沽权证	欧式	虚值	-101.6	8727
钢钒 PGP1	认沽权证	欧式	虚值	-5.4	6289
招行 CMP1	认沽权证	百慕大式	虚值	-32.6	4851
沪场 JTP1	认沽权证	欧式	虚值	-12.1	3092
万华 HXP1	认沽权证	百慕大式	虚值	-28.5	2744
国安 GAC1	认购权证	百慕大式	虚值	-2.8	791
中集 ZYP1	认沽权证	百慕大式	虚值	-13.3	2
南航 JTP1	认沽权证	欧式	虚值	-3.1	0
钾肥 JTP1	认沽权证	百慕大式	虚值	-29.3	0
五粮 YGP1	认沽权证	百慕大式	虚值	-13.5	0
华菱 JTP1	认沽权证	百慕大式	虚值	-7.7	0

注：此处的内涵价值大小均以权证到期日对应的正股收盘价格进行估算，与实际情况之间存在一定偏差，尤其是对于虚值额度较小的权证，在实际交易中可能仍有利可图。

对于指数期权，也可能出现投资者为了争夺指数期权“行权第一人”称号等多种原因而下达明显不合理的执行指令的情形，有必要在未来的指数期权合约和规则设计中加以考虑和明确，以减少不理性行为。

2.3 行权对手方的配对原则

行权对手方是指参与执行的期权卖出方。由于其负有行权的义务，一般由交易所按照交易规则被动指定，但境内外市场的配对原则有所不同。

2.3.1 境内外市场情况

从境内外市场情况来看，各交易所基本上都采取由交易所随机选择对手方的模式，但具体做法有所不同。

芝加哥期权交易所（CBOE）的期权执行由期权结算公司（OCC）负责。其选择期权执行对手方的做法是，在到期期权合约的所有未平仓卖方部位中，随机抽取一家委托卖出的经纪商，被抽中的经纪商接到 OCC 通知后，再从所有仍持有该期权卖方头寸的客户中抽取一人来交割。也有些经纪商采用先进先出法（First-in/First-out Basis）决定交割的客户，即最早持有该期权卖方头寸者会被指定交割。原则上，只要选取方法公平、公正、公开，且经交易所同意，则均可实行。

欧洲期货交易所（EUREX）由清算公司（Clearing AG）负责期权执行。清算公司一般在晚上批次处理中，以随机方式分配给持有卖出部位者，结算会员可以在第二个交易日早上经计算机联机页面，查询分配结果及数量。

台湾期货交易所在固定时间进行卖方履约指派，采用随机方式产生卖方履约的指派名册，并指定对应的客户。期货商可通过其结算子系统上传或查询相关数据，但只能上传或查询其自身的相关数据，而无法得知其他期货商的数据。

香港交易所接到期权执行指令后，随机指派至会员，再由会员随机指派至具体客户。

根据我们的调研，境内商品期货交易所目前统一按照持仓最长时间的原则选择对手方进行匹配。

2.3.2 行权原则的选取

我们对随机指派和持仓时间最长两种不同的行权对手方的配对原则进行了对比分析，发现两者各有优缺点。

（1）随机模式可能落人口实

目前计算机技术还无法实现真正完全的随机。实行随机原则可能招致投资者对期权规则透明度的质疑。尤其在特定情况下，是否履约可能牵涉较大利益时容易引起纠纷。

（2）持仓时间最长原则存在两个缺点

一方面，持仓时间最长原则可能被利益输送者利用。操纵者可以提前在不活跃的极度虚值期权上建立空头的持仓，并在到期或可执行时建立多仓并要求执行，将资金转至空头持有方。另一方面，期权卖方可以通过资金调配等方式规避执行义务。采取持仓时间最长原则后，持仓较长的客户可能会故意降低保证金账户的金额，使得该账户资金不足而无法交割，以此达到规避执行义务的目的。

（3）如果采取持仓时间最长原则，交易所需要有针对性地做好相关工作

首先，可以在规则中设置门槛，限制明显不合理的执行指令，从而降低利益输送的收益。

其次，对所有虚值期权进行严格监管。在期权执行之前就及时排查，找出可能存在的利益输送隐患，事前就防止可能出现的违规风险。

最后，对于实值期权卖出方，在临近到期或可执行时期内，交易所可以加收一部分保证金，确保卖出方到期能承担交割义务。

2.4 执行前的风险控制

境外各交易所对执行前的客户风险控制主要集中在各类实物交割的期权类型上。针对采用现金结算的指数期权，由于其执行对应标的物市场影响较小，一般没有相应的风险控制措施。

境内商品期权市场的标的是商品期货，因此有必要对参与执行的客户进行风险控制。目前各交易所的风控主要集中在对集中执行带来的风险以及对投资者持仓是否超限和资金是否足够缴纳对应的商品期货的前端检查上。境内权证市场对采取证券给付方式结算的权证进行前端风险控制，主要是要求参与执行的期权买入方准备相应的现金或标的证券。

总体来看，采取现金交割的指数期权可以避免许多实物交割需要防范的风险，在执行过程中交易所应关注的最主要风险就是参与执行客户执行后是否资金不足，以及出现资金不足时该如何处理。

2.4.1 对期权买入方资金不足的前端控制

参与执行的期权买入方不用向交易所支付权利金，在到期执行前完全不用检查投资者资金。但在投资者报入执行指令后，有可能出现投资者执行了虚值指令，产生亏损，并导致自身资金不足的情况。此时，应由会员负责通知投资者，如果未能在可执行最后时限内补足资金的，视为自动放弃执行。

2.4.2 对期权卖出方资金不足的前端控制

在交易所采取传统期权卖方保证金公式计算客户保证金的前提下，理论上持仓保证金足以覆盖执行，但在目前的期权每日结算价确定方式和一些特殊情况下，交易所收取的持仓保证金可能出现不足的情况，举例说明如下。

假设：

①沪深300指数7月14日收盘为3000点，历史年波动率为50%，即指数1年内在2000~4000点波动；

②沪深300指数期货7月14日的收盘结算价为3000点；

③投资者A于7月14日盘中卖出了1份执行价格为2500点的买入期权，该期权7月15日到期，乘数为300；根据B-S公式，该份期权在收盘时的理论价格为500元，假设投资者计算出现失误，以340元偏低的价格卖出，并且由于该合约属于深度实值期权，流动性非常差，最终该合约的收盘结算价也为340元；

④无风险利率为3.25%，现金股利率为2%；

⑤7月15日市场出现极端行情，沪深300指数价格一直封在3300点的涨停板位置。

则：

交易所根据传统期权卖方保证金公式收取的保证金为以下两者中的最大值，即7月14日收盘时，投资者A应向交易所支付237 000元的持仓保证金。

①权利金+期货合约保证金-期权虚值额的1/2（实值和平值为零）=340×300+3000×15%×300=237 000元

②权利金+期货合约保证金的1/2=340×300+3000×15%×300×50%=169 500元

但在7月15日，该期权合约到期执行时，如果投资者A参与执行，实际本应向期权买入方支付（3300-2500）×300=240 000元，超出其向交易所支付的持仓保证金3000元，交易所将面临一定的违约风险。所以，有必要加强对期权卖出方的风险控制。

2.5 公开期权执行信息内容

期权执行会导致期权的持仓量下降，交易所需要及时对外公布期权执行的相关信息，尤其是美式期权，由于每日均可执行，需要及时对外公布每日的行权数量。

从境内外其他市场情况来看，需要公布的数据主要是每日行权数量和累计行权数量。例如，CBOE会定期对外公布每日的期权行权数量，境内商品期货市场也在规则中明确规定了行权数量的公布要求，目前上海证券交易所也每日公布正在交易中的权证的行使数量和累计行使数量。

表12-7　7月5日上海证券交易所公布的权证相关流通信息

日期	权证名称	权证代码	每日权证创设注销行权信息			权证流通信息				
			创设数量（A）	注销数量（B）	行权数量（C）	累计发行数量（D）	累计创设未注销数量（E）	累计行权数量（F）	权证总量（G）	流通在外权证份额（H）
2011-07-05	长虹CWB1	580 027	0	0	0	573 000 000	0	0	573 000 000	573 000 000

三、结论和建议

通过对境外指数期权市场、国内商品期货期权市场以及国内权证市场的相同或相似产品的执行方式和具体执行流程的研究，我们对中金所上市的指数期权执行方式进行了分析，提出了采取普通欧式期权的建议，以适应期权上市初期的具体情况；同时对指数期权的具体执行流程进行了研究，发现如果直接套用境外市场或国内商品期货期权市场的相关做法，可能会出现容易引发纠纷、被操纵者利用以及交易所在特殊情况下面临一定的违约风险等问题，并初步提出了采取以自动执行为主的混合执行模式、适当考虑限制客户明显不合理执行指令、对持仓最长的卖方配对原则增加限制以及增强对期权卖方执行前的风险控制等建议，供未来指数期权合约和规则设计参考。

（钟鸣）

第四部分

股指期权功能与作用

第十三篇　《南森报告》对美国期权上市初期市场影响的分析

摘要

南森公司（Robert R. Nathan Associates Inc.）在1974年为芝加哥期权交易所完成了名为《回顾芝加哥期权交易所股权类期权上市交易》的研究报告（以下简称《南森报告》）。《南森报告》成文于1974年12月，就美国芝加哥期权交易所推出的个股期权对资本市场的影响展开分析。该报告的分析结论被美国证监会所关注，在一定程度上促成了美国证监会放开上市新期权品种的限制，对美国期权市场的发展发挥了重要作用。本文归纳总结了《南森报告》中关于芝加哥期权交易所场内期权市场推出后对资本市场影响的主要结论：场内期权的推出对完善金融市场体系和提高金融市场整体效率、促进期权市场的发展和投资者的成熟理性发挥了积极作用。美国期权市场初期的经验教训可以为我国衍生品市场的发展提供重要借鉴，大力发展场内期权市场对于完善我国金融市场体系、提升金融市场效率、促进投资者的成熟理性具有重要意义。

一、《南森报告》对美国场内期权市场发展初期的情况进行了分析总结，在一定程度上影响了美国期权监管政策

1973 年 4 月，首个标准化个股期权合约在芝加哥期权交易所上市，标志着美国场内期权市场的正式诞生。在随后的几年里，美国期权市场呈现爆炸式增长态势，远远超出了美国证监会的预期。截至 1978 年上半年，美国共有 5 家交易所交易个股期权，期权权利金总额占纽约证券交易所交易额的比例从上市初期的 0.3% 提高到 8.2% 。

期权市场在获得高速发展的同时，出现了一些操纵与欺诈等违法违规事件。美国证监会查处了一批操纵价格、内幕交易、为增加佣金过度频繁动用客户资金交易、向客户宣传时利用不实广告、未向客户披露期权风险、不考虑客户投资适配性、对客户不公等违法行为。部分做市商和会员为绕过监管，在场外通过清算方来达成买卖上市期权交易的协议，并且这种行为与日俱增，日趋严重。

鉴于这一系列问题的发生，美国证监会于 1978 年决定在保留已上市期权继续交易的同时，暂停新的期权合约上市，并对标准化期权合约推出前后的市场变化进行全面回顾与分析，以综合判断标准期权合约的推出对市场的影响。

同年，美国证监会完成相关研究论证，发表了《关于期权市场的特别研究报告》（Special Study of Options Market），认为期权交易整体上对金融市场产生了积极的影响。1980 年，美国证监会撤销了对期权上市交易的禁令，美国期权市场此后获得了巨大的发展，新期权产品和期权种类层出不穷，成为全球最重要的金融衍生产品市场之一。《关于期权市场的特别研究报告》中关于市场数据分析及结论的部分，大量引用借鉴了《南森报告》的内容。《南森报告》是当时最为系统全面地研究期权市场的报告，为美国证监会对期权市场的界定与相应的政策导向都提供了主导意见，在

美国期权发展历史上占据重要地位。回顾《南森报告》的主要内容，对于学习美国期权市场发展历史、了解期权推出后的影响、展望我国境内期权市场的发展都是极其必要的。

二、《南森报告》关于期权上市对市场影响的主要结论

通过对美国场内期权市场的交易情况进行分析，《南森报告》对美国场内期权上市对资本市场的影响提出三点重要结论，主要总结如下。

2.1 期权交易不但没有分流资本市场资金，而且通过减少投机、降低波动和提供流动性提升了资本市场效率

芝加哥期权交易所的期权交易对资本市场产生了积极作用，主要体现在标的股票相对流动性提高以及波动率下降等方面。更为重要的是，随着标准化期权合约交易的开始，单纯的期权投机交易行为大幅减少，越来越多的投资者将期权作为交易策略的一部分。专业投资者依此更好地应用较为复杂的对冲交易策略，在市场价格偏离理论价格时实施套利策略，从而避免了市场价格紊乱，提高了市场定价效率。

2.1.1 场内期权交易提高了现货市场的效率

《南森报告》就芝加哥期权交易所的个股期权交易对纽约证券交易所股票交易的影响进行了分析，发现期权交易对两个市场的市场效率都产生了积极作用。主要结论如下：

第一，期权标的股票的流动性在期权上市交易后相对增加。1974 年的 32 只期权标的股票表现出相对于整个市场更好的流动性（具体数据和论证见附件）。

第二，期权标的股票的波动性在期权上市交易后有所下降。第一批 16 只期权标的股票相对于随机选取的样品股票而言，更好地抵御了 1973 年当期的市场系统性风险（具体数据和论证见附件）。

第三，随着期权市场的逐渐成熟，现货市场与期权市场的关联互动性也日益加深。在现货价格出现变化时，期权保证金也基本根据期权定价理论而变化。

2.1.2 期权交易不会造成股票和债券市场资金分流

通过对场内期权上市后股票和债券市场资金变化的分析，《南森报告》认为期权交易不会造成股票和债券市场资金分流。在《南森报告》所研究的时间段内，芝加哥期权交易所上市交易的期权权利金总额从未大幅超过1亿美金，即使加上交易所要求的保证金部分，芝加哥期权交易所期权市场投入的资金量与同期投入新发行公司债券市场的资金量（222亿美金）以及同年投资新发行股票的资金量（77亿美金）相比也是微乎其微。即使期权交易市场进一步扩大十倍，该市场与庞大的公司债券、股票市场相比仍显得微不足道。因此，没有理由认为期权交易（包括未保护期权部位）的稳步上升会影响原有资本市场的供给与需求甚至大幅改变资本市场现有的资金成本等（具体数据与论证见附件）。

2.1.3 单纯投机交易行为日趋减少，策略交易稳步上升

相对于场外期权市场大量出现的单纯投机交易（买入买权、买入卖权等），场内期权市场的单纯投机交易行为日趋减少，越来越多的投资者进行的是策略交易。同时，一些专业投资者在市场供需不平衡所产生的期权价值偏离情形出现时，大量进行套利交易，这不仅提高了市场的流动性，还增加了市场的定价效率。这主要表现在以下几个方面：

第一，由于投资者适当性制度的实施，期权客户占证券公司客户总数的比例很小。芝加哥期权交易所的投资者适当性制度规定有效地排除了大量不符合要求的投资者进入期权市场，投资期权的客户大约占证券公司所有客户的3%，这在一定程度上减少了投机行为的发生。

第二，据证券公司反馈，大量期权交易者是被期权可以防范风险的特性吸引来参与场内期权交易的。

第三，场内期权市场表现出的透明度及流动性让更多的投资者将期权

作为交易策略中的一部分，而非单一的投机工具。这其中包括投资者在股票组合中买入买权来替代买入股票以防范下行风险，买入买权来对冲所卖空的股票，以及同时买入和卖出期权来进行价差交易等。

第四，包括机构投资者在内的专业投资者则通过对冲和套利策略来进行更为精细化的期权交易。部分专业投资者通过持有同一标的或不同标的的期权多头及空头对现有现货组合在特定的价格区域内进行对冲，并根据市场情况进行动态调整，以对现有现货组合进行风险管理。另一部分专业投资者则监控期权理论价格与实际价格的关系，等待套利机会出现时进行套利交易，使得市场价格回复到理论价格附近。这些操作进一步加深了期权市场与现货市场的联动性，提高了两个市场的定价效率，减少了投机行为导致价格紊乱的可能。

2.1.4 场内期权市场维持了较为有效的监管

《南森报告》认为，从已有的交易情况来看，期权市场的监管效果较为良好，并且需要继续维持必要的监管措施。为了防范内幕交易、价格操纵以及其他通过不正当手段谋取市场利益的违法行为，芝加哥期权交易所对个人及机构投资者的持仓及交易行为进行了限制，取得了较好的监管效果。此外，监管机构对市场上可能发生的违法行为采取警钟长鸣的态度是十分必要的。继续维持对市场的监管，保证市场的公正、有序，是期权市场得以进一步发展的必要条件。

2.2 期权交易场内化提高了期权市场效率，增加了期权交易量，保护了投资者利益

在芝加哥期权交易所推出标准化期权合约交易后，场内市场的透明度和流动性增加，交易费用降低，市场效率比场外市场显著提高。期权定价模型也随着交易数据与经验的丰富而日趋完善，期权交易量大幅提高，使投资者利益得到更好地保护。

2.2.1 期权合约标准化提高了市场效率

《南森报告》认为，通过期权合约的标准化和集中清算，建立了一个有效的期权市场，为期权投资策略的丰富发展创造了条件。市场效率的提高主要体现在三个方面：期权流动性的增强、交易信息透明度与市场信息传递速度的提高以及交易费用的降低。

在场外期权交易中，由于缺乏一个集中透明地公布交易信息的平台，交易依赖于交易双方的信息交流，这延缓了市场信息传递速度，进而影响了交易信息的透明度和流动性；同时，由于每一笔交易均独立于其他交易，交易资源无法得到有效整合，导致交易的手续费也较高。标准化期权合约的推出有效地解决了场外交易的弊端，使得市场效率显著提高。在芝加哥期权交易所上市个股期权之后，美国其他多家交易所争相效仿，上市标准化期权合约的行为也从侧面反映了场内期权交易的成功与未来的潜力。

2.2.2 期权定价模型日趋完善

随着标准化期权合约交易的深化发展，相关的期权定价模型也日趋完善。期权交易的透明度及信息传递速度增加，提高了市场效率及公平性，令学术界和市场参与者能够更精确地把握期权的合理价值。据统计，到1974年，已有超过10家机构投资者运用某种专门的定价模型对市场上可交易期权的合理价值进行估算，其中有很多模型已经被计算机程序化。《南森报告》同时也指出，市场上的定价模型仍有可改进之处。首先，已有的历史数据较短，仅12～18个月，这可以随交易时间的增加而积累。其次，由于历史数据不能完全代表未来，市场还需综合考虑更多的波动因素来合理定价。

2.2.3 期权合约交易量大幅提高

标准化期权合约上市后，期权交易量大幅提高，远远超过了之前的各种预期。值得关注的是，市场上越来越多的投资者将期权作为风险管理工具。与之前的场外市场不同的是，随着投资者对期权策略的熟悉及多维应用，不再将投资者简单地分为买方和卖方。

从合约分布上来看，交易量主要集中在近月、挂牌时间较长以及平值附近的合约。在芝加哥期权交易所期权交易的最初九个月中，较近的两个月份的合约交易明显比较远的合约更加活跃。挂牌时间越长的期权合约，交易越活跃。这与投资者对挂牌时间长的合约有更多的交易经验以及可以取得更多的市场数据有关。虽然投资者对不同执行价格的期权合约都表现出兴趣，但资金大多流向平值附近的合约。深度虚值期权的交易量较高，但因为单个合约的保证金较低，因此占所有期权合约资金总量的比例并不大。

2.2.4 有效保护投资者利益

出于保护投资者利益的考虑，芝加哥期权交易所限制投资者大量交易深度虚值期权。在场内期权交易中，深度虚值期权的交易量较大，引起了部分美国证监会成员的关注。《南森报告》认为，不能完全排除市场上存在少部分信息不完整的投资者交易了权利金极低、风险却与其自身情况不适配的深度虚值期权。为此，出于保护投资者利益的考虑，芝加哥期权交易所限制投资者大量交易深度虚值期权。

2.3 促进投资者成熟理性，实现投资者和市场的共同良性发展

从美国期权市场已走过的发展历史来看，投资者自身的不断学习进步与市场深度的增加不仅是同步的，而且是互惠互利的。《南森报告》把美国期权交易初期的投资者分为两类，即个人投资者和专业投资者。个人投资者是指普通个人投资者；专业投资者是指较为专业的金融人士，主要包括专业交易机构的自营账户、专业交易机构的机构客户和高端私人客户等。这两类投资者与市场的同步发展主要体现在以下几个方面。

2.3.1 期权交易初期，个人投资者投资策略相对简单，专业投资者投资策略则较为复杂

美国期权市场初期只上市了买权，个人投资者多采用他们较为熟悉的买入买权策略。随着对期权的不断熟悉，部分个人投资者增加了对卖出买权策略的运用。另外，个人投资者的策略相对简单，多采用单一的多头、空头或与标的股票相结合的策略。

与个人投资者相反，专业投资者则在市场初期就表现出更为专业和精密的期权投资行为。专业投资者从期权上市初期就大量运用卖出策略，并且其绝大部分交易都与对冲相关。部分专业投资者借助其对市场更好地把握能力、专业的技术条件，对现有股票组合进行较为复杂的对冲，以适应股票组合风险管理的需要。

2.3.2 个人投资者和专业投资者共同促进期权市场的健康稳定

个人投资者的积极参与扩大了期权市场的影响，提高了期权成交量，这在市场发展初期尤为重要。与此同时，个人投资者在市场初期相对单一甚至含有部分投机心理的交易行为，使得期权市场价格逐渐背离理论价格，为专业投资者提供了套利机会。专业投资者通过在定价、交易上的优势，及时地进入市场参与套利，有助于期权的市场价格回归到正常范围内。两股力量的不断平衡共同推进市场的稳定有序发展。

2.3.3 当市场复杂度增加时，专业投资者可以引导市场良性发展，提高市场深度，减少投机行为

从美国已走过的发展道路来看，个人投资者随着对期权的了解和交易经验的增加，交易策略的深度和广度也会逐渐向专业投资者靠拢。事实证明，美国的少部分个人投资者在市场初期已经开始实施与专业投资者类似的复杂对冲策略。与此同时，专业投资者凭借自身的发展，又会发展出新的交易模式和策略。两种投资者的不断创新和学习，会推动市场深度的增加，减少投机行为的发生，对市场的良性发展十分有利（具体数据与论证见附件）。

三、美国场内期权市场发展对我国境内股指期权市场发展的启示

从美国场内期权市场发展的历史来看，标准化股权类期权合约的推出完善了金融市场体系和提高了金融市场效率，促进了投资者的成熟理性，实现了投资者与市场的共同良性发展。美国期权市场的经验为我国境内期权市场发展提供了有益借鉴。

（1）鉴于场内期权对完善金融市场体系和提高金融市场效率的积极作用，我国有必要适时推出场内股指期权产品，进一步完善我国金融市场体系和提升市场效率

经过20多年的发展，我国资本市场取得了长足的进步，但相对于境外发达金融市场而言，市场体系不完善，风险管理工具缺乏，市场效率较低。发展我国场内期权市场，不仅可以丰富我国衍生品市场产品体系，还可以提升资本市场效率和促进资本市场的健康发展。

（2）期权市场的发展离不开完善的交易制度和监管制度，场内期权是发展期权市场的首选

美国场内期权推出前后期权市场的发展情况表明，拥有完善交易制度和监管制度的场内市场能够克服场外市场的种种弊端，通过标准化的产品、公开透明的市场和严格监管来实现期权市场功能的发挥。我国资本市场目前处于“新兴加转轨”的发展阶段，应优先发展场内期权市场，并通过发展场内期权市场来促进和实现期权市场对整个金融市场体系的积极影响。

（3）无论是专业投资者还是个人投资者，都可以从期权市场的发展过程中得到提高和成长，投资行为趋于更加成熟和理性

美国场内期权推出初期，个人投资者和专业投资者的交易行为表现出较大差异，但均随市场发展水平的提高而逐渐成熟和理性，实现了投资者和市场的共同良性发展。积极发展我国境内期权市场有助于促进投资者的成熟和理性，能够有效提升市场投资者结构和改善市场生态环境。

附件：

《南森报告》关于美国场内期权市场的几点研究结论与论证

南森公司（Robert R. Nathan Associates Inc.）在1974年年末为芝加哥期权交易所完成了名为《回顾芝加哥期权交易所股权类期权上市交易》的研究报告，即《南森报告》。《南森报告》是美国场内标准化期权合约交易推出初期最为系统全面地研究分析股权类期权市场的报告，几乎代表了美国证监会对市场的观点与相应的政策导向，对于了解美国场内期权的发展历史和分析场内期权交易的影响等均有重要价值。该报告对美国场内标准化期权市场做了一系列研究，其中的四个结论尤其值得关注：①场内期权的推出平抑了标的资产的波动率；②场内期权的推出增加了标的资产的流动性；③场内期权的推出没有分流其他市场资金；④投资者随着场内期权市场的发展变得更加成熟。

一、场内期权的推出平抑了标的资产的波动率

《南森报告》认为，与期权推出前相比，对应的16只期权标的股票在期权推出后相对于其他股票呈现出更稳定的特征。报告具体采用了以下数据和方法，并得出了相应的结论。

1.1 选取16只期权标的股票的波动率作为主要研究变量

《南森报告》以1973年4月第一批推出的16只个股期权的标的股票为研究对象，选取其周收益率的波动率作为分析变量，并将1973年4月前一年的数据与1973年4月至当年年底的数据进行了对比分析。

1.2 分别利用绝对收益率标准差和相对收益率标准差来衡量股票波动率的变化

《南森报告》采用了两种方法研究期权推出前后这16只股票的收益波

动率与其他股票的对比。第一种方法是研究这 16 只股票的绝对收益率标准差相对于纽约证券交易所综合价格指数（纽交所综合指数）的绝对收益率标准差在期权推出前后有无显著区别，其中绝对收益率是指股票或指数周收益率。第二种方法是研究这 16 只股票的相对收益率标准差相对于纽交所综合指数成分股中随机抽取 5% 股票样本的相对收益率标准差在期权推出前后有无显著区别，其中相对收益率是指股票或样本周收益率与纽交所综合指数周收益率的比值。

1.3 期权推出后，标的股票比其他股票更具稳定性

针对第一个方法，研究发现这 16 只股票的绝对收益波动率相对于纽交所综合指数绝对收益波动率在期权推出后有明显下降。期权推出之前，16 只股票的绝对收益波动率是指数的 2.6 倍；期权推出之后，它们的绝对收益波动率下降至指数的 2.0 倍，仅有 1 只股票的绝对收益波动率相对于指数小幅上升。

针对第二个方法，研究发现这 16 只股票的相对收益波动幅度在期权推出后增大的概率小于随机样本。美国股市在 1973 年后市场波动率总体上升，但是在有对应期权的 16 只股票中，仅有 5 只股票（31%）的相对收益波动率显著上升。相比之下，随机样本的 80 只股票中则有 45 只股票（56%）的相对收益波动率显著上升。

《南森报告》认为，在期权推出后的 8 个月中，作为期权标的的 16 只股票对于市场震荡的平抑能力要强于其他股票。从某种意义上说，期权的上市起到了稳定市场的作用。

二、场内期权推出后增加了标的资产的流动性

《南森报告》通过对比期权标的资产买卖价差在期权推出前后的变化来研究期权的推出对于现货市场流动性的影响。买卖价差愈大，流动性越

差；反之则越好。《南森报告》发现，期权标的股票的流动性不仅没有像其他没有上市期权的股票一样随着市场波动而下降，反而随着期权的推出而提高。

2.1 选取 1974 年 32 只期权标的股票的买卖价差作为主要研究变量

《南森报告》研究了截至 1974 年 12 月在芝加哥期权交易所上市的所有含有期权交易的 32 只个股。研究时点则分别选择了期权推出前的两个周一（1973 年 2 月 26 日、1973 年 3 月 26 日）和期权推出后的两个周一（1973 年 10 月 29 日、1973 年 11 月 26 日）作为买卖价差对比的时间点。其中，1973 年 10 月 29 日也是期权到期前的最后交易日，对股票市场的影响更有研究意义。

2.2 主要研究标的股票与随机样本股票的买卖价差以及比值变化

《南森报告》将期权推出前两个交易日收盘买卖价差的平均值作为期权推出前的买卖价差。类似地，将期权推出后两个交易日收盘买卖价差的平均值作为期权推出后的买卖价差。为了与这 32 只期权标的股票做比较，又分别在四个固定日期随机取样了市场其余流通股票的 10%，共 150 只，作为样本，用同样的方法计算市场样本的买卖价差。对于 32 只期权标的股票，《南森报告》分别计算了期权推出前后股票买卖价差与样本买卖价差的比值。表 13-1、表 13-2 列举了这 32 只股票和市场样本的买卖价差和比值。

2.3 在场内期权交易推出后，标的股票的流动性相对于其他股票有明显提高

期权推出后恰逢系统性风险导致市场价格剧烈波动，市场流动性整体下降，然而 32 只期权标的股票的流动性却不降反升。市场样本的买卖价差由期权推出前的 0.243 提高到之后的 0.265。相反，这 32 只股票的平均买卖价差则由期权推出前的 0.271 下降到之后的 0.252。从价差比值来看，

这32只股票的买卖价差相对于市场随机样本的差价比值由期权推出前的1.112降至期权推出后的0.960。

将32只期权标的股票单独来看，大多数股票相对于市场的流动性在期权推出后都得到了提高。在期权推出之前，有20只股票的买卖价差高于市场样本，而这一数字在期权推出之后下降为9只。32只股票中有23只相对于整个市场的价差比值在期权推出后有所下降。（见表13-1，表13-2）

表13-1　32只个股及市场随机样本在期权推出前后四个选择交易日的买卖价差

标的股票	期权推出前		期权推出后	
1973年	2月26日	3月26日	10月29日	11月26日
AT&T	0.125	0.125	0.125	0.125
Atlantic Richfield	0.25	0.125	0.125	0.25
Avon Products	0.5	0.5	0.25	0.5
Bethlehem Steel	0.25	0.25	0.25	0.25
Brunswick	0.375	0.25	0.125	0.125
Eastman Kodak	0.5	0.25	0.25	0.25
Exxon Corporation	0.125	0.25	0.125	0.125
First National City	0.25	0.125	0.25	0.25
First Motor	0.125	0.125	0.125	0.25
Gulf & Western	0.25	0.125	0.25	0.125
GW Finance	0.25	0.375	0.125	0.375
IBM	0.5	0.5	0.5	0.5
INA Corporation	0.25	0.25	0.25	0.25
IT&T	0.125	0.25	0.25	0.125
International Harvester	0.25	0.25	0.25	0.25
Kerr-McGee	0.375	0.25	0.375	0.25
Loews Corporation	0.125	0.125	0.125	0.125
McDonalds	0.375	0.25	0.125	0.125
Merck & Company	0.5	0.5	0.375	0.125
Minnesota Mining & Manufacturing	0.25	0.125	0.125	0.25

续表

标的股票	期权推出前		期权推出后	
Monsanto	0.25	0.375	0.25	0.375
Northwest Airlines	0.25	0.125	0.25	0.25
Pennzoil	0.125	0.125	0.125	0.25
Polaroid	0.125	0.375	0.375	0.375
RCA	0.25	0.25	0.25	0.125
SS Kresge	0.25	0.25	0.25	0.125
Sears Roebuck	0.125	0.5	0.375	0.25
Sperry Rand	0.25	0.125	0.125	0.125
Texas Instruments	0.375	0.25	0.625	0.25
Upjohn	0.5	0.25	0.5	0.75
Weyerhaeuser	0.375	0.5	0.25	0.25
Xerox	0.25	0.375	0.5	0.125
32 只个股算术平均	0.277	0.266	0.258	0.246
市场样本	0.255	0.23	0.264	0.265

表 13-2　32 只个股买卖价差与市场随机样本买卖价差的比值

标的股票	期权推出前	期权推出后
AT&T	0.512	0.476
Atlantic Richfield	0.768	0.714
Avon Products	2.048	1.429
Bethlehem Steel	1.024	0.952
Brunswick	1.28	0.476
Eastman Kodak	1.536	0.952
Exxon Corporation	0.768	0.476
First National City	0.768	0.952
First Motor	0.512	0.714
Gulf & Western	0.768	0.714
GW Finance	1.28	0.952
IBM	2.048	1.905

续表

标的股票	期权推出前	期权推出后
INA Corporation	1.024	0.952
IT&T	0.768	0.714
International Harvester	1.024	0.952
Kerr-McGee	1.28	1.19
Loews Corporation	0.512	0.476
McDonalds	1.28	0.476
Merck & Company	2.048	0.952
Minnesota Mining & Manufacturing	0.768	0.714
Monsanto	1.28	1.19
Northwest Airlines	0.768	0.952
Pennzoil	0.512	0.714
Polaroid	1.024	1.429
RCA	1.024	0.714
SS Kresge	1.024	0.714
Sears Roebuck	1.28	1.19
Sperry Rand	0.768	0.476
Texas Instruments	1.28	1.667
Upjohn	1.536	2.381
Weyerhaeuser	1.792	0.952
Xerox	1.28	1.19
32只个股算术平均	1.112	0.96
市场样本	1	1

三、场内期权的推出没有分散其他市场的资金

《南森报告》主要从理论分析和实证数据两方面来研究场内期权的推出是否分散了其他市场的资金，认为期权市场影响到其他资本市场资金投

入量的可能性极低。

3.1 理论分析指出，场内期权没有分散股票市场的资金

期权的运用可以分为两部分，即保护性期权和无保护性期权。保护性期权是指市场参与者在已持有股票的同时通过期权来保护其亏损风险，这部分投资者非但没有转移其在股票市场的资金，而且在期权市场投入新的资金来避险。

无保护性期权则是指投资者在参与期权交易时并不已经持有标的股票。《南森报告》认为，在怀疑这部分期权交易者可能会从其他市场转移资金的同时，应当考虑以下两个方面：第一，卖出期权方在收到权利金的同时很可能把这部分资金进行再投资以实现循环利用；第二，期权市场的出现很可能给证券市场带来增量资金。对于第二点，《南森报告》发现，过去一些资金由于在股票市场得不到良好收益，同时又不能在场外期权市场找到便利地对冲工具，而选择渐渐退出了股票市场。但是随着场内标准化期权合约的推出，这部分资金有可能再次回到股票市场中来。另外，一些需要卖出买权收取权利金的机构投资者在原本不持有股票的情况下新购入标的股票来规避风险，也增加了股票市场的成交量。在美国证监会的一次听证会上所陈述的一份关于期权交易的报告特别指出，在期权推出后，市场明显看到有新资金加入与期权相关的股票市场交易。这些资金原本投资于房地产、畜牧业以及石油产业等。

3.2 实证数据表明，期权市场也没有分流股票与债券市场的资金

在实证数据上，《南森报告》比较了期权推出前后新发行股票与公司债券在市值上的变化，同样认为期权市场没有分散其他市场的资金供应。

如果大量原本投资于股票与债券市场的资金转入期权市场，对于新股及新债的需求势必会降低，这会在发行市值上反映出来。而新发行股票与公司债券在期权推出前后的市值数据中没有任何明显迹象表明期权市场大

量吸收了原本投资于其他市场的资金。1972 年新股及新公司债券发行总量达 408 亿美金。1973 年年初由于市场本身处于震荡下跌行情，前四个月的年化发行总量骤降至 322 亿美金。这段时间几乎全部处在期权发行（1973 年 4 月 26 日）之前。期权推出后的四个月新股及新公司债券发行量与前四个月几乎保持一致。

把新股和债券分开来看，新债券的发行量与总量基本保持了一致的趋势。《南森报告》认为，由于债券在特征上与股权类产品相差较大，资金从债券市场转入股权类期权市场的可能性很小。仅从新股发行数据来看，类似地，受市场波动牵连，1973 年的总发行量（111 亿美金）明显小于 1972 年的总量（130 亿美金）。虽然在期权发行后的 5 ~ 8 月中发行量较低，但是没有理由认为这是由于期权推出所引起的。恰恰相反，《南森报告》认为这是受到持续市场波动的牵连，并且发行量在 1973 年最后四个月有所回升。具体数据如表 13-3 所示。

综上所述，没有理由认为场内期权的推出分散了原本投资于其他资本市场的资金。

表 13-3　美国期权推出前后新发行股票及债券市值（单位：亿美金）

1972	合计	债券	股票
合计	407	277	130
1 ~ 4 月（年化）	392	281	111
5 ~ 8 月（年化）	432	282	150
9 ~ 12 月（年化）	399	269	130
1973	合计	绩券	股票
合计	334	223	111
1 ~ 4 月（年化）	322	183	139
5 ~ 8 月（年化）	317	232	85
9 ~ 12 月（年化）	363	253	110

注：1972 年合计数据，因四舍五入的原因，存在微小误差。

3.3 相对于其他市场，期权市场的资金占有量极小

期权市场的资金占有量相对于其他证券市场的资金投入量小到几乎可以忽略不计。《南森报告》指出，即使期权市场规模扩大至当时（1974 年 12 月）的十倍，其资金占有量依然远小于股票市场。因此，期权市场影响了其他市场的资金投入的可能性微乎其微。

四、投资者随着场内期权市场的发展变得更加成熟

从美国期权交易已走过的历史来看，投资者自身的不断学习进步与市场深度的增加是同步的。《南森报告》将当时美国期权投资者分为个人投资者和专业投资者两部分，并分别对不同投资者的构成、投资目的以及他们对于多空头策略、交易特征、策略偏好以及原因进行了分析。

4.1 个人投资者的数量、来源、交易特征、交易目的及交易策略

《南森报告》提取了当时集中了美国 2/3 个人投资者头寸的 13 家大型证券公司的个人投资者资料，通过对个人投资者的数量、来源、交易特征、交易目的及交易策略的分析，得出以下结论：①个人投资者总体多头持仓相对较多；②持仓方向与市场走势有关；③实值期权空头头寸较多，虚值期权则多头头寸较多；④交易集中在近月合约；⑤无保护性空头买权多集中在虚值头寸。另外，个人投资者总体数量不断增加，以高收入或高净资产个人为主，投资策略从简单的单一头寸逐渐演变为更复杂的同时配置多头空头的期权交易策略。需要指出的是，这里所提到的所有头寸仅限于买权交易。卖权交易直到 1977 年才在各大交易所推出。

4.1.1 个人投资者多空头寸分布

（1）多头持仓略多于空头；各证券公司客户又有所区别

1974 年 2 月 15 日，这 13 家证券公司个人投资者多头头寸是空头头寸

的105%，与整个市场个人投资者多头头寸是空头头寸的108%的情况基本一致。具体来说，这13家证券公司个人投资者持有的多头头寸数量为88 400手（占整个市场个人投资者多头头寸数量135 300手的65%），空头头寸数量为84 500手（占整个市场个人投资者空头头寸数量125 300手的67%）。然而就每一个证券公司单独来看，个人投资者的多空头比例具有较大差别，最高达235%，最低仅39%（见表13-4）。这之间的区别在很大程度上取决于该证券公司的经纪人在向个人投资者推荐的期权策略上的差异。有些证券公司更多地向个人投资者介绍买入买权的"下有保证，上不封顶"的特点；另一些证券公司则向个人投资者推荐卖出买权所带来的权利金收益。需要指出的是，任何一家证券公司总体都同时持有多头与空头头寸，即没有出现所有个人投资者仅持多头或空头的情况。

表13-4　个人投资者多空头比例

来源	多空头比例（%）	来源	多空头比例（%）
证券公司A	172	证券公司H	77
证券公司B	39	证券公司I	204
证券公司C	183	证券公司J	39
证券公司D	72	证券公司K	235
证券公司E	110	证券公司L	139
证券公司F	136	证券公司M	106
证券公司G	69		
13家证券公司整体	105	全市场整体	108

（2）多空头寸随市场涨跌而变化；空头持仓随着对期权理解的加深而增加

1973年9月市场连续上涨六周，多头对空头比例较之前几个月明显上升。在表13-5中，以证券公司B为例，在1974年2月15日，其多头对空头比例较低，仅39%；但是在1973年10月和11月，其多头对空头比例明显较前几个月提高。另外，买权交易开始的几个月，大部分投资者倾向于采取他们更熟悉的多头方向。随着投资者对空头期权损益的理解的加深，可以看到多头对空头的比例逐渐下降。（见表 13–5）

表 13–5　所有个人投资者及前六家证券公司个人投资者多头与空头比值

月份	所有个人投资者（%）	证券公司个人投资者（%）					
		A	B	C	D	E	F
5 月（1973）	147	299	130	483	155	297	210
6 月（1973）	122	377	60	436	143	390	205
7 月（1973）	159	267	50	378	178	209	228
8 月（1973）	130	302	45	244	104	230	185
9 月（1973）	171	244	56	343	166	281	162
10 月（1973）	203	366	134	388	208	323	200
11 月（1973）	118	235	91	261	107	189	189
12 月（1973）	119	186	55	261	136	214	242
1 月（1974）	125	192	43	226	115	149	145
2 月（1974）	113	155	53	150	77	103	118
1974 年 2 月 15 日	108	172	39	183	72	110	136

注：这里所有个人投资者数据包括少量公司的自营账户数据。如果去除这部分自营账户数据，所有个人投资者的数据将更高。

（3）实值买权多头比例低于空头，虚值买权多头比例高于空头

如表 13–6 所示，以 1974 年 2 月 15 日为例，在实值或极其接近执行价格的位置，所有个人投资者多头头寸比空头低 8% ~9% 。而在虚值及深度虚值位置，个人投资者多头头寸分别高于空头头寸达 17% 和 36% 。但需要指出的是，深度虚值期权的总交易量较低。

表 13-6 所有个人投资者及前六家证券公司个人投资者 1974 年 2 月 15 日多空头分布（按标的资产价格/执行价格）

标的资产价格/执行价格	所有个人投资者	证券公司个人投资者					
		A	B	C	D	E	F
多头分布（%）							
总计	100	100	100	100	100	100	100
1.05 及以上	10.0	7.5	11.9	9.7	9.1	12.3	11.0
0.95～1.049	30.1	30.2	26.8	36.0	34.3	31.7	26.6
0.75～0.949	41.5	44.5	37.6	38.7	43.6	39.9	45.7
低于 0.75	18.4	17.8	23.7	15.6	13.0	16.1	16.7
空头分布（%）							
总计	100	100	100	100	100	100	100
1.05 及以上	11.8	13.9	7.8	16.7	18.2	16.0	17.8
0.95～1.049	35.6	39.8	48.8	39.2	37.4	41.5	37.9
0.75～0.949	38.1	34.6	34.0	30.1	36.5	35.6	38.0
低于 0.75	14.5	11.7	9.4	14.0	7.9	6.9	6.3
多头对空头比例（%）							
总计	108	172.1	39.0	183.3	71.7	109.9	136.2
1.05 及以上	91.8	93.7	59.0	106.7	35.9	84.5	84.0
0.95～1.049	91.3	130.9	21.4	168.5	65.7	83.9	95.8
0.75～0.949	117.6	221.3	43.2	235.5	85.8	123.1	163.5
低于 0.75	136.5	259.1	98.2	203.9	117.4	258.2	

（4）近月合约交易多过远月合约

从表 13-7 中可看出，以 1974 年 2 月 15 日为例，买权的多头和空头多集中在 4 月合约。远月合约交易量远小于近月合约。值得注意的是，空头在远月合约上的分布略高于多头。多头在 7 月和 10 月的分布分别占 19.8% 和 2.2%，空头则占 25.3% 和 4.0%。（见表 13-7）

表 13-7　所有个人投资者及前六家证券公司个人投资者 1974 年 2 月 15 日多空头分布（按到期月份）

到期月份	所有个人投资者	证券公司个人投资者					
		A	B	C	D	E	F
多头分布（%）							
总计	100	100	100	100	100	100	100
1974 年 4 月	78.0	76.1	79.4	75.6	78.5	77.9	74.8
1974 年 7 月	19.8	20.7	17.6	22.6	18.5	19.8	22.5
1974 年 10 月	2.2	3.2	3.0	1.8	3.0	2.3	2.7
空头分布（%）							
总计	100	100	100	100	100	100	100
1974 年 4 月	70.7	69.6	75.7	67.8	63.0	67.3	69.0
1974 年 7 月	25.3	26.3	21.8	23.9	31.9	28.8	27.0
1974 年 10 月	4.0	4.1	2.5	8.3	5.1	3.9	4.0
多头对空头比例（%）							
总计	108.0	172.1	39.0	183.3	71.7	109.9	136.2
1974 年 4 月	119.1	188.2	40.8	204.5	89.3	127.2	147.6
1974 年 7 月	84.4	135.8	31.5	172.8	41.6	75.6	113.5
1974 年 10 月	59.9	132.2	47.7	40.7	41.8	65.1	91.8

（5）无保护性空头买权多集中于虚值期权

保护性期权是指已持有股票的同时通过期权来规避其风险。无保护性期权则是指投资者在参与期权交易时并未持有标的股票。对于买权来说，当期权处于深度虚值时，投资者为了降低风险就不再持有标的股票，使得保护性期权变为无保护性期权，这可以从表 13-8 中看出。无保护空头头寸占全部空头头寸的比值随标的价格的降低而增加。无保护性期权多集中于近月合约，这与之前的结论一致。需要指出的是，无保护性空头虽然没有同时持有标的股票，但可能是对已有的投资管理组合的一种对冲，所以并不一定是完全裸露风险的。由于每一笔交易背后的具体细节只有投资者本身了解，因此无法统计有多少无保护性空头头寸的实质是对冲风险。

表 13-8　所有个人投资者及前六家证券公司个人投资者 1974 年 2 月 15 日无保护空头头寸分布（按标的资产价格/执行价格及到期月份）

标的资产价格/执行价格或到期月份	所有个人投资者	证券公司个人投资者					
		A	B	C	D	E	F
无保护空头头寸分布（按标的资产价格/执行价格）（%）							
总计	100	100	100	100	100	100	100
1.05 及以上	5.3	2.9	8.5	6.0	12.5	5.1	15.4
0.95～1.049	18.2	36.7	13.6	28.9	22.3	54.4	40.9
0.75～0.949	46.7	44.8	61.4	43.8	49.8	30.4	37.1
低于 0.75	29.8	15.6	16.5	21.3	15.4	10.1	6.6
无保护空头头寸占全部空头头寸比值（按标的资产价格/执行价格）（%）							
总计	26.5	8.6	13.5	17.9	9.6	1.7	3.3
1.05 及以上	11.9	1.8	14.6	6.5	6.6	0.6	2.9
0.95～1.049	13.6	8.0	3.8	13.2	5.7	2.2	3.6
0.75～0.949	32.4	11.2	24.4	26.0	13.1	1.5	3.3
低于 0.75	54.4	11.5	23.7	27.1	18.5	2.6	3.5
无保护空头头寸分布（按到期月份）（%）							
总计	100	100	100	100	100	100	100
1974 年 4 月	74.4	66.8	80.9	85.8	68.9	55.7	67.2
1974 年 7 月	24.0	31.4	19.0	13.7	29.7	31.6	25.1
1974 年 10 月	1.6	1.8	0.1	0.5	1.4	12.7	7.7
无保护空头头寸占全部空头头寸比值（按到期月份）（%）							
总计	26.5	8.6	13.5	17.9	9.6	1.7	3.3
1974 年 4 月	27.9	8.3	14.4	22.6	10.5	1.4	3.2
1974 年 7 月	25.1	10.3	11.8	10.2	8.9	1.9	3.1
1974 年 10 月	10.7	3.8	0.5	1.2	2.6	5.7	

4.1.2 个人投资者的数量、特征及交易策略的演变

（1）个人投资者在合约场内标准化交易后迅速增长

截至1974年2月期权开始交易的10个月后，粗略估计，期权个人投资者人数接近100000人。期权个人投资者仅占证券投资者的一小部分。以6家证券公司数据（占市场个人投资者头寸1/3）为例，期权个人投资者仅占所有客户的3%。随着市场对期权的理解的加深，市场预期这个比例将会持续上升。同时，证券公司按芝加哥期权交易所和美国证监会的规定对所有个人投资者进行入市前的投资适配性测试。其中，空头买权的要求比多头的严格，无保护性空头买权的测试要求则最严。

（2）个人投资者多为高收入或有高净资产的个人

绝大多数多头买权个人投资者的净资产在25000美金和100000美金之间，空头买权者净资产则位于50000美金和500000美金之间。另外，证券公司经纪人指出，净资产和净收入都不足以准确概括出投资者的经济结构。期权投资者还有很大一部分是高收入但净资产较低的年轻商业人员及专业人士，以及低收入但净资产较高的年长及退休人士。

（3）个人投资者买权买方多具有投机性，卖方则相对保守

个人投资者交易买权的投资目的可以按多空方向来分：多头买权的投资者具有一定投机性，更多地看重买权无限的收益可能及有限的风险，希望可以在锁定下行风险的同时从上涨行情里取得收益；空头买权的投资者则相对较保守，希望通过收取有限的保证金来增加投资收益，或使用空头买权对已有投资组合进行对冲管理。其中，无保护性空头买权投资者的策略及对冲方法相对更加精密。

（4）个人投资者逐渐学习运用相对复杂的期权交易策略，可能同时买入和卖出期权

大部分证券公司经纪人反映，随着投资者策略的复杂化及投资者更多地同时配置多空头寸，简单地按多空方向来区分投资目的和策略已不合适。一家证券公司估计其30%的期权个人投资者同时采用多空方向，50%

仅做多，20%仅做空。一些个人投资者买卖同一标的的期权来从保证金价差中取得收益。另一些个人投资者则采用多空期权对已有投资组合进行更精细化的风险管理。例如，在一个向证监会陈述的案例中，一位个人投资者针对组合中一只股票的多头寸卖出一种买权，并针对整个组合头寸买入其他买权。当个人投资者同时持有多空方向时，其对组合在某个特定的价格区域有特定的风险管理策略。这样的个人投资者通常会根据市场价格的变化，对其多空方向加仓、减仓，甚至逆转方向，而不是长期只持有多或空一个方向的买权。如此相对精细的期权对冲策略原本大多为机构投资者所应用，但随着市场的逐渐成熟，部分个人投资者也开始应用类似策略。因此，随着市场的深入发展，投资者真正的交易策略和目的将越来越不能从简单的多空头头寸统计上得到全面反映。

4.2 专业投资者的数量、来源、交易特征、交易目的及交易策略

专业投资者指相对于个人投资者所代表的大众投资群体较为专业的职业人士，包括专业交易机构的自营部门、专业交易机构的机构客户和高端私人客户。《南森报告》主要选取了芝加哥期权交易所会员公司的自营账户作为主要研究对象。通过对专业投资者的分析，《南森报告》得出以下结论：①专业投资者配置空头及无保护性期权的比例高于个人投资者；②专业投资者的多空头寸按实虚值分布与个人投资者相反；③由于受到政策、市场及机构内部的限制，机构投资者参与期权市场的程度仍十分有限。

在1974年2月15日，共有48家公司含有期权自营账户，占芝加哥期权交易所会员数量的比例不足1/3。这些自营账户的头寸相对集中，其中前6个账户占有了近65%的头寸，前12个账户占有了近85%的头寸。头寸高度集中的前几个账户是典型的专业期权交易投资账户。

含有自营账户的会员公司与之前提到的为个人投资者代理业务的证券公司在本质上有很大不同。后者更多为普通大众投资群体服务，前者大多

为机构或高端私人客户服务。前者所提供的服务深度要明显高于后者。这样的会员公司通常有专业的交易部门，分别交易股票、债券与货币市场工具。因此，他们可以随时参与在期权对冲中可能涉及的跨市场操作，并运用成熟专业的计算机程序参与期权定价。

4.2.1 专业投资者多空头寸分布及交易特征

(1) 专业投资者多头对空头比例明显低于个人投资者，这主要是因为专业投资者在进行套利交易

前文提到的1974年2月15日所有个人投资者多空头比例为108%，而专业账户多头对空头比例仅为62%。这里的所有个人投资者又包含部分投资行为类似于专业投资者的个人投资者，如果把这一部分去除，个人投资者多空头比例将更高。这种区别主要是由于个人投资者长期集中于交易多头方向，买卖供求不平衡，致使期权的市场价格超过其理论价格，而专业投资者则伺机套利造成的。类似的情况也出现在场外期权市场以及其他金融市场（如涡轮、可转债）中。市场上的供求不平衡所造成的套利机会驱动更多的专业投资者进入市场套利，进而会逐渐减少市场套利机会，有助于期权价格回归合理范围。

(2) 专业投资者在多空头寸选择上显示出比个人投资者更专业的判断

据估测数据显示，专业投资者相对于个人投资者表现出对市场变化更准确的判断力，其多空头策略及比例变化往往先于个人投资者。由于没有更准确完整地代表专业投资者与个人投资者的数据，《南森报告》采用了结算会员和其他参与者的数据来估测专业投资者与个人投资者在不同月份的多空头比例。如表13-9所示，代表专业投资者的结算会员和代表个人投资者的其他参与者在1973年7月、8月和9月的多空头比例分别先后大幅上升、下跌及再回升，这与当时市场在这三个月中分别上涨、下跌及回升的趋势是一致的。所不同的是，代表专业投资者的结算会员在9月多空头比例已达到顶峰，而后就持续减持多仓；个人投资者则直到11月才减持多头买权。这个区别是否是由于专业投资者已经预测到市场在接下来的几

个月中会持续下跌不得而知，估测数据可能轻微夸大了这种效应。此外，有证据显示，专业投资者在1974年多空头比例上升是由于保证金市场价格相对于理论价格的回归及期权提供的套利机会减少所造成的。

表13-9　结算会员与其他参与者的多空头比例

月份	多空头比例（%）	
	结算会员	其他参与者
1973年		
5月	40	147
6月	48	122
7月	102	159
8月	35	130
9月	93	171
10月	67	203
11月	28	118
12月	55	119
1974年		
1月	93	125
2月	107	113

（3）专业投资者的多空头持仓按实值虚值分布也表现出与个人投资者相反的趋势

专业投资者与个人投资者在实值虚值头寸分布上的反差也是在个人投资者供求不平衡造成部分权利金市场价格背离理论价格的市场情况下，专业投资者反向操作实施套利的原因。从表13-10中可见，个人投资者实值买权多头少于空头，专业投资者则多头远远超过空头；个人投资者虚值买权多头高于空头，专业投资者则多头明显少于空头。表13-10还列举了六家机构交易商的多空头比例分布，他们是最典型的专业投资者。这六家机构交易商的多空头分布趋势有所相似，但又互有区别。这表现了六家机构交易商在对市场的套利机会及期权合理定价上均有各自的判断。另外，《南森报告》指出，这六家机构的客户与机构本身的交易行为多保持一致。这些客户多为机构客户或高端私人投资者，他们的头寸占到这六家机构头寸的70%。

表13-10 个人投资者及专业账户1974年2月15日多空头分布（按标的资产价格/执行价格）

标的资产价格/执行价格	所有个人投资者	会员自营账户	六家机构交易商					
			N	O	P	Q	R	S
多头分布（%）								
总计	100	100	100	100	100	100	100	100
1.05及以上	10.0	17.4	9.6	0.0	12.7	14.3	28.3	18.3
0.95～1.049	30.1	45.9	74.2	58.7	35.3	80.2	33.5	68.0
0.75～0.949	41.5	29.1	16.2	41.3	42.6	4.9	24.9	13.3
低于0.75	18.4	7.6	0.0	0.0	9.4	0.7	13.3	0.4
空头分布（%）								
总计	100	100	100	100	100	100	100	100
1.05及以上	11.8	6.2	1.5	0.0	1.6	18.3	2.8	0.0
0.95～1.049	35.6	16.7	27.5	6.7	6.5	18.7	0.9	2.6
0.75～0.949	38.1	48.5	51.6	75.3	49.8	47.6	37.9	69.4
低于0.75	14.5	28.6	19.4	18.0	42.1	15.4	58.4	28.0
多头对空头比例（%）								
总计	108.0	62.1	84.1	3.1	47.0	54.7	183.6	301.5
1.05及以上	91.8	173.4	Na	0.0	374.3	42.5	Na	Na
0.95～1.049	91.3	170.8	226.9	26.1	256.2	234.5	Na	Na
0.75～0.949	117.6	37.3	26.4	1.6	40.2	5.6	120.2	57.8
低于0.75	136.5	16.5	0.0	0.0	10.4	2.3	42.0	3.9

注：部分表格内容为Na，是由于空头头寸太小，多头对空头比例无意义，故省略。

（4）专业投资者与个人投资者一样多交易近月合约

专业投资者的多空头持仓按到期月份分布与个人投资者基本一致，即主要集中在近月合约（见表13-11）。在近月合约上，专业投资者的多头比例低于个人投资者，空头比例高于个人投资者。这六家机构交易商之间的多空头分布也不完全相同。

表13-11 个人投资者及专业账户1974年2月15日多空头分布（按到期月份分布）

到期月份	所有个人投资者	会员自营账户	六家机构交易商					
			N	O	P	Q	R	S
多头分布（%）								
总计	100	100	100	100	100	100	100	100
1974年4月	78.0	70.9	28.8	52.4	66.8	76.2	92.8	98.5
1974年7月	19.8	23.5	51.7	47.6	33.2	3.4	7.2	1.5
1974年10月	2.2	5.6	19.5	0.0	0.0	20.4	0.0	0.0
空头分布（%）								
总计	100	100	100	100	100	100	100	100
1974年4月	70.7	83.5	54.7	62.9	98.9	77.2	75.7	94.6
1974年7月	25.3	16.0	45.3	36.9	1.0	22.4	21.1	5.4
1974年10月	4.0	0.5	0.0	0.2	0.1	0.4	3.2	0.0
多头对空头比例（%）								
总计	108.0	62.1	84.1	3.1	47.0	54.7	183.6	301.5
1974年4月	119.1	52.7	44.3	2.6	31.8	53.9	225.1	314.0
1974年7月	84.4	91.2	95.9	4.0	Na	8.4	62.6	84.0
1974年10月	59.9	Na	Na	0.0	0.0	Na	0.0	0.0

注：部分表格内容为Na，是由于空头头寸太小，多头对空头比例无意义，故省略。

（5）专业投资者对无保护性期权的应用远高于个人投资者

从表13-12中可以看出，专业投资者的无保护性空头头寸占所有空头头寸的56%，是个人投资者（26%）的两倍之多。具体到各个分类（实值、虚值、近月、远月），专业投资者的无保护性空头头寸占所有空头头寸的比例都要远高于个人投资者。六家机构交易商虽有差异，但都呈现出这样的特征。专业投资者较多采用无保护性期权的情况主要是基于三点原因。第一，专业投资者在提供保证金方面具备运营上的优势，可以进行大量无保护性空头交易；第二，专业投资者具有跟随市场实时调整策略头寸的专业水平和灵活性，对无保护性空头所带来的风险具有更高的驾驭控制能力；第三，有很大一部分无保护性期权是对已有投资组合的对冲，并不是完全的风险裸露，而实施这样交易操作的投资者多为专业交易机构以及他们的机构客户或高端私人客户，而非一般大众投资者。专业投资者在这方面的专业能力和长期对市场的实时关注以及他们相应的对冲和套利交易，间接起到了合理稳定市场期权及现货价格的作用。

表 13-12　个人投资者及专业账户 1974 年 2 月 15 日无保护空头头寸分布

（按标的资产价格/执行价格及到期月份）

标的资产价格/执行价格或到期月份	所有个人投资者	会员自营账户	六家机构交易商					
			N	O	P	Q	R	S
无保护空头头寸分布（按标的资产价格/执行价格）（%）								
总计	100	100	100	100	100	100	100	100
1.05 及以上	5.3	6.4	2.2	0.0	0.2	17.9	3.3	0.0
0.95～1.049	18.2	13.3	15.7	4.3	5.7	17.1	6.6	4.1
0.75～0.949	46.7	46.6	55.2	71.1	40.1	50.2	33.5	81.4
低于 0.75	29.8	33.7	26.9	24.6	54.0	14.8	56.6	14.5
无保护空头头寸占全部空头头寸比值（按标的资产价格/执行价格）（%）								
总计	26.5	56.0	66.9	77.3	48.9	70.1	22.9	31.5
1.05 及以上	11.9	58.0	100.0	0.0	4.4	68.4	26.9	0.0
0.95～1.049	13.6	44.6	38.2	47.2	43.4	64.0	100.0	50.0
0.75～0.949	32.4	53.8	71.7	69.0	39.3	74.0	20.2	36.9
低于 0.75	54.4	65.9	92.5	100.0	62.7	67.3	22.2	16.3
无保护空头头寸分布（按到期月份）（%）								
总计	100	100	100	100	100	100	100	100
1974 年 4 月	74.4	83.9	65.6	65.7	99.9	76.9	100.0	94.6

续表

标的资产价格/执行价格或到期月份	所有个人投资者	会员自营账户	六家机构交易商					
			N	O	P	Q	R	S
1974 年 7 月	24.0	15.8	34.4	33.9	0.1	22.5	0.0	5.4
1974 年 10 月	1.6	0.3	0.0	0.4	0.0	0.6	0.0	0.0
无保护空头头寸占全部空头头寸比值（按标的资产价格/执行价格）(%)								
总计	26.5	56.0	66.9	77.3	48.9	70.1	22.9	31.5
1974 年 4 月	27.9	56.3	80.2	80.9	49.4	68.8	30.3	28.4
1974 年 7 月	25.1	55.1	50.9	71.1	2.8	70.5	0.0	84.0
1974 年 10 月	10.7	39.0	0.0	100.0	0.0	100.0	0.0	

4.2.2 机构投资者参与期权市场的程度仍十分有限

（1）机构投资者是期权市场重要的潜在客户

机构投资者是专业投资者中不可忽视的一部分，其持有大量的标的资产，并且在场外期权市场已经是重要的供应方。机构投资者在广义上包括银行、投资公司、资产管理公司、保险公司、信托基金、对冲基金、共有基金、企业年金、退休基金等各种以投资为目的的机构。据知，一些保险公司和退休基金已经广泛参与了期权交易。

（2）碍于政策、市场及机构内部的阻碍，大部分机构投资者在期权市场的参与仍十分有限

很多机构投资者对期权交易兴趣浓厚，但未实际参与交易。不同的证券公司和交易机构报导他们没有机构客户或机构客户仅占所有客户的 2% ~3%。究其原因：一是 1974 年美国仍然存在一些政策、市场及机构内部的阻碍，限制了机构投资者的参与。比如，1973 年期权交易开始时，美国全国性银行被禁止参与任何形式的期权交易。1974 年 7 月这一规定得到修改，美国全国性银行被允许在已持有标的股票的情况下卖空买权，同时标的股票必须存放在规定的信托账户中。二是在法律、政策、税收及会计规定方面还有诸多限制需要摒除，以使机构投资者能够参与到期权交易

中。三是许多机构有待提高对期权交易的理解，帮助公司管理层决定在期权交易上的内部政策，以及解决如何将新兴的期权交易与已有的其他业务在内部的会计、运营、财务、风控、税务系统上得到统一良好整合的问题。

（3）已经参与交易的机构投资者交易量大于一般投资者

从已经从事期权交易的机构投资者来看，他们平均每笔交易量大于个人投资者，多选择交易近月、实值期权。几乎所有机构投资者交易都是空头买权，并且是已持有现货标的的保护性空头。从长远来看，鉴于机构投资者广泛对期权交易具有浓厚兴趣，随着他们逐渐突破体制障碍，机构投资者的期权交易量将大幅提高。

（王琦、孙陶然、张彬）

第十四篇 《四方报告》对美国期权上市初期市场影响的分析

摘要

1981 年，美国国会要求美国财政部支持，由商品期货交易委员会、证券交易委员会、美联储开展一项关于期货和期权市场对于美国及工商界影响的联合课题。这项联合研究课题耗时近三年，美国四家监管机构在此期间对期货和期权市场的各方面展开了全面深入的调查、分析和研究，并最终于 1984 年形成了一份四方研究报告。报告就国会所关注的期货和期权对经济与市场的影响等一系列问题进行了充分的论证，并得出了较为积极的结论。该结论对于纠正当时普遍存在的对期货和期权特别是金融期货和期权的误解起到了重要作用。本文以 1984 年《四方报告》为基础，主要介绍该报告对场内期货和期权产品对经济和市场的影响的主要分析及相关结论，发现场内期货和期权有利于提升经济效率，并对于真实资本的形成、现货市场的稳定性以及货币政策均不产生负面影响。美国场内期货和期权市场发展初期的经验对于科学、稳妥地发展我国境内衍生品市场具有宝贵的借鉴意义。

一、由美联储主导的美国四家监管机构对美国期货和期权市场进行了深入的调查和研究，其结果影响了美国对期货和期权的监管政策

美国金融期货与期权品种齐备，功能完善。然而在20世纪70年代末至80年代中期，美国金融期货与期权的发展并不是一帆风顺的，而是从指责、怀疑甚至否定中逐步走出来的。尤其是金融期货与期权，其现货真实性与套保实用性不如商品期货与期权直观，因此更易受到质疑。在这样的背景下，1979年春，美联储与财政部联合下文决定暂缓批准中期国债期货和股指期货两个新金融期货品种上市。两年后，美国国会要求财政部支持由商品期货交易委员会（CFTC）、证券交易委员会（SEC）、美联储开展一项关于期货和期权市场对于国家经济及工商界影响的联合课题。

这份耗时两年多的研究课题覆盖了几乎所有关于期货和期权（事实上主要是金融期货和期权）的公共政策问题，对期货和期权市场的多个方面展开了调查。美联储同其他3家机构组织行业和学术界的相关专家和学者，对超过100家参与金融期货和期权市场的金融机构和商业公司进行了访谈，调查、询问期货和期权市场外专家的意见和看法，并对近50年来的相关文献进行了梳理。课题对期货和期权的经济学基本含义、期货和期权市场的发展壮大历程、市场各参与者所使用的交易策略以及市场对于美国经济的影响等诸多方面进行了深入翔实的研究，最终充分肯定了开展金融期货和期权交易对于美国经济、金融市场的重要意义，得出了金融期货和期权市场确实能够提供风险转移、增强流动性等市场职能的结论。该结论对于纠正当时在监管层和美国社会中普遍存在的认为金融期货和期权会对现货市场带来负面影响的误解起到了非常重要的作用。此后，金融期货与期权在美国得到官方认可，美国政府在发展场内金融期货新品种的问题上不再踌躇不前，各种创新产品不断问世，并扩展至全球金融市场。

经过近三年的调查与研究，四大联邦机构于1985年联合推出一份报

告：《期货和期权交易对经济的影响研究》（*A study of the effects on the economy of trading in futures and options*，以下简称《四方报告》或报告）。《四方报告》披露之后，利奥·梅拉梅德撰文对该研究给予了高度评价，写道："这项联合研究是金融期货与期权发展的一个里程碑。"客观来看，该报告为美国金融期货与期权衍生产品的监管理清了思路，统一了认识，并对于此后美国金融期货期权市场步入健康快速发展起到了较为重要的作用。

二、《四方报告》对国会对期货和期权市场提出的问题进行了回答，并得出了较为积极的结论

《四方报告》详细研究了期货与期权市场的各种特征，从多个角度分析了期货与期权交易对经济带来的影响，主要包括期货和期权市场的基本经济学原理；期货与期权市场的发展；机构投资者、商业企业和专业投资者投资情况；公众非商业参与者的调查；期货和期权市场对美国经济的影响等。通过对这些问题的研究与分析，报告对国会提出的四大问题，即期货与期权市场对经济的意义、期货与期权市场对资本形成与现货市场流动性的影响、现有政策是否能够有效地对期货与期权市场交易行为进行监管以规范包括市场操纵及其他对市场带来负面影响的各种行为、期权与期货及其相关市场中投资者是否获得了足够的保护进行了回答，相关解答主要包括以下五点：

一是金融期货与期权市场的经济意义主要表现在它为市场提供了一种风险转移的手段。以金融期货与期权为工具，风险得以在各种不同风险偏好的投资者之间转移。

二是对现货市场而言，金融期货与期权市场不仅不会降低它们的流动性，部分现货市场还表现为流动性的增加；并且，金融期货与期权市场不会阻碍资本的形成。

三是虽然金融期货与期权合约设计差别较大，但是它们也有很多共同点，例如相似的经济功能、与现货市场的高度相关性、投资者特征相似，甚至如果被错误引导，它们对市场造成的损害也极为相似。因此，需要对它们进行统一的监管。

四是在证券交易委员会以及商品期货交易委员会的管辖下，对各种功能相似的金融工具的交易并不会对公众投资者的利益造成显著的损害，也不会损害衍生品及现货市场。指数类期权及其现货之间的套利交易可能会导致市场的一定偏离，因此需要证券交易委员会和商品期货交易委员会对其进行持续的引导。

五是当前的监管框架完全适应金融期货与期权市场管理要求，无需增加额外的立法。证券交易委员会和商品期货交易委员会拥有相似的管理法规和监督程序，两者将致力于共同建立一套相互兼容的监管体系，以有效地对市场行为进行监督与管理。

三、《四方报告》关于期货和期权对经济影响的相关分析及结论

《四方报告》对于国会提出的关于期货和期权交易对于真实资本的形成以及现货市场行为的影响的问题进行了回答。此外，报告还分析了金融期货和期权市场对于货币政策有效性以及存款机构安全性的影响。总体来看，这些分析和论述主要从经济效率、资本形成、现货市场价格稳定性以及对货币政策的影响等方面分析了期货和期权对于经济和市场的影响。

3.1 期货和期权有助于提升经济效率

通过对机构投资者的访谈，报告发现：对一般的价格风险而言，通过买卖期货或期权来进行风险对冲所付出的成本远低于直接通过现货市场交易来进行风险管理。这意味着，对于包括养老基金、股票和债券型共同基金和银行在内的资本管理机构而言，可以利用期货和期权来有效提高盈利

水平。从这个层面来看，期货和期权在一定程度上有助于提升经济效率，使这些机构能够为其客户提供更好的服务。

3.2 金融期货和期权交易不会减少金融市场资金供给总量

随着金融期货和期权市场的快速发展以及其成交量和持仓量的不断提高，有些观点质疑金融期货和期权这些较新的市场是否会对股票和债券这样的老市场的资本产生潜在的影响。也就是说，大量资金进入金融期货和期权市场进行交易，是否会分流一部分用于配置股票和债券或其他真实资本资产的资金。

报告对于这一不正确的观点进行了分析和批驳：一般而言，金融期货和期权会分流股票和债券市场资金的观点是基于这样的假设，市场中投机者的数量及其用于交易的金融资本的数额是固定的，当投机者在金融期货和期权市场上建立头寸时，他们会减持股票和债券这些金融资产的头寸，因此在金融资产市场的资金总量就被减少了。而事实上，通过梳理金融期货和期权交易流程的本质就可以发现，这样的假设是错误的。

对于金融期货而言，交易双方均需要支付一定数额的保证金。保证金的支付存在两种可能的情形：一种是投资者以其所持有的债券来冲抵保证金；另一种是投资者以现金支付保证金，而在此情形下，其经纪商会用这些资金来购买国债或者交易所允许的其他利率工具。因此，从整个经济体的视角来看，金融资产的持有总量和可用交易金融资产的资金总量均没有减少。而从期货保证金的逐日盯市结算制度所造成的资金流划转来看，上述结论也是成立的。在不考虑交易成本的情况下，期货多头所产生的收益/亏损均来自期货空头所产生的亏损/收益，由此可见，无论是以期货来进行投机还是对冲风险，资金在期货交易的整个过程中只是进行了重新分配，其可用于真实金融资产的供给总量并没有减少。

同理，金融期权交易也不会对市场的资金总量产生影响。对于建立一个期权的裸头寸而言，期权的卖方需要支付保证金，保证金无论是以债券抵押的形式还是以现金支付，和期货的情形一样，最终都会被转换为债券；对于备兑期权（Covered Option）的卖方，是以其已经持有的股票或者债券来担保的。由于期权买方支付权利金后所产生的收益或亏损均来自期权卖方的亏损和收益，在期权交易的整个过程中，经济体金融市场的资金总量并没有减少，而只是进行了重新分配。

因此，报告认为金融期货和期权交易并不会减少金融市场的资金总量，并且报告指出这一观点已经得到了经济学家和金融分析师们的普遍认同。

3.3 期货和期权市场的投机行为没有增加现货市场价格的波动水平

报告从理论和实证两个方面对期货和期权市场的投机行为对现货市场价格波动的影响进行了阐述。从理论分析来看，无法判定衍生品市场的投机行为是否扩大了标的现货的波动率。如果投机者能够准确地预测市场价格，那么他们的交易行为有利于市场的稳定，因为投机者准确的报价行为有助于市场价格维持在合理状态；反之，如果投机者对市场的预测是错误的，那么他们的交易行为将推动市场价格偏离合理水平，从而降低市场价格的稳定性。鉴于投机者对市场的判断准确或错误的可能性都有，报告认为，从理论上来说无法判定投机行为是否会增大标的现货的波动率。

从市场实证来看，绝大部分有关的数据与研究都认为在衍生品市场的投机行为没有扩大标的现货的波动率。从对商品市场的研究来看，绝大多数商品现货的波动率在推出期货前后都没有增大，有的甚至有减少的现象。房贷抵押证券和债券现货及衍生品市场的情况与商品市场的情况相同。在股票市场，由于股指期货的交易时间较短（1982 年上市交易），类似实证研究的样本数据相对较少。但是从已有的报告得出的结论来看，也没有证据表明股指期货的上市降低了现货市场的稳定性。另外，分析个股期权对现货市场影响的相关报告也都认为没有证据显示现货市场的波动率随着个股期权的上市交易而增大。

最终，报告认为：虽然不能排除在特定的时间段内投机行为仍可能会影响市场稳定，但绝大部分实证数据与研究都认为在衍生品市场的投机行为没有增加标的现货价格的波动率。

3.4 利率期货和期权不会对货币政策产生显著影响

报告主要从利率期货和期权对货币政策的有效性、货币需求、公开市场操作以及存款机构的偿付能力四个方面来分析利率期货和期权交易对货币政策的影响，并得出了利率期货和期权不会对货币政策产生显著影响的结论。

3.4.1 以利率期货和期权进行利率风险对冲不会对货币政策的有效性产生影响

有些经济学家提出公司用利率类期货和期权对冲利率风险会削弱利率变化对投资成本的影响。上述这种观点主要基于以下逻辑链条：公司利用利率期货和期权可以完全对冲利率变化所带来的风险，这种提前锁定投资开支的行为使公司业务的开展免受利率变化的影响，从而降低了货币政策的执行效果。

报告指出，这种逻辑链条忽略了机会成本这个重要的考虑因素。就项目本身而言，无论是否使用利率期货或者期权来对冲利率风险，其预期收益率都没有改变，即对冲利率风险与否并不会增加或减少项目对于公司的吸引力。而利率的升高将增加项目的机会成本，从而影响公司对于项目经营的决策。①

除了机会成本之外，其他一些因素包括当利率升高时对冲利率风险的公司可以在融资等方面获得优势地位、风险对冲者的收益与投机者亏损所形成的净效应等。然而这些效应均难以估计，且所产生的影响较小。因

① 若当利率增加到和项目预期收益率相等甚至较高水平时，与其提早用资金来建立利率风险对冲头寸，公司可以选择放弃项目，转而投资利率工具来获取资本利得。

此，总体来看，没有很强的理论依据和数量方法来证明利用利率期货和期权进行风险对冲会对货币政策的有效性产生影响。

3.4.2 利率期货和期权不会对货币需求产生显著影响

利率期货和期权市场可能通过以下三种途径来影响货币需求：①交易所采取逐日盯市结算机制可能导致货币需求的增加，因为维持头寸需要更多的现金来覆盖保证金的不利变动；②套保者利用期货和期权来对冲固定收益类证券利率风险以及股权类证券价格风险的行为可能降低对预防性货币余额①（Precautionary Money Balance）的需求；③市场中的投机交易行为将增加预防性货币余额的需求。上述这三种途径对货币需求的影响可以相互冲抵，而最终的净效应对货币需求的影响较小。

报告指出，总体来看，经济学家普遍认为期货和期权对货币需求的影响的净效应不明确，并且这些效应对货币需求的影响大多是次要的。

3.4.3 利率期货和期权市场的出现加强了美联储公开市场操作的能力

在公开市场买卖国债是美联储为调控货币供给水平所使用的主要工具之一。国债市场流动性的减弱将可能影响美联储货币政策的实施。通过对市场中的套利型交易者的访谈，报告发现，期货和期权市场出现后，这些机构更愿意增加新发国债的存货头寸规模以及向私人投资者购入大规模的头寸。因此，利率期货和期权市场提升了现货市场的流动性，同时也使美联储通过买卖国债这一日常手段来进行公开市场操作的能力有所加强。

3.4.4 在严格的监管约束下，期货和期权不会给存款机构的偿付能力带来严重威胁

存款机构的偿付能力不仅关系到储蓄—投资过程中金融机构的核心职能，还关系到存款机构所持有的货币总量，因此是货币当局所关注的重

① 所谓预防性货币余额，是指为了支付意外产生的开支而持有的货币余额。利率风险对冲降低了应对利率风险所需的资本储备，即降低了对预防性货币余额的需求。

点。如果存款机构遭受较大损失，则流动性和货币调控都可能产生较为严重的问题。为了规避存款机构因使用期货和期权不当而对其偿付能力产生损害的风险，联邦监管机构实施了严格的规则及指引来规范存款机构交易期货和期权的行为。其规则和指引的核心是存款机构只能使用期货和期权来进行风险对冲。

报告认为，在这样的监管约束下，期货和期权并不会给存款机构带来严重的系统性威胁，但不能排除存在个别机构发生严重损失的可能。因为基于期货和期权的新产品特性以及复杂性，可能存在机构认为自己遵循规则开展业务而实质上却违反了规则的风险。因此，存款机构和联邦监管部门均应保持警觉，并根据实践经验不断修订和增补法规和指引。

四、对中国境内期权市场发展的启示

1984 年的四方研究课题通过对期货和期权市场进行翔实的取证和严谨全面的分析，得出了较为积极的结论：期货和期权市场对经济发挥着较为重要的作用。开展期货和期权交易不仅不会对现货市场带来负面影响，反而在为市场提供转移内在经济风险有效工具的同时增强了现货市场的流动性，在总体上加强和完善了经济体的运行结构。报告对当时美国期权和期货市场进行了阶段性的经验总结，这些经验对于中国境内期权市场发展的启示主要体现在以下两个方面：

首先，期权对于经济有着积极的促进作用，应积极科学稳妥地开展期权市场的建设工作。期货和期权均具有风险转移的经济功能，并且有助于提高现货市场的流动性。但仅存在期货一个品种的衍生品市场结构并不完整且无法满足市场需求，期权这种权利和义务分离的交易方式的出现正是源自市场的内在需要，只有同时上市期货和期权交易的市场，才能形成结构较为完整的衍生品市场结构。沪深 300 股指期货已经成功推出并平稳运行了一段时间，无论是从新兴市场的发展经验还是从境内市场投资者的需求来看，推出股指期权的时机已经成熟，应当积极科学稳妥地开展期权市场的建设工作。

其次，开展期权交易，市场培训和教育是重中之重。期权对于中国境内市场是较新的衍生品种。相对于期货产品而言，期权产品原理较复杂，期权交易对于专业技能的要求较高，这需要为市场参与者搭建能够方便、系统、深入地学习期权知识的教育培训平台，并通过多个渠道使市场参与者能够对期权产品形成科学、客观和准确的认知。期权市场培训和教育是市场稳健有效运行及未来健康发展的基础，需要针对市场中的不同群体长期开展并切实做好。

（刘炜亮）

第十五篇 现货价格变动时期权卖方与期货投资风险对比

对于期权或期货投资者而言，现货价格的变动会直接导致其投资产生亏损或盈利。但与期货不同的是，现货价格变动对期权的买方和卖方产生的投资风险是不对称的，存在期权“买方风险有限，卖方风险无限”的现象，即期权买方的最大损失不会超过权利金，卖方的最大损失会随着现货价格的变动而扩大。在投资实践中，部分投资者错误地理解了“卖方风险无限”的概念，认为期权卖方的风险无法控制，并进而担心没有人愿意成为期权的卖方。但是事实上，这里所谓的卖方风险无限仅仅是相对于买方而言的，期货投资者也承受着类似的风险。为了纠正这种对期权卖方投资风险的错误认识，加深对期权产品的理解，我们对比了期货和期权卖方的投资风险，发现在相同条件下，无论是在到期日还是到期前，由现货价格变动导致的期权卖方投资风险均低于期货，现将具体情况报告如下。

一、到期日时，现货价格变动时期权卖方与期货的投资风险对比

在到期日，期货买方与卖权卖方面临的投资风险较为类似，均为随着标的资产价格的上涨而获利，随着标的资产价格的下跌而受损；而期货卖方与买权卖方面临的投资风险较为类似，均为随着标的资产价格的下跌而获利，随着标的资产价格的上涨而受损。因此，将卖权卖方与期货买方、买权卖方与期货卖方分别进行对比。

1. 1 卖权卖方与期货买方

表 15-1 分两种情况计算了从建仓之日起至到期日止①，卖权卖方与期货买方的各自损益。

表 15-1　卖权卖方与期货买方到期日损益对比

	若标的资产到期日价格大于 max（期货买入成本价格，行权价格），则两者均获得收益	若标的资产到期日价格小于 min（期货买入成本价格，行权价格），则两者均遭受损失
期货买方	标的资产到期日价格-期货买入成本价格	期货买入成本价格-标的资产到期日价格
卖权卖方	卖权权利金	（行权价格-卖权权利金）-标的资产到期日价格

考虑到卖权买权平价公式（Put-call Parity）以及卖权权利金始终大于零的事实，在到期日发生损失的情况下，期货买方损失始终高于卖权卖方②；在到期日获利的情况下，卖权卖方的获利最多只能达到卖权权利金的数额，而期货买方却能够随着标的资产到期日价格的上涨产生潜在的无限收益。因此，期货买方承担的投资风险和收益均要超过卖权卖方。

举例来说，对于到期日相同的行权价格分别为 1000、2500 和 4000 的三种卖权（看跌期权）和期货，卖权卖方和期货买方在到期日的损益③如图 15-1 所示。

由图 15-1 可知，对于虚值、平值卖权的卖方，其损失均明显低于相同到期日期货的买方的损失；对于深度实值卖权的卖方，其损失十分接近

① 假设卖权与期货同时建仓，同时到期。

② 即：期货买入成本价格>行权价格-卖权权利金。

③ 假定在卖出期权的初始时刻，标的资产市场价格为 2500，则行权价格分别为 1000（虚值）、2500（平值）和 4000（实质）的三种卖权，可以由期权定价公式计算出公允的期权权利金分别为 3×10^{-19}、96. 48 和 1490. 01。

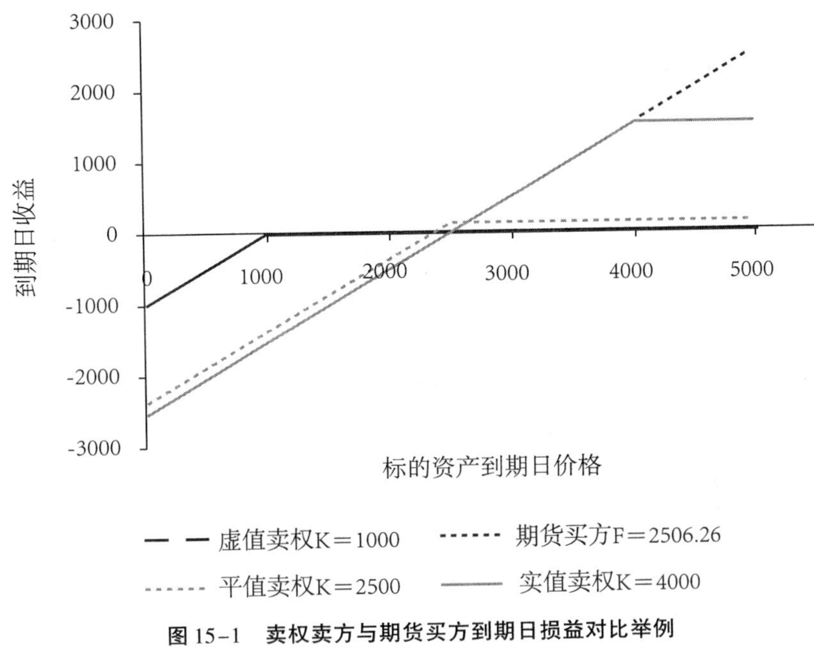

图 15-1　卖权卖方与期货买方到期日损益对比举例

但也不超过期货买方的损失程度。可见，在到期日，由标的现货价格变动引起的卖权卖方的投资风险要低于期货的投资风险。

1. 2 买权卖方与期货卖方

表 15-2 分两种情况计算了从建仓之日起至到期日止①，买权卖方与期货卖方的各自损益。

表 15-2　买权卖方与期货卖方到期日损益对比

	若标的资产到期日价格小于 min（期货卖出成本价格，行权价格），则两者均获得收益	若标的资产到期日价格大于 max（期货卖出成本价格，行权价格），则两者均遭受损失

① 假设买权与期货同时建仓，同时到期。

续表

期货卖方	期货卖出成本价格-标的资产到期日价格	标的资产到期日价格-期货卖出成本价格
买权卖方	买权权利金	标的资产到期日价格-（行权价格+买权权利金）

同样，利用卖权买权平价公式和买权权利金始终大于零可以知道，在到期日发生损失的情况下，期货卖方损失始终高于买权卖方；在到期日获利的情况下，买权卖方的获利最多只能达到买权权利金的数额，而期货卖方却能够随着标的资产到期日价格的上涨产生潜在的可观收益。[①] 同样，期货卖方承担的投资风险和收益均要超过期权买权卖方。

举例来说，对于到期日相同的行权价格分别为 1000、2500 和 4000 的三种买权和期货，买权卖方与期货卖方在到期日的损益[②]如图 15-2 所示。

与卖权卖方与期货买方的关系类似，对于虚值、平值买权的卖方，其损失均明显低于相同到期日期货的卖方的损失；对于深度实值买权的卖方，其损失十分接近但也不超过期货卖方的损失程度。因此，在到期日，由现货价格变动引起的买权卖方的投资风险要低于期货的投资风险。

另一方面，结合图 15-1 和图 15-2 可以发现，期货的损益均由期货价格与标的资产到期日价格之间的价差直接体现，而期权卖方只有权利金收入作为获利，所以期货的获利潜力大于期权卖方。两方面结合可以知道，现货价格变动导致的期权卖方风险小于期货，但是获利潜力不如期货，这也体现了收益与风险并存的市场原则。

① 期货买入成本价格<行权价格+看涨期权权利金。

② 假定在卖出期权的初始时刻，标的资产市场价格为 2500，则行权价格分别为 1000（实值）、2500（平值）和 4000（虚值）的三种买权，可以由期权定价公式计算出公允的期权权利金分别为 1502. 50、102. 72 和 0. 00009。

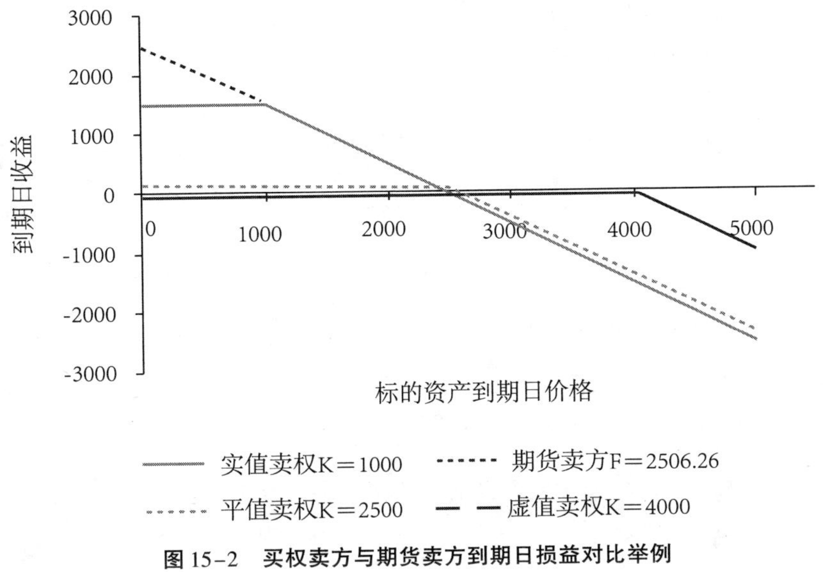

图 15-2　买权卖方与期货卖方到期日损益对比举例

二、到期日之前，现货价格变动时期权卖方与期货的投资风险对比

事实上，很多投资者不会保持期货或者期权的原始头寸直至到期日，他们会更关心在到期日之前期货价格与期权权利金的变动情况，从而有选择地提前平仓来锁定收益或者止损等。而对期货价格与期权权利金波动风险产生最直接影响的因素，是标的资产现货价格的波动。基于此种考虑，下文将详细说明对于相同标的、相同到期日的期权卖方和期货投资者，投资风险与标的资产现货价格变动的关系。

假设存在符合上述条件的期权和期货，且买权与卖权行权价格同为 2500，在到期日之前某交易日内，考察当标的资产的现货价格在 1500 ~ 3500 的范围内变化时，期权权利金与期货价格相应的变动情况。

如图 15-3 所示，随着标的资产价格 1 个单位的上涨，卖权权利金会下降，买权权利金会增加，期货价格也会增加，但是期货价格增加的部分始终大过期权权利金变化的部分的绝对值[①]，反之亦然。

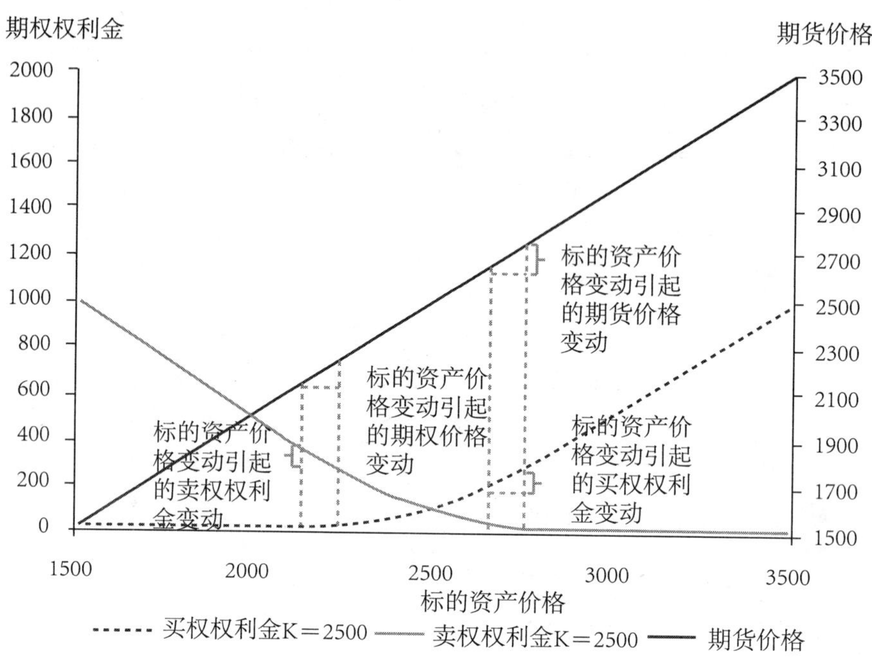

图 15-3　到期日前的期权权利金与期货价格对比

为了更加直观地展示这一结论，进一步计算标的资产在一个交易日内，其现货价格在1500~3500的价格区间变动过程中，每变动50单位所引起的期货价格与期权权利金分别变动的绝对数量，并以此作为一个期货价格与期权权利金相对于标的资产现货价格变动敏感程度的度量。

如图15-4所示，在标的资产从2250变动50单位到2300时，期货价格理论上增加50.13，买权权利金增加6.91，卖权权利金降低43.08。从图15-3来看，期货价格的变动程度随着标的资产现货价格的上升而保持稳定；买权权利金的变动则是先慢后快的趋势，直至与期货价格变动持平；而卖权权利金的变动则是先快后慢的趋势，从与期货价格变动持平时变为

① 由Black-Scholes期权定价公式可知，期权的Delta值永远小于1，而期货的Delta值必然超过1。

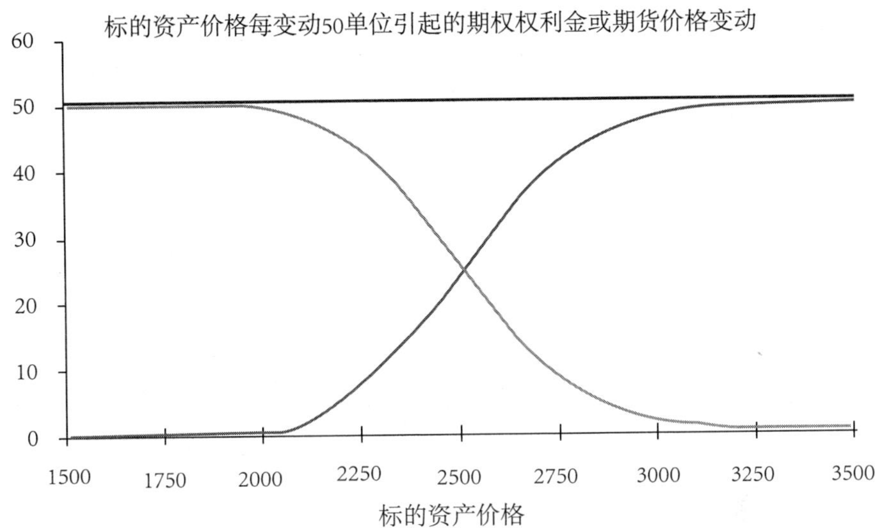

图 15-4　到期日前期权权利金与期货价格随标的资产价格变动对比

逐渐减慢至接近于零的程度。

这可简单概括为，当期权行权价格相对于标的资产现货价格呈现为深度实值时，期权权利金对标的现货价格变动的敏感程度接近于期货但不超过；而当期权行权价格相对于标的现货价格呈现为深度虚值时，期权权利金对标的现货价格变动的敏感程度接近于零。

三、结论与启示

总之，与传统观念不同，期权卖方并非承担了“无限的风险”，现货价格变动导致的投资风险并不会超过期货的投资者，但其获利潜力不如期货，这也体现了收益与风险并存的市场原则。

此外，期权卖方还可以通过合理的期权交易策略，精确锁定获利区间，进一步降低其所承担的投资风险。

（秦旺）

第十六篇　股指期货上市对股票市场的影响

我国首个股指期货品种——沪深 300 股指期货于 2010 年 4 月 16 日上市，目前已经成功运行两年多时间。股指期货上市后，国内股票市场的换手率和波动率较其上市前呈现明显下降趋势，市场运行质量日益提高。

自 2005 年年中股权分置改革试点开始以来，国内 A 股市场经历了持续 29 个月的牛市（2005 年 6 月至 2007 年 10 月）、12 个月的熊市（2007 年 11 月至 2008 年 10 月）和持续至今长达 44 个月的震荡市（2008 年 11 月至今）。通过对 2005 年至今沪深 300 指数和上证指数换手率和波动率变化情况的分析可以清晰地发现，股指期货推出后，A 股市场换手率和波动率的日频数据（或短期数据）和年频数据均出现了显著下降。股指期货的推出对促进 A 股市场的进一步平稳健康发展、提高市场运行质量起到了一定的作用。

从换手率[①]来看，股指期货上市后，国内 A 股市场换手率呈现日趋下降的趋势。股指期货上市前，沪深 300 指数的日均换手率为 1.93%，最高时甚至超过 7%；而股指期货上市后，沪深 300 指数的日均换手率仅为 0.45%，下降幅度明显。分年度来看，股指期货上市前的年均换手率为 480%，其中 2006 年的换手率更历史性地达到 724%；股指期货上市后，

---

① 股票换手率为一定时间内单只股票成交量占其流通总股数的比例，指数换手率则为相同时间段内全部指数成分股换手率的加权平均值，本文采用了指数日换手率和年换手率两个指标。

该数值下降为110%，2011年更创出历史新低，为76%。类似的情况在上证指数中也同样有所表现。换手率的下降代表着短线交易者的减少和短线交易量的下降，市场逐渐由短线交易占主导转变至中长线交易占主导，理性投资成为主流，市场逐渐走向成熟。

从波动率①来看，股指期货上市后，国内A股市场的波动率也发生了显著的下降。股指期货上市前，沪深300指数的短期波动率（以30个交易日数据计算）平均值为31.27%，最高时甚至接近60%；而股指期货上市后，沪深300指数的短期波动率平均值仅为22.99%，下降了8.28个百分点。分年度来看，股指期货上市前的年度波动率平均值为33%，其中2008年的年度波动率达到45.86%；股指期货上市后，该数值下降为24%，2011年更创出历史新低，为21.55%。类似的情况在上证指数中也同样有所表现。波动率的下降意味着市场走势不再频繁大涨大跌，资金和短期情绪不再对市场走势带来严重影响，股票价值向基本面回归，市场成熟度进一步提高。

股指期货的推出，对短线交易和追涨杀跌形成一定的遏制，在一定程度上降低了A股市场的换手率和波动率，促进了A股市场的进一步成熟，提高了市场运行质量，促使资本市场功能得到进一步有效发挥。（见图16-1至图16-8）

① 波动率是对标的资产投资回报率的变化程度进行度量的主要指标。从统计角度看，它是以复利计的标的资产投资回报率的标准差，具体公式为：$\sigma=\sqrt{\frac{1}{n-1}\sum_{i=1}^{n}(x_i-\mu)^2}$。本文采用的短期波动率为利用过去30个交易日数据来估计日波动率后的年化值，而年波动率则利用过去一年中所有交易日数据来估计日波动率后的年化值。两种波动率的计算公式均为$\sigma_{年度}=\sigma_B\sqrt{252}$。

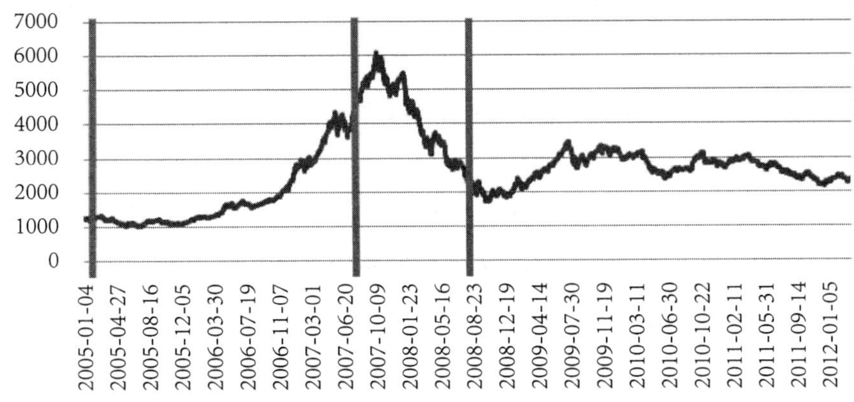

图 16-1 上证指数收盘价走势图（2005 年 1 月 4 日至 2012 年 4 月 13 日）

数据来源：天软。

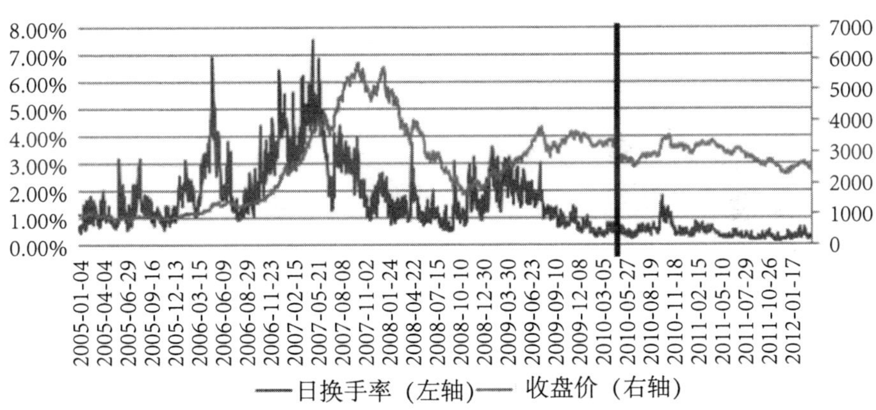

图 16-2 股指期货上市前后沪深 300 指数日换手率变化

数据来源：天软。

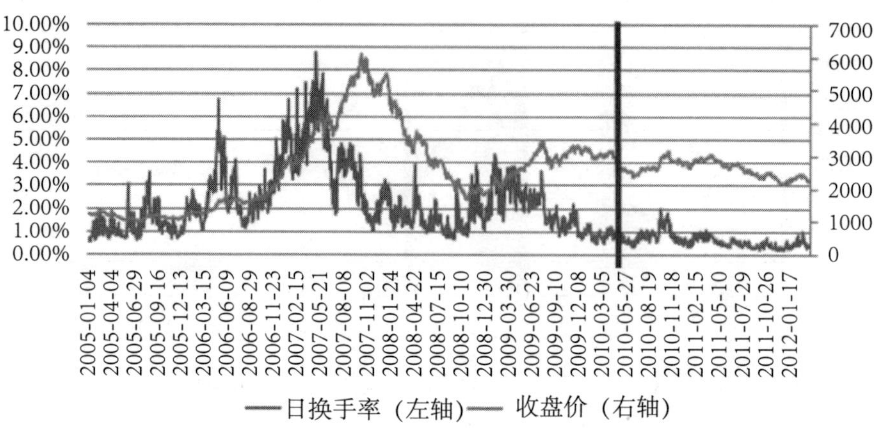

图 16-3　股指期货上市前后上证指数日换手率变化

数据来源：天软。

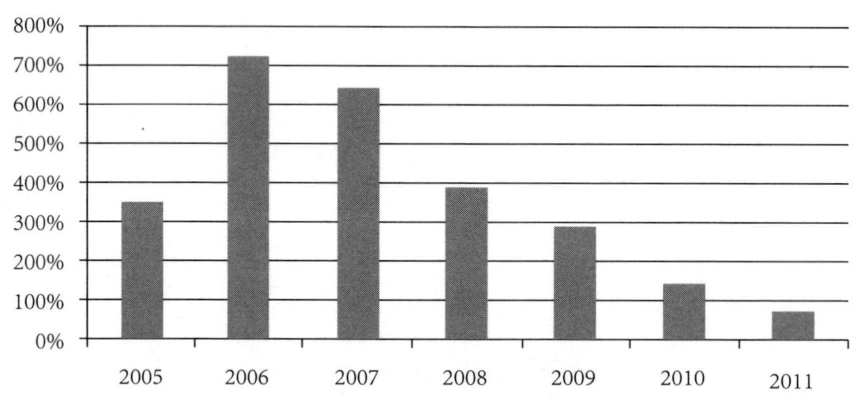

图 16-4　股指期货上市前后沪深 300 指数年换手率变化

注：2005 年统计时间为 2005 年 4 月 16 日至 2006 年 4 月 15 日，以后年度类似。

数据来源：天软。

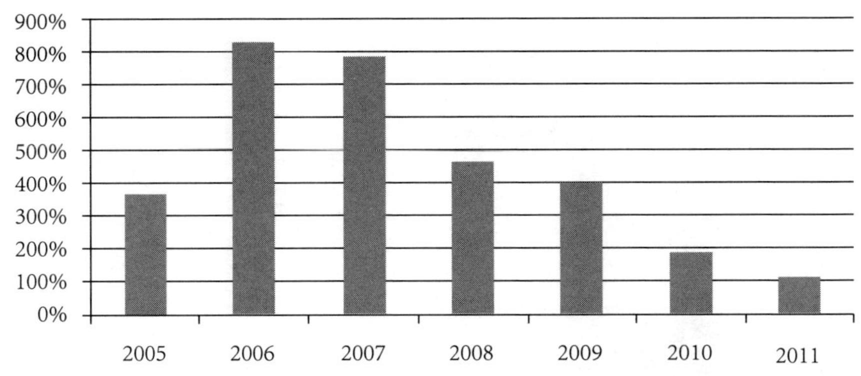

图 16-5 股指期货上市前后上证指数年换手率变化

注：2005 年统计时间为 2005 年 4 月 16 日至 2006 年 4 月 15 日，以后年度类似。

数据来源：天软。

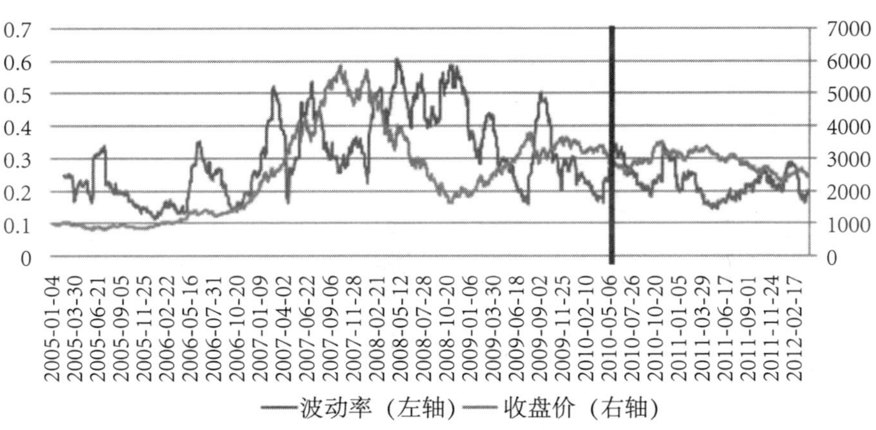

图 16-6 股指期货上市前后沪深 300 指数短期波动率变化

注：短期波动率由指数过去 30 个交易日的收益率数据进行估计和年化。

数据来源：天软。

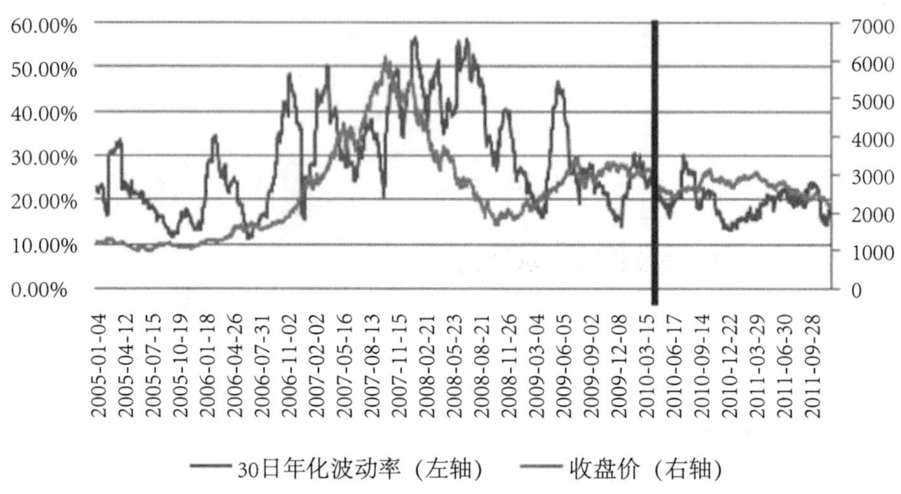

图 16-7　股指期货上市前后上证指数短期波动率变化

注：短期波动率由指数过去30个交易日的收益率数据进行估计和年化。

数据来源：天软。

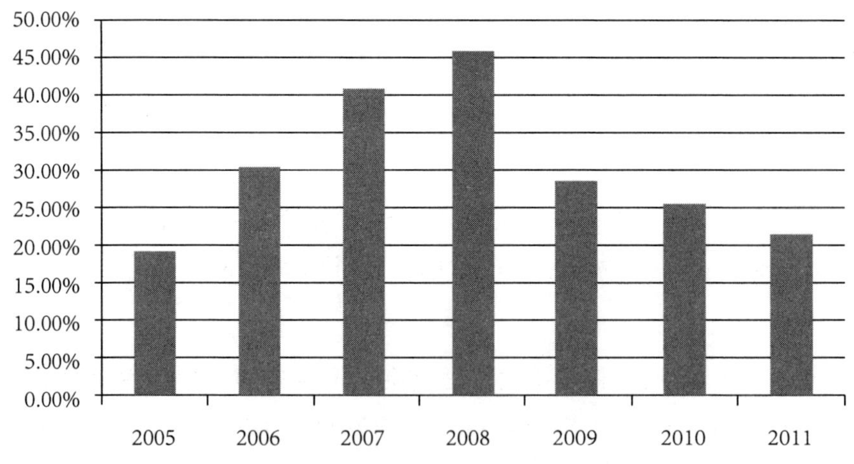

图 16-8　股指期货上市前后沪深 300 指数年波动率变化

注：2005 年统计时间为 2005 年 4 月 16 日至 2006 年 4 月 15 日，以后年度类似。

数据来源：天软。

（张彬、王琦）

第十七篇　股指期权上市对股票市场波动性的影响

股指期权产品是重要的金融衍生品之一，我们在股指期权产品研发过程中，对于全球主要市场股指期权产品的推出对股票市场的影响进行了简要分析。从美国期权上市初期的相关研究成果和对全球主要股指期权品种上市前后股票市场波动性变化的实证结果来看，股指期权的推出不会对股票市场波动性带来确定性影响，股票市场波动性的变化与是否上市股指期权基本无关。

一、美国期权产品上市初期的相关研究成果

美国期权上市初期的《南森报告》和《四方报告》均认为，期权上市有可能会导致标的资产波动性的下降，至少不会增加标的资产价格的波动性。

1974 年 12 月由南森公司发布的《南森报告》对芝加哥期权交易所首批上市的 16 只股票期权上市前后对标的股票的波动性影响进行了分析。该报告认为，期权标的股票的波动性在期权上市交易后有所下降。首批上市的 16 只期权标的股票相对于随机选取的样品股票而言，更好地抵御了 1973 年初期的市场系统性风险。

而 1985 年由美国四大联邦机构联合发布的《四方报告》也就期权市场的投机行为是否影响现货市场价格的波动水平进行了分析。该报告从理

论和实证两个方面对期权市场的投机行为对股票市场价格波动的影响进行了阐述。结果发现，虽然不能排除在特定的时间段内投机行为仍可能会影响市场稳定，但绝大部分实证数据与研究都认为在衍生品市场的投机行为没有增加标的现货价格的波动率。

二、全球主要市场实证结果

前述研究成果主要完成于美国期权市场建立的初期，同时也仅就美国市场进行了分析。为更进一步确定股指期权的推出是否对股票市场波动性造成影响，本文对全球主要股指期权品种上市前后的股票市场波动率变化进行实证分析，以获得更具有普遍性的结论。

2.1 数据和方法

本文选择了全球九个主要股指期权品种进行分析，涵盖美国、欧洲和亚洲等主要地区。同时，这些品种也是目前全球交易量排名靠前的品种，具有较大的代表性。

从数据和方法上看，本文分别选择特定股指期权品种上市前两年（按上市时间倒推）和后两年标的指数的日频收益率序列来分别计算短期波动率①、年度波动率和长期波动率，并对上市前后短期波动率平均值的变化、年度波动率的变化和长期波动率的变化等指标进行考察，以确定股指期权品种上市对股票市场波动性的影响。(见表 17-1)

① 波动率是对标的资产投资回报率的变化程度进行度量的主要指标。从统计角度看，它是以复利计的标的资产投资回报率的标准差，具体公式为 $\sigma=\sqrt{\frac{1}{n-1}\sum_{i=1}^{n}(x_i-\mu)^2}$。本文采用的短期波动率为利用过去 30 个交易日的收益率数据来估计日波动率后的年化值，年度波动率则利用过去一年中所有交易日的收益率数据来估计日波动率后的年化值，长期波动率则利用股指期权上市前两年或上市后两年中所有交易日的收益率数据来分别估计日波动率的年化值。其中，三种波动率的计算公式均为 $\sigma_{年度}=\sigma_B\sqrt{252}$。

表 17-1　股指期权品种、上市时间及研究数据

地区	指数	上市时间	上市前两年	上市后两年
美国	S&P 500	1983/07/01	1981/07/01—1983/06/30	1983/07/01—1985/06/30
	Russell 2000	1992/11/11	1990/11/11—1992/11/10	1992/11/11—1994/11/10
欧洲	Euro STOXX 50	1998/06/22	1996/06/22—1998/06/21	1998/06/22—2000/06/21
亚洲	Nikkei 225	1989/06	1987/07—1989/06	1989/07—1991/06
	Hang Seng	1993/03	1991/03—1993/02	1993/03—1995/02
	TA-25	1996/10	1994/10—1996/09	1996/10—1998/09
	Kospi 200	1997/07/07	1995/07/07—1997/07/06	1997/07/07—1999/07/06
	S&P CNX Nifty	2001/06	1999/06—2001/05	2001/06—2003/05
	Taiex	2001/12/24	1999/12/24—2001/12/23	2001/12/24—2003/12/23

数据来源：相关交易所网站。

2.2 实证结果

短期波动率平均值、年度波动率和长期波动率等三个指标的实证结果均表明，股指期权上市后波动率下降的股票市场数量和波动率上升的数量基本相等，股指期权的推出不会对股票市场波动性造成确定性影响。

2.2.1 短期波动率平均值的变化

从短期波动率的平均值来看，股指期权的上市对股票市场的短期波动率基本无确定性影响。在九个主要股指期权品种中，四个品种上市后现货市场短期波动率平均值下降，四个品种短期波动率平均值上升，一个品种基本保持不变。(见表 17-2)

表 17-2　主要股指期权品种上市前后短期波动率平均值的变化

地区	指数	上市前（%）	上市后（%）	变化幅度
美国	S&P 500	15.97	11.85	-25.76%
	Russell 2000	10.90	8.73	-19.92%

续表

地区	指数	上市前（%）	上市后（%）	变化幅度
欧洲	Euro STOXX 50	16.63	23.62	42.05%
亚洲	Nikkei 225	15.25	21.16	38.75%
	Hang Seng	19.12	25.87	35.33%
	TA-25	20.49	20.53	0.19%
	Kospi 200	18.66	44.22	137.00%
	S&P CNX Nifty	28.79	17.74	-38.39%
	Taiex	31.38	25.30	-19.38%

数据来源：彭博。

2.2.2 年度波动率的变化

从年化波动率的变化来看，也同样发现股指期权的上市对现货市场的年化波动率基本无确定性影响。在九个主要股指期权品种中，四个品种上市后现货市场年化波动率呈现下降趋势，四个品种呈现上升趋势，一个品种基本保持不变。(见图 17-1)

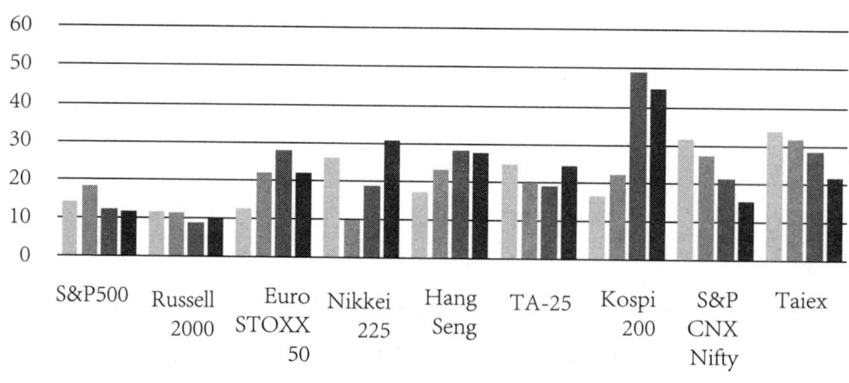

图 17-1　主要股指期权品种上市前后年度波动率的变化

数据来源：彭博。

2.2.3 长期波动率变化

长期波动率变化的结果也同样支持了股指期权的推出对股票市场波动性基本无影响的结论。在九个主要股指期权品种中，四个品种上市后股票市场长期波动率下降，四个品种长期波动率上升，一个品种基本保持不变。(见表 17-3)

表 17-3　主要股指期权品种上市前后长期波动率的变化

地区	指数	上市前（%）	上市后（%）	变化幅度
美国	S&P 500	16.42	11.95	-27.21%
	Russell 2000	11.40	9.18	-19.46%
欧洲	Euro STOXX 50	17.71	24.93	40.82%
亚洲	Nikkei 225	19.63	25.82	31.54%
	Hang Seng	20.43	27.83	36.26%
	TA-25	22.33	21.77	-2.47%
	Kospi 200	19.48	47.28	142.69%
	S&P CNX Nifty	29.42	18.48	-37.18%
	Taiex	32.74	25.25	-22.89%

数据来源：彭博。

综上所述，美国期权产品上市初期的相关研究成果和本文对全球主要股指期权品种的实证结果均表明，股指期权上市并不会对股票市场波动性带来确定性影响。股票市场波动性的变化基本与是否上市股指期权无关，而更多与整体宏观经济形势、上市公司质量和投资者交易热情等现货市场影响因素相关。

（张彬、王琦）

第十八篇　VIX 指数期货与期权对美国股票市场的影响

波动率指数是基于期权市场价格编制的，以反映投资者对期权标的物价格在未来一段时间内的预期波动水平的指数。① 全球第一个波动率指数是由芝加哥期权交易所（Chicago Board Options Exchange，CBOE）于 1993 年推出的 CBOE 波动率指数（CBOE Volatility Index，简称 VIX 指数），该指数最初是用于度量标准普尔 100 指数平价期权价格所包含的 30 天市场预期波动率。VIX 指数很快被市场接受，成为衡量美国股票市场波动率水平的主要指标和投资者进行策略交易的重要参考依据。CBOE 在推出 VIX 指数之后，又相继推出了 VIX 指数期货和期权并获得成功。在股指期权上市后，编制波动率指数并推出相应的波动率指数衍生产品已经成为许多成熟市场和新兴市场所选择的产品发展路径。鉴于此，我们对 VIX 指数期货和期权的推出对相应股票市场的影响展开了分析和研究。

一、CBOE 波动率指数及其衍生产品发展沿革

CBOE 在推出 VIX 指数十年后，对 VIX 指数的编制方法进行了一次调整，随后推出了基于新 VIX 指数的期货和期权，开创了全球波动率指数衍生产品的先河，并得到了市场的接受。CBOE 在波动率指数及其衍生产品

---

① 波动率指数越高（低），投资者预期期权标的价格的未来波动越剧烈（缓和）。

方面的创新，为全球场内衍生产品的创新和发展提供了一条“期权—波动率指数—波动率指数期货和期权”的产品路径，现已成为被其他交易所认可并竞相借鉴的发展模式。图 18-1 显示了 CBOE 波动率指数及其衍生产品发展的历史沿革。

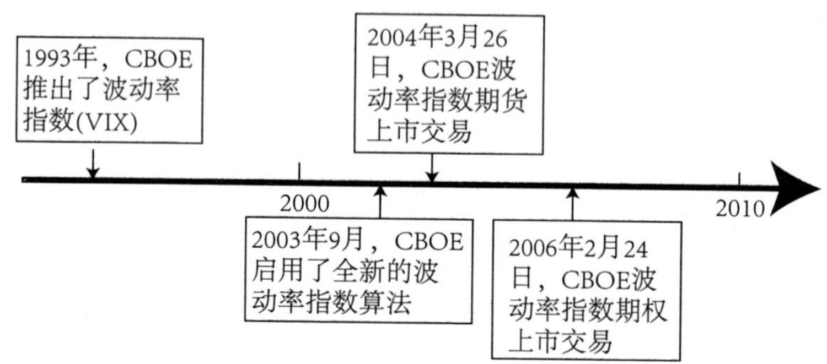

图 18-1　波动率指数及其衍生产品推出路径

1.1 1993 年 CBOE 推出 VIX 指数

在标普 100 指数期权上市之后 10 年，CBOE 推出了全球首个波动率指数，即 VIX 指数。1993 年 VIX 推出之初，选择标准普尔 100 指数期权近期（Near-term）合约的隐含波动率为基础进行指数编制。

1.2 2003 年 CBOE 启用全新的 VIX 指数编制方法

2003 年，CBOE 启用了全新的 VIX 指数编制方法。新算法以标准普尔 500 指数期权市场价格为基础，以方差互换（Variance Swap）方法来替代先前的指数计算方法。为区分新旧波动率指数编制方法，CBOE 将以旧算法计算的 VIX 指数更名为 VXO①，并继续发布其相关价格数据。此外，CBOE 还将 VIX 指数的历史数据追溯到 1990 年，将 VXO 指数的历史数据追溯到 1986 年。相比于旧的 VXO 计算公式，新的 VIX 算法能够更加全面地捕捉期权价格信息，提高了波动率估计精度。同时，该算法具有不使用

① 为了便于区分，下文将 VIX 的旧算法称为 VXO 算法，而将 VIX 的新算法称为 VIX 算法。

期权定价模型（Model-Free）的特点，使得波动率指数更加便于计算。

1.3 2004 年 VIX 指数期货上市交易

2004 年 3 月 26 日，CBOE 推出了以 VIX 指数为标的物的期货合约，这是全球首个基于波动率指数的期货产品。VIX 指数期货的合约规格如表 18-1 所示。

表 18-1　VIX 指数期货的合约规格表

标的物	VIX 指数
合约乘数	1000 美元
合约月份	最多 9 个近期月份合约，和 5 个自 2 月开始的季度循环月份合约
最小变动价位	0.05 点（50 美元）
最后结算日	紧接到期月的下一日历月中第三个周五 30 天之前的周三
最后结算价	由结算日当天标普 500 指数期权合约序列的开盘价计算得出
交割方式	现金交割

资料来源：CBOE 网站。

1.4 2006 年 VIX 指数期权上市交易

2006 年 2 月 24 日，CBOE 推出了全球首个波动率指数期权产品—VIX 指数期权。VIX 指数期权的合约规格如表 18-2 所示。

表 18-2　VIX 指数期权的合约规格表

标的物	VIX 指数
合约乘数	100 美元
行权价格区间①	10～30 点:1 点 30～50 点:2.5 点 50～100 点:5 点

① VIX 指数期权规则规定了行权价格区间的最小值：行权价格不高于 200 美元（2 点）时：不低于 1 美元（0.001 点）；行权价格高于 200 美元时：不低于 5 美元（0.005 点）。

续表

标的物	VIX 指数
权利金最小变动价位	低于 3 点时:0.05 点（5 美元） 高于 3 点时:0.1 点（10 美元）
行权方式	欧式
到期日	紧接到期月的下一日历月中第三个周五 30 天之前的周三
最后交易日	到期日之前的周二
合约月份	最多提供 6 个月份的合约，最长不超过 12 个月
交割方式	现金交割

资料来源：CBOE 网站。

二、波动率期货和期权的交易情况

图 18-2 显示的是 VIX 指数期货和期权上市以来的日交易量情况。VIX 指数期货和期权的成交量整体呈持续上升趋势。从日交易量规模来看，VIX 指数期权日交易量远高于 VIX 指数期货日交易量，样本内的 VIX 指数期权平均日交易量约为 VIX 指数期货平均日交易量的 22 倍，进入 2012 年以来，这一倍数也为 5～6 倍；从日交易量的增长水平来看，2009—2011 年，相比于 VIX 指数期权而言，VIX 指数期货的日交易量增长水平更高。

图 18-3 和表 18-3 显示的是 VIX 指数期货和期权自上市至 2011 年间的年交易量情况。从年成交量规模来看，VIX 指数期权远高于 VIX 指数期货，2009 年，VIX 指数期权的年成交量约为 VIX 指数期货的 29 倍；2011 年全年，VIX 指数期权的年成交量约为 VIX 指数期货的 8 倍。

从年成交量的增长水平来看，如表 18-3 所示，在 2007—2009 年间，VIX 指数期权年成交量的增长率较高，而 2010 年和 2011 年则为 VIX 指数期货年成交量的增长率较高。

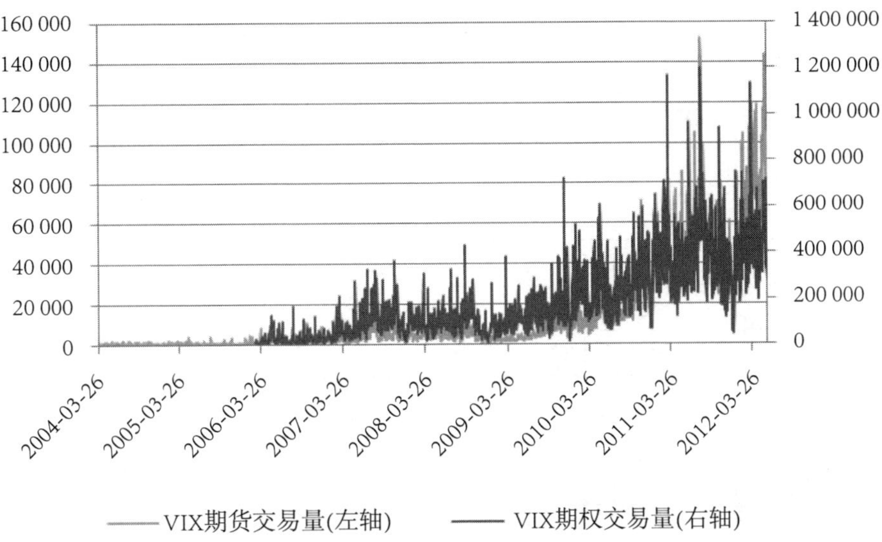

图 18-2 VIX 指数期货和 VIX 指数期权上市以来日交易量情况（单位：张）

数据来源：CBOE 网站。

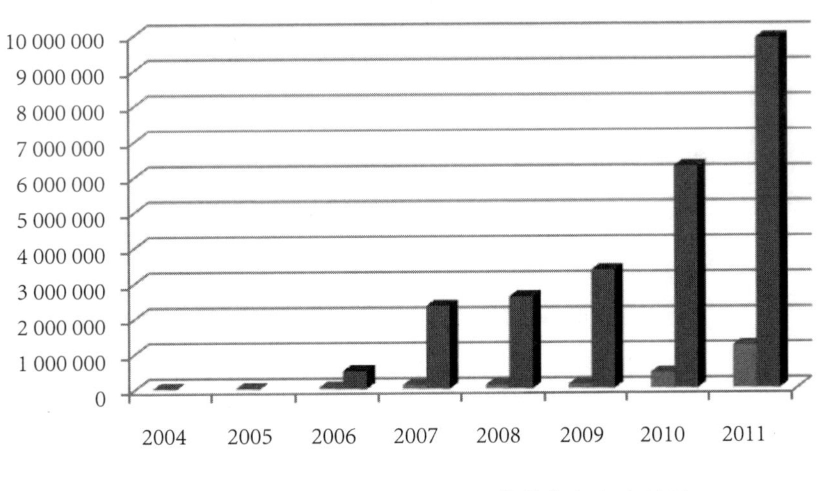

图 18-3 VIX 指数期货和 VIX 指数期权上市以来年交易量情况（单位：张）

数据来源：CBOE 网站。

表 18-3 VIX 指数期货和 VIX 指数期权上市以来年交易量情况（单位：张）

年份	VIX 指数期货年交易量	VIX 期货增长率	VIX 指数期权年交易量	VIX 期权增长率
2004	89 622	–	–	–
2005	128 977	43. 91%	–	–
2006	434 478	236. 86%	5 052 623	–
2007	1 046 475	140. 86%	23 388 366	362. 90%
2008	1 088 105	3. 98%	25 947 655	10. 94%
2009	1 144 858	5. 22%	33 362 708	28. 58%
2010	4 392 796	283. 70%	62 700 402	87. 94%
2011	12 031 528	173. 89%	98 782 468	57. 55%

数据来源：CBOE 网站。

VIX 指数期货和期权在上市之初的一段时间内成交量规模不大，但在 2007 年后，VIX 指数期货和期权的成交量大幅上升。除了 VIX 指数以及 VIX 指数期货和期权合约的设计科学合理之外，“次贷危机”爆发后市场对于因波动率剧烈变化所带来的波动率风险管理的内在需求以及 CBOE 对于 VIX 指数衍生产品的大力推广和市场培训也是促使 VIX 指数衍生产品大获成功的重要因素。

三、波动率期货和期权上市对股票市场的影响

3.1 VIX 指数期货和期权上市对标普 500 指数和波动率指数收盘价走势的影响较为有限

CBOE 在 2003 年更新了 VIX 指数的编制方法后，将其历史数据追溯到 1990 年年初。图 18-4 显示的是 1996 年 1 月 2 日—2012 年 6 月 1 日间标普 500 指数和 VIX 指数日收盘价的走势。在大多数情况下，VIX 指数和标普

500 指数的变动趋势相反，即标普 500 指数大幅下跌时，VIX 指数显著升高。

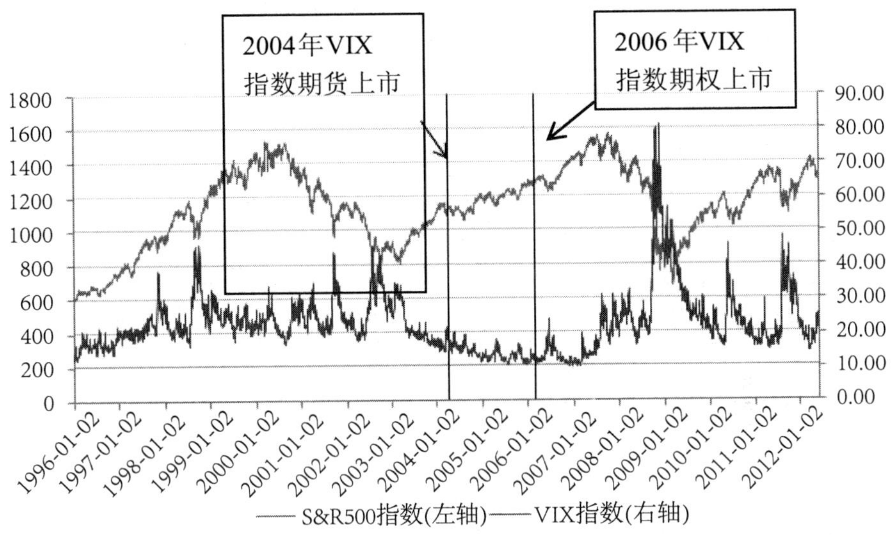

图 18-4 标普 500 指数和 VIX 指数日收盘价走势

数据来源：CBOE 网站，Bloomberg.

VIX 指数期货和期权上市前后 1 年内，标普 500 指数和 VIX 指数的日收盘价走势变化并不明显。自 2007 年下半年美国“次贷危机”爆发后，标普 500 指数开始大幅下跌，VIX 指数也相应急剧攀升。2009 年之后，随着标普 500 指数的逐渐回升，VIX 指数也有所降低。从标普 500 指数和 VIX 指数的期内走势来看，VIX 指数期货和期权的上市对标普 500 指数和 VIX 指数的影响较为有限。

3.2 VIX 指数期货和期权上市没有提高标普 500 指数的波动率水平

本文以 VIX 指数期货和期权上市前后标普 500 指数的短期波动率、年度波动率以及长期波动率等多个指标的变化来分析 VIX 指数衍生产品上市对股票市场波动水平的影响。

3.2.1 短期波动率[①]

通过向前滚动计算考察期内每个交易日前30天内标普500指数收盘价的对数收益率标准差，再对其进行年化处理，以此作为标普500指数的短期波动率。图18-5和图18-6分别显示了标普500指数期货和期权在上市前后各1年间标普500指数短期波动率的变动情况。

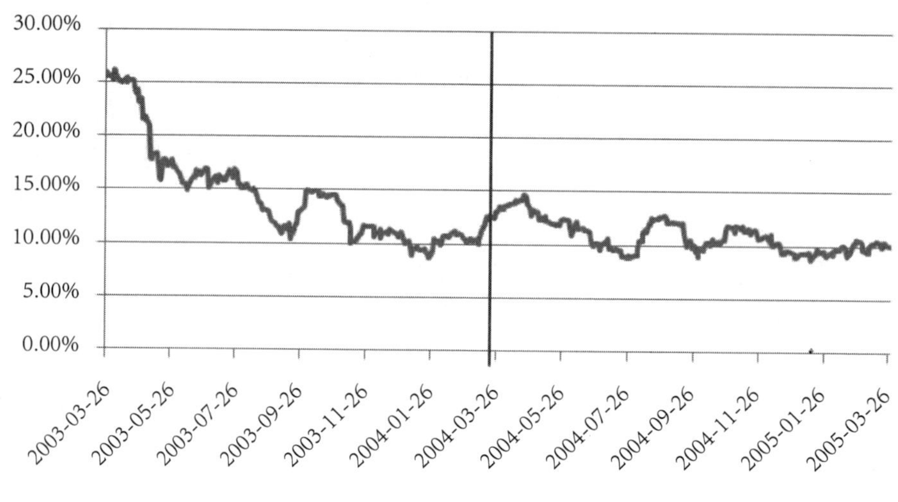

图18-5　VIX指数期货上市前后1年间标普500指数短期波动率走势

如图18-5所示，VIX指数期货上市前的1年间，标普500指数短期波动率呈整体下降态势，由约25%下降至10%～15%的相对较低水平区间；而在VIX指数期货上市后的1年间，标普500指数短期波动率在10%～15%区间内小幅波动。

如图18-6所示，VIX指数期权上市前后1年间，标普500指数短期波动率水平变化不大，具体而言：VIX指数期权上市前的1年间，标普500

---

① 短期波动率 $=\sqrt{252}\times Stdev_{30days}$ [Ln (P_{t+1}/P_t)]，其中，P为标普500指数收盘价，Ln为自然对数，$Stdev_{30days}$为前30个交易日内标准差。

图 18-6　VIX 指数期权上市前后 1 年期间标普 500 指数短期波动率走势

指数短期波动率在 8% ~14% 区间内震荡；而在 VIX 指数期权上市后的 1 年间，标普 500 指数短期波动率在 6% ~16% 区间内波动。

表 18-4　VIX 指数期货和期权上市前后 1 年间标普 500 指数短期波动率均值变动

	上市前 1 年内均值	上市后 1 年内均值	百分点变动	变动幅度
VIX 指数期货	14. 38%	10. 90%	-3. 48	-24. 19%
VIX 指数期权	10. 22%	9. 40%	-0. 82	-8. 01%

表 18-4 显示了 VIX 指数期货和期权上市前后 1 年间标普 500 指数短期波动率算术平均值的变动情况。VIX 指数期货和期权上市后 1 年内标普 500 指数的短期波动率水平均有所下降。其中，VIX 指数期货上市后 1 年较上市前 1 年的短期波动率均值减少了 3. 48 个百分点；而 VIX 指数期权上市后标普 500 指数短期波动率的变动幅度不大，仅减少了 0. 82 个百分点。

3.2.2 年度波动率

(1) 滚动区间年度波动率[①]

通过向前滚动计算每个交易日前 252 个交易日内标普 500 指数收盘价的对数收益率标准差，再对其进行年化处理，即得到标普 500 指数的滚动区间年度波动率。图 18-7 显示了标普 500 指数在 1999 年 1 月 4 日—2012 年 6 月 1 日间的滚动区间年度波动率情况。2004 年 VIX 指数期货上市之后，滚动区间年度波动率水平有所降低，并在“次贷危机”爆发前持续平稳运行在 10% 左右的较低水平。2006 年 VIX 指数期权上市前后的约 1 年时间内，标普 500 指数的滚动区间年度波动率水平变化并不显著。2007 年下半年“次贷危机”爆发后，滚动区间年度波动率一路攀升至 45% 左右的期内峰值，2009 年下半年后则逐步降至 20% 左右。

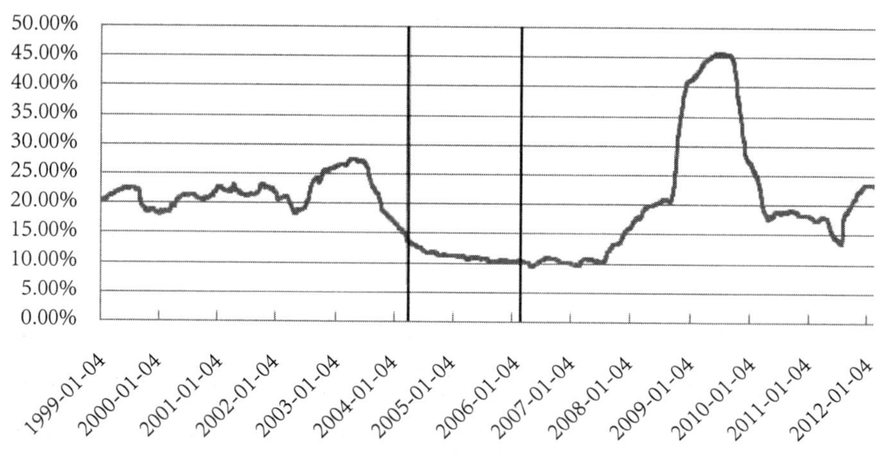

图 18-7 标普 500 指数滚动区间年度波动率走势

① 滚动区间年度波动率 = $\sqrt{252} \times Stdev_{252days}$ [Ln (P_{t+1}/P_t)]，其中，P 为标普 500 指数收盘价，Ln 为自然对数，$Stdev_{252days}$ 为前 252 个交易日内标准差。

（2）固定区间年度波动率①

以 VIX 指数期货和期权上市前日历日 1 年为单位区间，分别计算其上市前后各 5 年的标普 500 指数固定区间年度波动率。图 18-8 显示了 VIX 指数期货上市前后 5 年，即 1999～2009 年的 10 个年度中，每年标普 500 指数固定年度波动率的变化情况。

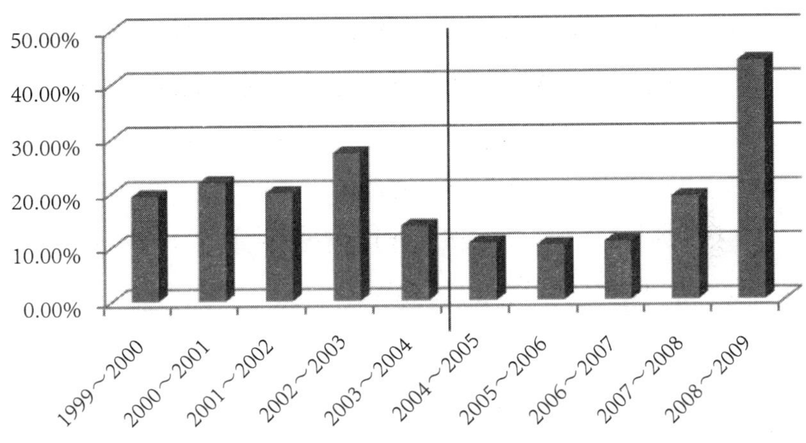

图 18-8　VIX 指数期货上市前后 5 年间标普 500 指数固定区间年度波动率变化

2004 年初 VIX 指数期货上市后的第 1 年中，标普 500 指数的固定区间年度波动率均较之前有所降低，并在随后的两个年度中维持在较低水平。

图 18-9 显示了 VIX 指数期权上市前后 5 年，即 2001～2011 年的 10 个年度中，每年标普 500 指数固定年度波动率的变化情况。2006 年 VIX 指数期权上市后的第 1 个年度中，标普 500 指数的固定区间年度波动率水平没有发生显著变化。而在其后的第 2 个年度中，受“次贷危机”的冲击，标普 500 指数的固定区间年度波动率水平显著上升，并在此后的第 3 个年度

① 固定区间年度波动率 = $\sqrt{252} \times Stdev_{Nyear}$ ［Ln（P_{t+1}/P_t）］，其中，P 为标普 500 指数收盘价，Ln 为自然对数，$Stdev_{Nyear}$ 为 VIX 指数期货和期权上市前或后第 N 年的标准差。

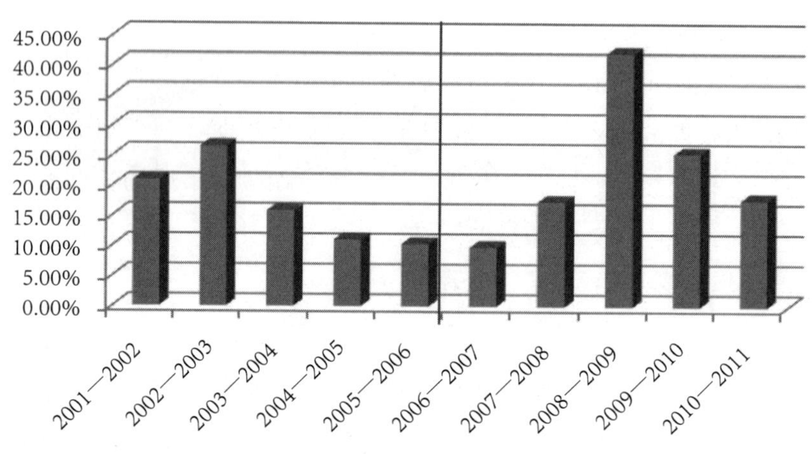

图 18-9　VIX 指数期权上市前后 5 年间标普 500 指数固定区间年度波动率变化

中达到 42% 的期内峰值。VIX 指数期货和期权上市前后 5 年标普 500 指数固定区间年度波动率变化如表 18-5 所示。

表 18-5　VIX 指数期货和期权上市前后 5 年标普 500 指数固定区间年度波动率变化

VIX 指数期货	上市前 1 年	上市前 2 年	上市前 3 年	上市前 4 年	上市前 5 年
	13. 74%	27. 23%	20. 00%	21. 90%	19. 42%
	上市第 1 年	上市第 2 年	上市第 3 年	上市第 4 年	上市第 5 年
	10. 61%	10. 17%	10. 74%	19. 08%	44. 11%
VIX 指数期权	上市前 1 年	上市前 2 年	上市前 3 年	上市前 4 年	上市前 5 年
	10. 35%	11. 05%	15. 79%	26. 57%	20. 91%
	上市第 1 年	上市第 2 年	上市第 3 年	上市第 4 年	上市第 5 年
	9. 78%	17. 35%	42. 02%	25. 42%	17. 67%

3.2.3 长期波动率①

以 VIX 指数期货和期权上市前后各 2 年和 3 年内的标普 500 指数年化波动率作为长期波动率。表 18-6 显示了 VIX 指数期货和期权上市前后标普 500 指数长期波动率的变化情况。VIX 指数期货上市后的长期波动率均较其上市之前大幅下降；而受美国“次贷危机”影响，VIX 指数期权上市后的长期波动率均较其上市之前有所增加。

表 18-6　VIX 指数期货和期权上市前后标普 500 指数长期波动率变化

	上市后 2 年内	上市前 2 年内	上市后 3 年内	上市前 3 年内
VIX 指数期货	10.37%	21.59%	10.48%	21.07%
VIX 指数期权	14.39%	10.65%	27.39%	12.41%

从 VIX 指数期货和期权上市前后标普 500 指数短期波动率、年度波动率以及长期波动率的变化情况来看，若排除 2007 年下半年开始的“次贷危机”所带来的冲击，没有证据证明 VIX 指数期货和期权的上市会对标普 500 指数的波动率水平产生负面影响。

3.3 VIX 指数期货和期权上市未对标普 500 指数换手率产生明显的影响

通过标普 500 指数的成交金额和流通市值可以近似计算求得标普 500 指数的换手率②。图 18-10 和图 18-11 分别显示了 2003 年 12 月 5 日—2012 年 6 月 11 日间的日换手率走势和 2004—2011 年的年换手率情况。

从日换手率和年换手率水平来看，其整体变化趋势基本保持一致。2004 年 VIX 指数期货上市以后，标普 500 指数的换手率在 2005 年略有上升，而 2006 年和 2007 年则同 2005 年的换手率水平基本持平。2006 年 VIX

---

① 长期波动率 = $\sqrt{252}\times Stdev_{LT}$ [Ln (P_{t+1}/P_t)]，其中，P 为标普 500 指数收盘价，Ln 为自然对数，$Stdev_{LT}$ 为 VIX 指数期货和期权上市前或后 2 年内和 3 年内的标准差。

② 日换手率 = 当日成交金额/当日流通市值；年换手率 = 当日成交金额/年流通市值均值。

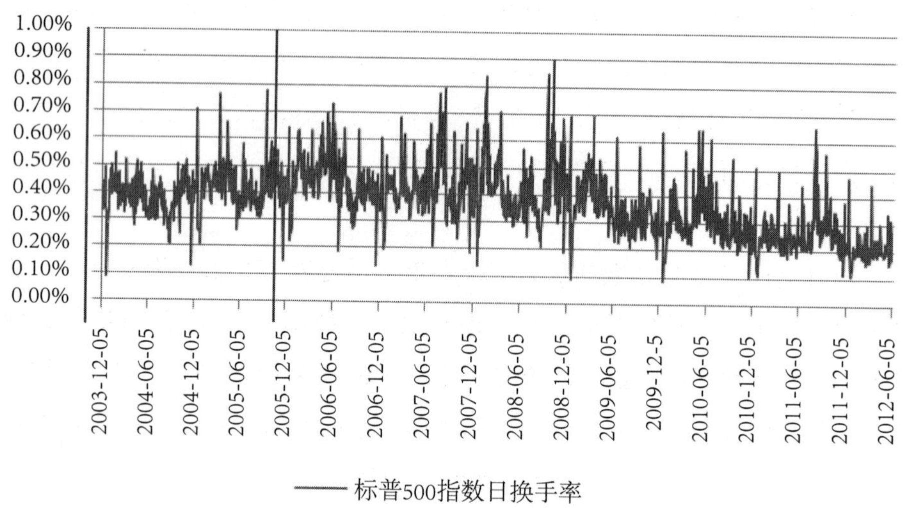

图 18-10　标普 500 指数日换手率变化

数据来源：CBOE 网站，整理计算得出。

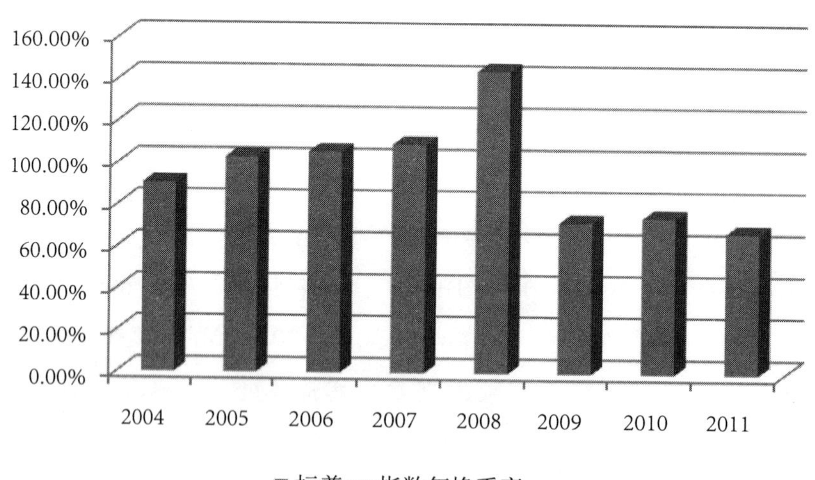

图 18-11　标普 500 指数年换手率变化

数据来源：CBOE 网站，整理计算得出。

指数期权上市前后 1 年的标普 500 指数换手率变化不大。可见，VIX 指数期货和期权的上市对标普 500 指数换手率的影响并不明显。2008 年，由于“次贷危机”的爆发，美国股市价格剧烈波动，标普 500 指数换手率呈大幅上升态势，而此后的 2009—2011 年，标普 500 指数的换手率均维持在较低水平。

通过上述对 VIX 指数期货和期权上市前后标普 500 指数价格走势、波动率以及换手率变动情况的分析，得出以下主要结论：VIX 指数期货和期权的上市对标普 500 指数价格走势和换手率的影响均不明显；VIX 指数期货上市后标普 500 指数的波动率水平较其上市前有所下降，而 VIX 指数期权上市前后标普 500 指数的波动率水平变化不大。

（刘炜亮）

后　记

《股指期权研究成果汇编》收录了中金所股权类期权期货小组关于股指期权合约与制度设计中核心、关键问题的主要研究成果，也是中金所金融期货与期权丛书的延续。希望本研究成果汇编的出版，能够向市场普及股指期权的基础知识，推动金融期货与期权研究的深化，有助于促进业内的研究与交流，为股指期权的上市创造良好的社会环境和研究氛围。

衷心感谢中国金融期货交易所董事长张慎峰及所领导胡政、武小强、鲁东升、戎志平的关心和支持，使得该书的出版成为可能。中金所王彩虹、王琦、杜惟毅、于延超、钟鸣、刘炜亮、闻峰、秦旺、李小晗、曾健、何志伟、普丽芬等承担了大量的研究工作，付出了艰辛的努力。特别感谢中信证券、光大证券、东吴证券、中证期货、广发期货等机构的大力支持。上述机构派出了优秀的研究人员参与我们的研究工作，王卓、孙陶然、赵丽萍、张彬、郭伟杰等也为本研究成果汇编倾注了大量的心血。张光磊、孙桃龙、秦旺等承担了本书的校对工作。感谢研发部总监张晓刚、张若斌对本书出版的支持，感谢东方出版社对本书及时付梓做出的贡献。

中国金融期货交易所
股权类期权期货小组
2013 年 9 月